青年视角下新时代基层中国研究丛书

史传林　杨正喜　丛书主编

土地制度改革与乡村空间治理

李　灿　王玉琳　曾桂香◎主编

中国农业出版社

北　京

图书在版编目（CIP）数据

土地制度改革与乡村空间治理 / 李灿，王玉琳，曾桂香主编 . —北京：中国农业出版社，2023.11
（青年视角下新时代基层中国研究丛书）
ISBN 978 - 7 - 109 - 31229 - 6

Ⅰ.①土⋯　Ⅱ.①李⋯ ②王⋯ ③曾⋯　Ⅲ.①农村－土地制度－经济体制改革－研究－南海区②农村－空间规划－研究－南海区　Ⅳ.①F321.1②TU984.11

中国国家版本馆 CIP 数据核字（2023）第 195727 号

TUDI ZHIDU GAIGE YU XIANGCUN KONGJIAN ZHILI

中国农业出版社出版
地址：北京市朝阳区麦子店街 18 号楼
邮编：100125
责任编辑：边　疆
版式设计：王　晨　责任校对：张雯婷
印刷：三河市国英印务有限公司
版次：2023 年 11 月第 1 版
印次：2023 年 11 月河北第 1 次印刷
发行：新华书店北京发行所
开本：700mm×1000mm　1/16
印张：14
字数：266 千字
定价：88.00 元

党的十九大报告指出，经过长期努力，中国特色社会主义进入了新时代，这是我国发展新的历史方位。新时代的国家治理面临新的形势和新的任务。党的十九届四中全会提出要坚持和完善中国特色社会主义制度、推进国家治理体系和治理能力现代化。2021 年 4 月，中共中央、国务院印发了《关于加强基层治理体系和治理能力现代化建设的意见》，提出基层治理是国家治理的基石，统筹推进乡镇（街道）和城乡社区治理，是实现国家治理体系和治理能力现代化的基础工程。党的二十大对完善社会治理体系、健全城乡社区治理体系、推进基层治理提出了新的要求。在此背景下，加强新时代中国特色社会主义基层治理研究具有十分重要的理论意义和实践意义。

华南农业大学是国家"双一流"建设高校，是一所以农业农村研究见长的综合性大学。华南农业大学公共管理学院拥有公共管理和社会学两个一级学科，公共管理学科是广东省优势重点学科。学院设有行政管理、公共事业管理、土地资源管理、劳动与社会保障和社会工作 5 个本科专业，有 3 个国家级一流本科专业建设点和 1 个省级一流本科专业建设点。学院学科建设和人才培养的原则是入主流、强特色、聚焦乡村、聚焦基层。近年来，学院正在扎实推进公共管理新文科建设，推进公共管理学科与学校新农科、新工科融合发展，力求形成以农村公共管理为鲜明学科特色，以城乡公共治理为特色方向的完备学科体系，将学院建成华南地区研究农村公共管理和农村社会工作的高地。围绕学科发展特色，学院在人才培养方面采取了一系列举措，包括实施本科生导师制、设立本科生创业创新训练项目、举办城乡基层治理调研大赛、成立新文科试验班等，一大批学生因此脱颖而出，他们对基层治理、乡村治理产生了浓厚的兴趣。这些学生在老师的指导下深入基层、深入乡村开展调查研究，撰写调研报告和学术论文，产生了一批优秀的研究成果。这些成果是新时代青年对基层中国、乡村中国的观察和思考，虽然有些稚嫩，但学院还是决定将这些优秀的研究成果结集出版，并命名为"青年视角下新时代基层中国研究丛书"。这套丛书的出版是我们在人才培养和学科建设上的一次有益尝试，未来我们将继续选编出版学生的优秀研究成果。

本套丛书的内容比较丰富，涉及基层治理、乡村治理的众多主题，具体包括基层治理体系建设、基层治理体制机制和平台建设、基层智慧治理能力建设、基层政权治理能力建设、城乡社区群众自治制度建设、乡村"三治融合"的机制建设、基层政府公共服务能力建设、农村人居环境治理和美丽乡村建设、农村土地制度改革与社会治理、农村减贫治理和社会保障治理、乡村社会发展和乡村治理等内容。

本套丛书由六部专著组成，包括方敏副教授、方静之老师、黄剑飞老师主编的《基层治理与农村公共服务》，李灿副教授、王玉琳老师、曾桂香老师主编的《土地制度改革与乡村空间治理》，朱汉平副教授、张小娟副教授主编的《和美乡村治理》，张开云教授、徐强副教授、陈然副教授主编的《城乡社会保障与减贫治理》，罗天莹副教授、曾永辉老师主编的《群体社会工作与基层社会服务》，程启军副教授、曲霞副教授主编的《乡村社会变迁与治理》。

本套丛书的每一篇调研报告和论文都由学生撰写，尽管有老师的指导，但由于学生们的能力有限，其作品一定存在许多不足之处，希望各位读者提出批评并赐教。在写作过程中，学生们参考了大量的已经发表的专著、论文以及媒体的报道、权威部门发布的统计数据等文献资料，在此向这些文献的作者表示感谢！本套丛书的出版，得益于华南农业大学公共管理学院蔡茂华书记等领导的重视和支持，得益于学院各系的组织和参与，在此对学院领导、老师和同学表示感谢！最后，要感谢为本套丛书出版付出辛勤劳动的中国农业出版社的编辑们，他们的专业负责使本套丛书得以顺利出版。

史传林

二〇二三年十月五日于广州五山

毕业论文，于埋首卷帙的学子而言，是大学本科教育最后一次的闭门修炼，是对四年学业的洗礼，是对自己成长的审视。青年人活跃的思想观念和广泛的探索兴趣都会在毕业论文中留下生涩的雕琢痕迹，行文不够流畅，分析欠深入，立论不严谨，等等，虽有不足，却是大学毕业生们努力学习的果实。习近平总书记曾言：青春天性赋予青年活力、激情、想象力和创造力，应该充分肯定。更何况，每一届本科毕业论文中总会呈现出让人眼前一亮的优秀作品，甚至以严格规范的专业学术评判标准来看，这些毕业论文也着实表现突出，逻辑清晰、论证严谨、结论正确、表达规范，非常值得拿出来晒一晒，供大家学习。"师不必贤于弟子"，作为教师，也需从中学习，总结经验，教学相长。

呈现在我们面前的论文集是从华南农业大学公共管理学院2020—2022年三届土地资源管理专业和房地产开发与管理专业本科毕业论文中筛选出来的优秀作品，现结集成册。限于篇幅，本次仅选取了其中9篇论文，其他多篇优秀论文被无奈地割舍掉。所选择的9篇论文涵盖了耕地、宅基地、城市更新、征地、留用地、生态修复、土地利用冲突等议题，选题紧靠当前土地管理领域中的热点问题，既体现了华南农业大学本科专业教学所秉持的理论与实践紧密相连的原则，又凸显了培养学生解决实际问题能力的专业教学模式。9篇研究论文紧跟专业领域前沿，在耕地议题分析上，所选论文通过构建耕地利用转型的概念模型，系统解构了珠江三角洲地区耕地利用转型的时空特征；在宅基地议题分析上，所选择的3篇论文分别从宅基地使用权抵押融资、宅基地流转和农村居民点（宅基地）时空演变进行了探索；在城市更新议题分析上，所选论文着眼于城市更新绩效的时空变化，基于"4E"绩效评估框架对广东省2009—2019年21个地市的城市更新工作进行分析；在征地补偿议题分析上，所选论文于小处着眼，深入考察了某土地整备项目上的征地拆迁补偿的满意度；在留用地议题分析上，所选论文基于广州市438个样本数据，深入分析了村民留用地安置的意愿及其影响因素；在生态修复议题分析上，所选论文以流域为单元，划定了广东省生态保护与修复分区，并提出了相应的生态修复对策；在土地利用冲突议题分析上，从建设用地适宜性、耕地适宜性和生态用地适宜性及其空间潜在冲突几个方面，对粤港澳大湾区土地利用冲突进行了探索。上述9篇论文遵循严格的专业学术规范，各项议题分析深入，论文研究呈现出非常强的深度和广度，大大超出了一般本科生所能企及的高度，代表了论文作者勇于挑战自我的精神面貌，也反映出他们所具有的潜力。

集结优秀毕业论文的目的在于树立优秀的榜样，激发后续的毕业生们悉心钻研，认真探索。在此，特别感谢9篇论文作者的努力探索，同时也感谢论文指导老师的辛勤指导！希望此次青年视角下新时代基层中国研究丛书的出版能积极地推动更多本科学生的优秀作品脱颖而出，形成良好的示范效应，并以此为契机，推动公共管理本科人才高质量培养。当然，在进行毕业论文作品筛选的过程中，囿于篇幅，不可避免地遗漏或错失一些优秀的成果，深感遗憾！同时，论文集出版过程中仍可能存在一些纰漏或者不足，敬请各位批评指正！

李 灿

2023 年 7 月 22 日

目录

珠三角耕地利用转型的时空演化特征及其影响因素分析

金一诺 王 枫

1 前言

1.1 研究背景

当前，土地利用转型问题持续受到国内外的重点关注。土地作为承载人类各项社会经济活动的自然综合体，在利用过程中呈现出不同形态与内涵，其利用形态在时间上的阶段性转变与社会经济发展演变息息相关，由此演变出的土地利用/覆盖变化研究是目前全球环境及社会经济变化研究的核心内容。耕地作为土地的核心利用形态之一，是人类赖以生存和发展的关键资源环境要素（宋小青等，2014）。然而，随着我国经济、社会的不断发展和城镇化进程的快速推进，我国耕地需求无序竞争、耕地破碎化、边际化与耕地生态系统退化等现实问题日趋凸显（宋小青等，2012）。作为土地利用变化研究的新方向，土地利用转型为耕地可持续利用提供了新视角（龙花楼等，2006）。

1.2 国内外研究综述

随着国内外对此领域研究的不断深入，大量研究成果涌现。对比国内外研究，国外学者多聚焦于森林转型的实证案例分析、土地利用转型理论研究及技术手段探索；国内学者则围绕土地利用转型的理论与假说、时空格局、动力机制、影响因素及单一土地利用形态转型等层面展开了一系列工作，皆取得了丰富的成果。目前耕地利用转型领域的研究成果也颇为丰富。理论基础层面，龙花楼等对中国耕地转型的研究框架进行了较为完善的总结（龙花楼等，2006），宋小青等进行了空间功能视角的耕地形态剖析与转型诊断（宋小青等，2014）。在此基础上，区域耕地转型研究得到广泛关注，大量研究成果不断涌现。耕地时空特征方面，目前大多数研究主要从空间功能（张英男等，2018；史小祺等，2018；Todorova et al，2014）或显隐性形态（付慧等，2020；刘亚香等，2020；程建等，2017）等单一或综合角度出发，对其分别进行指标体系构建，其研究内涵重合度较高，显性形态侧重于耕地数量变化及类型分布，隐性形态则多集中于耕地多功能体系，缺乏对耕地产权、经营方式、投入产出等的综合表达，对耕地转型形态的刻画仍不够全面。驱动机制和影响因素分析层面，对其定性的描述与解析居多（程建等，2017），另也有部分学者引入空间计量模型（史洋洋等，2019；卢新海等，2019）及主成分分析（张文斌等，2021）等方法对其进行量化研究，但总体来看，其定量角度影响机制的深层次分析还较为鲜见。与经济社会的关系方面，则多见于粮食产量（麦丽开·艾麦提等，2020）、乡村发展（朱传民，2016）、宅基地利用（龙花楼等，2012）、农业社会经济（向敬伟，2016）、乡村劳动力（廖柳文等，2021）等多层面的耦合及互动机制研究。同时一些学者也从人均耕地面积（戈大专等，2018）、多功能权衡与协同（张一达等，2020）、生物灾害脆弱性（宋小青等，2020）、生态环境效应（史洋洋等，2017）、公路基础设施建设（唐一峰等，2021）等不同视角切入对耕地利用转型进行了有益探索。研究区域层面，现阶段研究区域类型广泛，以特定农区（杜国明等，2018；曲艺等，2017）、省（史小祺等，2018；宋小青等，2019）、市（张一达等，2020）、县（向敬伟，2016）居多，对城市群耕地利用转型的研究较为少见，在我国一体化发展背景下，此领域将是未来研究的重点。综合来看，目前我国耕地利用转型时空特征研究已较为深入，但对耕地利用形态评价维度的探索仍有待丰富。

1.3 研究内容

鉴于此，本文基于许凤娇等（2017）在城乡建设用地转型领域的研究成果，考虑到耕地转型与城乡建设用地转型具有内涵上的一致性，将其拓展到耕地利用转型层面，赋予耕地利用转型全形态综合视角，从结构、效率、功能三个维度构建相关指标，对耕地利用转型形态进行综合及分项表征，借此探究珠三角地区 2010 年、2014 年、2019 年三个时间节点耕地利用转型的时空演化特征及影响因素，以期为耕地资源保护、耕地利用格局优化提供科学依据。

2 耕地利用转型相关理论

2.1 相关概念界定

2.1.1 土地利用转型

土地利用转型的概念最早来源于苏格兰阿伯丁大学地理学家 Mather 提出的有关森林转型的假说（Grainger，1995），并于 21 世纪初由龙花楼研究员引入国内，指的是在经济社会变化和革新的驱动下，一段时期内与经济和社会发展阶段转型相对应的区域土地利用由一种形态转变为另一种形态的过程（龙花楼等，2018）。其内涵包括显性和隐性两个方面，显性形态指一个区域在特定时期内由主要土地利用类型构成的结构，具有数量和空间结构两重属性；隐性形态具有质量、产权、经营方式、投入、产出和功能等多重属性,指依附于显性形态的,且需要通过分析、化验、检测和调查才能获得的土地利用形态(龙花楼等,2018)。

2.1.2 耕地利用转型

耕地作为土地的核心利用形式之一,其内涵与土地利用转型的理论内涵是一脉相承的(付慧等,2020)。耕地保护视角下,耕地转型研究具有重要意义,其内涵主要从空间、功能两方面展开,一方面从耕地数量和空间分布角度探究耕地利用在结构上的趋势性转折,是格局上的转变;另一方面则从耕地本身质量、功能等角度入手,探究耕地隐性形态。在如今经济、社会快速发展背景下,耕地转型相关研究的开展对于我国耕地保护及可持续利用意义重大,有利于从耕地数量骤减、耕地利用效率低下、环境污染等角度切实对耕地保护提供依据。

2.1.3 耕地保护

"十分珍惜、合理利用土地和切实保护耕地"是我国的基本国策,这是在我国城镇化发展背景下所制定的对耕地资源的制度保障。耕地保护主要是对耕地数量、质量、生态、时间、空间等保护,需要在响应粮食安全内涵深化、满足空间新秩序的重塑、推动自然资源整体性利用和治理三方面重塑其内涵,建立健全耕地保护长效机制。粮食安全是国家安全的重要基础,只有切实保护耕地,保障其数量和质量安全,才能进一步保障国家粮食安全和生态安全。

2.2 理论基础

2.2.1 可持续发展理论

可持续发展是指既满足当代人的需要,又不对后代人满足其需要的能力构成危害的发展,基本原则是公平性、持续性、共同性。我国耕地后备资源不足,耕地面积急剧下降,耕地资源质量下降。耕地资源可持续利用既要做到耕地数量平衡,保证耕地资源总量的稳定,又要注重耕地质量,保障质量不下降,即从耕地产出效率、生产功能、生态保障、社会经济保障等层面确保其未来发展的可持续性。

2.2.2 土地集约利用理论

土地集约利用的概念由大卫·李嘉图等古典政治经济学家在地租理论中首次提出,最初来源于对农业利用的研究,实质上是投入与产出之间的关系,即在土地上以最少投入获得最高产出的一种农业经营方式。土地集约利用对应的是对土地的粗放利用,对于耕地而言应建立耕地集约利用评价体系,同时在考虑土地报酬递减理论基础上加大耕地投入,充分发掘耕地潜力,以实现耕地最大产出效益。

3 珠三角耕地利用转型的时空演化特征分析

3.1 研究区概况与数据来源

3.1.1 研究区概况

珠三角地处广东省中南部、珠江下游，濒临南海，位于112°45′—113°50′E，21°31′—23°10′N，包括广州、深圳、东莞、中山、肇庆、惠州、佛山、珠海和江门9个城市，是中国的"南大门"。2019年珠三角土地总面积547.70万公顷，耕地面积为60.25万公顷（2018年），约占全省耕地面积的23.23%，主要分布于广州、江门、肇庆、惠州四市。珠三角大部分位于北回归线以南，地处南亚热带，属亚热带海洋性季风气候，雨量充沛，热量充足，雨热同季，农业生产条件良好，农业水平发达。2019年，珠三角国内生产总值（GDP）总量达到8.69万亿元，约占全国GDP总量的8.7%，人均GDP为8.99万元，经济实力雄厚，国家特大城市群规划目标基本实现。随着珠三角人口与社会经济的快速发展，城市建设用地扩张导致大量耕地资源被占用，人地关系呈现紧张态势，农业生产及耕地的可持续利用受到了严峻威胁，耕地转型趋势明显，此过程中的时空演化特征及其影响因素亟待探讨。

3.1.2 数据来源

文中涉及数据包括土地利用数据和社会经济数据，主要来源于《广东统计年鉴》（2011年、2015年、2020年）、《广东农村统计年鉴》（2011年、2015年、2020年）及各城市相应年份统计年鉴。其中，耕地面积、旱地面积、农林牧渔增加值、农业增加值、粮食作物播种面积、粮食作物总量、化肥施用折纯量、农药使用量、农业机械总动力、农用塑料薄膜使用量等数据来源于《广东农村统计年鉴》（2019年耕地面积和旱地面积数据因第三次全国国土调查数据仍未公布，故以2018年数据代替）。土地总面积、地区生产总值、农林牧渔总产值、第一产业生产总值、农作物播种面积、种植业总产值、公路里程等数据来源于各城市相应年份统计年鉴（其中中山市农作物播种面积来源于市统计公报）。城镇化率、地区常住总人口、第一产业从业者、固定资产投资数据来源于《广东统计年鉴》。

3.2 研究思路与研究方法

3.2.1 耕地利用转型的概念框架

耕地利用转型概念在土地利用转型概念内涵基础上构建（图1），从显性形态来看，包括数量结构和空间结构，数量结构指耕地面积及份额（宋小青等，2019；龙花楼，2012），空间结构指耕地利用系统的各个组成要素所呈现出的数量比例关系，即可以通过类型结构、投入结构和种植结构来度量（宋小青等，2019），可用数量结构和空间结构直接反映耕地结构转型；从隐性形态来看，包括产权和经营方式在内的耕地经营模式影响着耕地生产效率，加之耕地投入产出变化多表现为伴随经营方式和经营规模改变而产生的土地利用效率变化，如人均或地均粮食产量、人均或户均种植收入、地均生产成本或利润率等的变化（曲艺等，2018），进而以耕地利用效率转型表征产权、经营方式与投入产出的改变；耕地质量对农业产量有直接影响，可通过农业生产能力进行评价（吴大放等，2010）。同时，耕地承载着生产、生活、生态等多种功能，是隐性形态的重要体现与关注重点，与耕地利用效率共同构成耕地利用隐性形态的衡量标准。

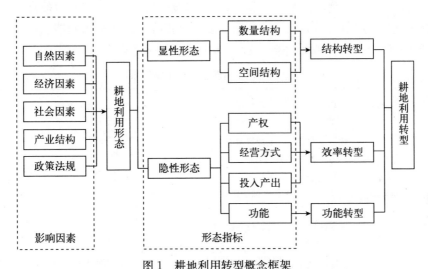

图 1　耕地利用转型概念框架

注：此框架在龙花楼等（2018）、付慧等（2020）相关成果上加以改进。

3.2.2　耕地利用转型评价指标体系的构建

基于以上耕地利用转型的概念框架，从结构、效率、功能三个维度入手，综合涵盖耕地形态的各个方面，同时考虑珠三角社会经济及土地利用实际情况，构建了 3 个目标层及 15 个指标层的耕地转型综合评价指标体系（表 1）。耕地利用结构转型主要体现在数量结构、类型结构、投入结构和种植结构的综合变化，借用已有研究成果（宋小青等，2019；牛善栋等，2020；宋小青等，2014）。分别用土地垦殖率、旱地面积占比、省增投入比、粮食作物播种面积占比来表征；耕地利用效率转型囊括耕地产权与经营方式的转变，囿于其直接定量表达的难度，一般通过土地使用效率来反映。根据张立新等（2017）、王良健等（2014）、姜晗等（2020）的研究成果，从"投入-产出"角度入手，选取耕地面积和农业从业人数分别表示规模投入和人力投入，选取种植业总产值和粮食作物产量分别表示耕地利用所产生的社会、经济效应，构建劳均粮食产量和地均种植业产值两个指标对耕地利用转型效率进行表征。耕地利用功能转型是耕地隐性形态的主要体现，目前相关研究成果对耕地功能的划分以生产、生态、社会、文化维度居多（朱从谋等，2020），考虑到珠三角农业经济贡献量在全国经济总量中所占比重较大、耕地文化功能指标数据难以获取，在借鉴已有成果（付慧等，2020；张英男等，2018；张一达等，2020；牛善栋等，2020；陈星宇等，2017；路昌等，2021）的基础上，从农业生产功能、社会保障功能、生态环境功能、经济贡献功能四个层面选取相关指标。农业生产功能层面选取粮食单产水平、复种指数两个指标；社会保障功能层面选取地均劳动力承载指数、人均粮食保证率两个指标；生态环境功能层面选取单位耕地面积化肥施用量、农用塑料薄膜强度、公路密度三个指标；经济贡献功能层面选取第一产业占比、农业增加值占农林牧渔增加值比重两个指标。

表1　耕地利用转型评价指标体系

决策层	目标层	因素层	指标层	性质	指标解释
		数量结构	土地垦殖率	＋	耕地面积/土地总面积，反映耕地数量的变化
		类型结构	旱地面积占耕地面积比例	－	旱地面积/耕地面积，反映耕地类型结构的变化
	耕地利用结构转型	投入结构	省增投入比	＋	劳均农业机械总动力/地均化学品投入，反映耕地投入结构的变化
		种植结构	粮食作物播种面积占比	＋	粮食作物播种面积/农作物播种面积，反映耕地种植结构的变化
耕地利用转型	耕地利用效率转型		劳均粮食产量	＋	粮食作物总量/第一产业从业人数，反映耕地粮食产出效率
			地均种植业产值	＋	种植业总产值/耕地面积，反映耕地经济产出效率
		农业生产功能	粮食单产水平	＋	粮食作物总量/粮食作物播种面积，反映耕地粮食生产能力
	耕地利用功能转型		复种指数	＋	农作物播种面积/耕地面积，反映耕地开发利用程度
		社会保障功能	地均劳动力承载指数	＋	第一产业从业人员/耕地面积，反映耕地就业保障能力
			人均粮食保证率	＋	粮食产量/(常住人口×400 kg)，反映耕地粮食保障能力

（续）

决策层	目标层	因素层	指标层	性质	指标解释
		生态环境功能	单位耕地面积化肥施用量	－	化肥施用折纯量/耕地面积，反映耕地环境承载能力
			农用塑料薄膜强度	－	农用塑料薄膜使用量/耕地面积，反映耕地环境承载能力
			公路密度	－	公路里程/耕地面积，反映耕地环境承载能力
		经济贡献功能	第一产业占比	＋	第一产业 GDP/总 GDP，反映农业对 GDP 贡献率
			农业增加值占农林牧渔增加值比重	＋	农业增加值/农林牧渔增加值，反映农业对农林牧渔贡献率

注：“＋”表示指标正效应，“－”表示指标负效应。

3.2.3 指标权重确定及转型指数测算

3.2.3.1 指标权重确定

考虑到耕地利用转型是一种客观的地理现象，且此研究维度尚未得到前人证实，故采用较为客观的熵权法（史小祺等，2018）对各评价指标进行赋权，所得权重结果如表 2 所示。

① 构建判断矩阵。假设目标对象有 n 个，每个目标对象有 m 个指标，则构建判断矩阵如下：

$$X=(x_{ij})_{n\times m}(i=1,\ 2,\ \cdots,\ n,\ j=1,\ 2,\ \cdots,\ m) \quad (3-1)$$

式中：x_{ij} 为各指标第 i 市第 j 个指标原始数值。

② 指标数据无量纲化处理。考虑到不同指标之间量纲的差异，将 2010 年、2014 年和 2019 年对应的原始指标数据进行极差标准化处理，并向右平移 a 个单位求使熵值时对数有意义，本文 $a=0.000\ 1$。具体计算公式如下：

正向指标： $$A_{ij}=\frac{x_{ij}-x_{\min}}{x_{\max}-x_{\min}}+0.\ 000\ 1 \quad (3-2)$$

负向指标： $$A_{ij}=\frac{x_{\max}-x_{ij}}{x_{\max}-x_{\min}}+0.\ 000\ 1 \quad (3-3)$$

式中 A_{ij} 为指标标准化数值，$x_{\max}$ 为单项指标最大值，$x_{\min}$ 为单项指标最小值。

③ 计算信息熵。

$$H_i=-k\sum_{j=1}^{n}f_{ij}\ln f_{ij} \quad (3-4)$$

式中：f_{ij} 为第 i 市第 j 个指标数值占所有市该指标总和的比重值，k 为玻尔兹曼常量。

④ 确定指标权重。

$$w_i = \frac{1-H_i}{m-\sum\limits_{i=1}^{m} H_i} \quad (w_i \in [0,1]) \qquad (3-5)$$

表 2　耕地利用转型指标权重

决策层	目标层	因素层	指标层	权重
耕地利用转型	耕地利用结构转型（0.283）	数量结构	土地垦殖率	0.042
		类型结构	旱地面积占耕地面积比例	0.058
		投入结构	省增投入比	0.129
		种植结构	粮食作物播种面积占比	0.054
	耕地利用效率转型（0.123）		劳均粮食产量	0.061
			地均种植业产值	0.062
	耕地利用功能转型（0.594）	农业生产功能（0.080）	粮食单产水平	0.031
			复种指数	0.049
		社会保障功能（0.229）	地均劳动力承载指数	0.032
			人均粮食保证率	0.197
		生态环境功能（0.077）	单位耕地面积化肥施用量	0.032
			农用塑料薄膜强度	0.023
			公路密度	0.022
		经济贡献功能（0.208）	第一产业占比	0.154
			农业增加值占农林牧渔增加值比重	0.053

3.2.3.2　耕地转型指数测算

运用多指标综合指数法分别求出耕地利用分项及综合转型指数，计算公式如下：

$$x_i = \sum_{j=1}^{n} y_{ij} w_j \qquad (3-6)$$

式中：x_i 为各市分项转型指数值，$n=9$，y_{ij} 为第 i 市第 j 项指标标准化数值，w_j 为第 j 项指标总排序权重。

$$x_i' = \sum_{j=1}^{n} x_{ij} w_j' \qquad (3-7)$$

式中：x_i' 为各市综合转型指数值，$n=3$，x_{ij} 为第 i 市第 j 分项转型指数值，w_j' 为第 j 分项转型的权重。

3.2.4　时空格局测定方法

为衡量区域耕地利用转型在空间上的绝对差异和相对差异，分别计算其标准差（σ）和变异系数（CV）。标准差反映一组数据个体间的离散程度，其值越大，则说明区域内耕地利用转型离散程度越大；变异系数也称离散系数，是用标准差和平均数的比值来衡量变异程度的一个统计量（李朒朒等，2016），其数值越小，说明区域耕地转型发展越均衡。计算公式如下：

$$\sigma = \sqrt{\dfrac{\sum\limits_{i=1}^{n}(x_i - \bar{x})^2}{2}} \qquad (3-8)$$

$$CV = \dfrac{\sigma}{\bar{x}} \qquad (3-9)$$

式中：n 为珠三角城市个数，x_i 为各市耕地综合及分项转型指数。

3.3　结果与分析

3.3.1　分项及综合转型计算结果

根据前述式（3-1）～式（3-9）进行运算，最终得出结果如表3～表8所示。

表 3　耕地结构转型指数

城市	2010 年	2014 年	2019 年
广州	0.121 2	0.118 5	0.097 2
深圳	0.057 1	0.185 3	0.199 9
珠海	0.099 2	0.120 3	0.123 5
佛山	0.086 4	0.082 9	0.092 7
惠州	0.081 5	0.079 6	0.078 4
东莞	0.104 8	0.139 8	0.183 8
中山	0.108 5	0.111 3	0.120 4
江门	0.134 6	0.133 0	0.126 4
肇庆	0.083 0	0.079 8	0.079 1

表 4　耕地效率转型指数

城市	2010 年	2014 年	2019 年
广州	0.061 3	0.079 5	0.067 6
深圳	0.024 7	0.013 2	0.097 1
珠海	0.023 6	0.032 7	0.030 5

（续）

城市	2010 年	2014 年	2019 年
佛山	0.044 2	0.065 9	0.056 0
惠州	0.052 9	0.071 3	0.088 3
东莞	0.017 3	0.031 4	0.049 1
中山	0.052 9	0.084 4	0.055 3
江门	0.052 0	0.061 0	0.068 8
肇庆	0.043 2	0.066 9	0.086 8

表 5   耕地功能转型指数

城市	2010 年	2014 年	2019 年
广州	0.208 5	0.207 7	0.180 3
深圳	0.077 5	0.104 0	0.098 7
珠海	0.119 3	0.118 5	0.116 1
佛山	0.165 6	0.165 7	0.142 4
惠州	0.291 6	0.283 7	0.286 8
东莞	0.131 5	0.137 1	0.153 4
中山	0.168 9	0.162 8	0.134 0
江门	0.324 2	0.344 3	0.340 6
肇庆	0.511 2	0.483 3	0.507 5

表 6   耕地综合转型指数

城市	2010 年	2014 年	2019 年
广州	0.165 7	0.166 7	0.142 9
深圳	0.065 2	0.115 8	0.127 1
珠海	0.101 8	0.108 5	0.107 6
佛山	0.128 3	0.130 0	0.117 7
惠州	0.202 8	0.199 9	0.203 4
东莞	0.109 8	0.124 9	0.149 1
中山	0.137 5	0.138 6	0.120 4
江门	0.237 0	0.249 6	0.246 6
肇庆	0.332 4	0.318 0	0.334 5

表7 耕地利用转型指数标准差

转型类别	2010 年	2014 年	2019 年
结构转型	0.023 3	0.034 3	0.043 5
效率转型	0.015 6	0.024 5	0.021 4
功能转型	0.134 5	0.125 4	0.135 3
综合转型	0.082 0	0.071 1	0.075 9

表8 耕地利用转型指数变异系数

转型类别	2010 年	2014 年	2019 年
结构转型	0.239 1	0.294 0	0.355 3
效率转型	0.378 3	0.435 7	0.321 2
功能转型	0.605 7	0.562 2	0.621 6
综合转型	0.498 2	0.412 3	0.440 9

3.3.2 分项转型时空演化特征

3.3.2.1 结构转型

参考相关研究成果（付慧等，2020；牛善栋等，2020），利用自然断点法将耕地转型结构、效率、功能指数及其变化率分为五个等级，并对其进行空间化表达，借此反映珠三角耕地分项转型水平及其变化程度的时空格局。2010年、2014年、2019年珠三角耕地结构转型指数平均值分别为0.097 4、0.116 7、0.122 4，标准差为0.023 3、0.034 3、0.043 5，变异系数为0.239 1、0.294 0、0.355 3。2010年高于结构转型指数平均值的地市有广州、珠海、东莞、中山、江门，2014年有广州、深圳、珠海、东莞、江门，2019年有深圳、珠海、东莞、江门，说明在各个相应年份，这些地区表现出了较高的耕地结构转型水平，其中珠海、东莞、江门三年的转型指数都高于平均值，可见其结构转型水平较为领先。近年来珠海经济迅速发展的同时加强了对土地的管控，种植结构和投入结构不断转变；东莞在城市更新及土地储备的推进过程中，土地利用格局得到了优化，故其耕地结构均发生优化转型；江门作为珠三角外围传统农业大城市，农业基础设施条件良好，加之近年来节约集约用地的推进，其耕地利用结构转型水平较高。研究期间耕地结构转型指数平均值逐年升高，说明珠三角耕地结构转型水平整体有所提升，农业生产格局与要素利用结构呈现优化式转型。变异系数逐年升高，说明区域内耕地结构转型相对差异有所增强，核心城市变化程度普遍大于边缘城市。从空间格局来看，核心城市结构转型水平较高，空间上呈"核心-边缘"分布，但江门转型水平较其他外围城市而言较高。

各市耕地结构转型指数变化存在差异，深圳、珠海、东莞、中山逐年上升，广州、惠州、江门、肇庆逐年下降，佛山先降后升。2010—2014 年，深圳、珠海、东莞、中山转型指数呈现不同幅度的上升，分别为 224.50%、21.31%、33.49%、2.55%。值得说明的是，由于深圳已实现完全城市化，自 2014 年统计年鉴中不再提供农业机械总动力数据，故借鉴相关研究处理方法（王枫等，2020），将深圳省增投入比标准化后数据取为理想值 1，从而使得深圳结构转型指数在 2014 年大幅上升，但其并未发生程度巨大的耕地结构转型。广州、佛山、惠州、江门、肇庆耕地结构转型指数皆有所下降，但下降幅度较小，均在 5% 以内，其结构转型水平较为稳定。2014—2019 年，广州耕地结构转型指数下降 17.95%，深圳、佛山、东莞、中山耕地结构转型指数皆上升，上升幅度最大的是东莞，为 31.46%，其他城市变化幅度较小。整体来看，2010—2019 年，深圳耕地结构转型幅度最大，转型水平上升 250.15%，其次是东莞，上升 75.49%，广州耕地结构转型水平下降最大，为 -19.76%。由于广州城市化发展逐渐加快，农业结构调整占用大量耕地，尽管近年来土地储备得到推进，但其数量结构、种植结构、投入结构仍受到一定影响，结构转型水平降低，其他各市皆呈不同幅度的上升或下降。从空间分布格局来看，外围城市结构转型指数整体呈下降趋势，除广州外中心城市结构转型指数整体上升，沿海城市变化率相对较大，呈"沿海-内陆"格局。

3.3.2.2 效率转型

2010 年、2014 年、2019 年珠三角耕地效率转型指数平均值分别为 0.041 3、0.056 3、0.066 6，标准差为 0.015 6、0.024 5、0.021 4，变异系数为 0.378 3、0.435 7、0.321 2。2010 年高于耕地效率转型平均值的城市为广州、佛山、惠州、中山、江门、肇庆，2014 年为广州、佛山、惠州、中山、江门、肇庆，2019 年则为广州、深圳、惠州、江门、肇庆，其中广州、惠州、江门、肇庆三年指数都位于平均值以上，说明其效率转型水平整体较高。进一步分析发现，外围三市作为珠三角主要粮食产地，其耕地资源配置水平已较为成熟，其在农业方面的大量投入使得耕地投入产出效率较高，耕地破碎化程度较弱，因而耕地效率转型水平较为理想；而广州、中山也呈现出较高的耕地利用效率转型水平，这主要立足于较好的农业基础条件，且其较高的经济发展水平带动了科技资源配置和生产技术水平提高，促进了耕地利用效率转型。研究期内耕地效率转型指数平均值逐年升高，珠三角耕地效率转型水平整体有所提升，耕地资源逐渐得到更优化的配置。变异系数先升后降表明区域间耕地效率转型相对差异先增加后减少，但整体呈缩小趋势。珠三角耕地效率转型水平在空间上存在差异性，2010—2014 年以广州为中心的核心城市相对较高，2019 年中心城市效率转型水平较其他城市则有所下降。

2010—2014 年，除深圳耕地效率转型指数下降了 46.36% 外，其他城市皆有所上升，其中东莞上升幅度最为明显，为 81.39%，江门上升幅度较低，为 17.49%。2014—2019 年，深圳耕地效率转型指数转而上升，且幅度最大，为 632.92%，广州、珠海、佛山、中山转而下降，其中中山下降幅度最大，为 −34.50%，归因于其城市化快速发展造成的耕地破碎化等问题逐渐凸显，其余城市耕地效率转型指数仍维持上升态势。2010—2019 年综合来看，所有城市耕地效率转型指数皆有所上升，深圳、东莞整体上升幅度最大，分别为 293.12%、183.16%，说明其耕地利用效率转型水平在此期间内明显提升。深圳耕地效率转型与政策有紧密联系，2009 年《深圳市城市更新方法》出台，深圳城市建设飞速发展，同时土地整备开始不断推广，因此耕地资源得到更高效配置，耕地利用效率转型加快。在空间上表现为核心城市耕地效率转型指数变化率较低，外围城市变化率较高，呈"核心-边缘"分布特征。

3.3.2.3 功能转型

2010 年、2014 年、2019 年珠三角耕地功能转型指数平均值分别为 0.222 0、0.223 0、0.217 7，标准差为 0.134 5、0.125 4、0.135 3，变异系数为 0.605 7、0.562 2、0.621 6。由表 5 可见，2010 年、2014 年、2019 年功能转型指数高于平均值的城市为惠州、江门、肇庆，说明其耕地功能转型水平相对领先且较为稳定。惠州、江门、肇庆三市农业占比较大，通过对农业生产条件不断改善与利用，粮食单产、劳均农业机械总动力、地均农业 GDP 产值不断增长，耕地利用功能得到优化转型。耕地功能转型指数平均值先增后减，说明其耕地功能转型平均水平先增大后减小，2010—2019 年平均值整体减小，主要原因为珠三角快速城镇化和工业化的推进使得大量耕地被占用、耕地面积不断减少、土地非农化现象普遍等，但其变化幅度不大，说明其耕地多功能化已较为稳定。研究期内变异系数先减后增，表明区域耕地功能转型相对差异先减小后增大。整体来看，耕地功能转型指数较大的地区主要分布在外围，核心城市转型指数较小，耕地功能转型呈明显"核心-边缘"分布，中心及沿海经济水平较高城市耕地功能转型水平较低，外围经济水平较低城市（如肇庆、惠州、江门）耕地功能转型水平较高，这与已有珠三角耕地多功能研究结论相符合（陈星宇等，2017），进一步表明耕地利用功能转型与耕地多功能化有内涵与演化趋势上的一致性（宋小青等，2014）。

各市耕地功能转型指数呈现不同幅度的上升或下降。2010—2014 年，深圳、佛山、东莞、江门耕地功能转型指数有所上升，其中深圳耕地功能转型指数上升幅度最大，为 34.17%；广州、珠海、惠州、中山、肇庆耕地功能转型指数下降，但幅度较小，其中肇庆下降幅度相对较大，为 −5.44%。2014—2019 年，惠州、东莞、肇庆耕地功能转型指数仍呈上升态势，其中东莞上升幅度较大，为 11.84%；广州、深圳、珠海、佛山、中山、江门呈下降态势，中山下降幅度最大，为−17.71%。2010—2019 年整体来看，深圳上升幅度最大，为 27.30%，中山下降幅度最大，为−20.69%，究其原因，主要是在快速城镇化背景下，中山市耕地面积大量减少（2019 年较 2010 年缩减 9%），导致农作物播种减少，粮食产量下降，在人口不断涌入的背景下，农业生产和社会保障功能降低，促使耕地转型后移。耕地功能转型指数变化率存在空间异质性，整体来看外围城市和沿海城市增长速度逐渐超过核心及内陆城市。

3.3.3 综合转型时空演化特征

3.3.3.1 耕地利用转型时空演变特征

将耕地结构、效率、功能转型指数进行加权求和得到珠三角耕地转型综合指数，并进行空间表达。从时间尺度来看，2010—2019 年珠三角耕地利用综合转型指数整体呈现上升态势，平均值由 0.164 5 上升到 0.172 2。2010 年，高于平均值的地区有广州、惠州、江门、肇庆；2014 年，高于平均值的地区有惠州、江门、肇庆；2019 年，高于平均值的地区有惠州、东莞、江门、肇庆。惠州、肇庆、江门是广东农业大市，其气候条件、农业规模、生产条件随着时间的推移越发成熟，耕地利用朝向更高效的方向发展，故而耕地转型水平较高。2010—2014 年，珠三角各市耕地利用转型综合指数呈现不同幅度的上升或下降态势，其中深圳增长幅度最大，为 77.48%，其次为东莞，增长13.68%，肇庆下降幅度最大，为−4.36%。2014—2019 年，除深圳、惠州、肇庆、东莞耕地利用综合转型指数保持上升趋势且维持较大增长幅度外，其他城市皆呈现相反方向变化，可见耕地转型中深圳、惠州、肇庆和东莞具有协同与同步效应。广州、珠海、佛山、中山、江门耕地利用转型指数有所下降，其中中山下降幅度最大，为−13.10%。从整个研究期来看，深圳、东莞耕地利用转型指数上升幅度相对较大，分别为 94.83%、35.76%，广州、中山下降幅度相对较大，分别为−13.74%、−12.45%。深圳、东莞一直以来面临用地紧张的困境，但随着近年来对用地控制和土地集约利用的创新型探索不断加快，耕地利用水平得到了明显提升，转型进程加快。

从空间尺度来看，珠三角耕地利用转型水平总体呈现"核心-边缘"空间格局特征，耕地利用转型水平高的地区主要分布在肇庆、惠州、江门外围城市，核心城市如广州、佛山、东莞、中山、深圳、珠海耕地转型水平相对较低。由于核心城市经济发展水平普遍较高，第一产业比重较低，耕地利用不够充分，故转型水平较低，而外围城市农业占比较大，社会经济不断发展使耕地资源得到了更充分和高效的利用，转型水平较高。从耕地转型指数变化来看，沿海城市（深圳、东莞、珠海）增长幅度较大，"沿海-内陆"空间格局特征明显，可见用地资源紧缺及沿海资源丰富两重属性迫使沿海城市产业结构不断升级，集约利用土地的要求越发紧迫，耕地转型速度较快。

3.3.3.2 耕地利用转型的区域差异

2010 年、2014 年、2019 年珠三角耕地利用综合转型指数标准差分别为 0.082 0、0.071 1、0.075 9，变异系数为 0.498 2、0.412 3、0.440 9。标准差先减后增，整体下降，但幅度较小，说明区域绝对差异逐年减小，但下降趋势较为缓和；变异系数先减后增，整体下降，说明其相对差异逐年减小，表明近年耕地转型水平较低的城市（东莞、珠海、深圳）的增长速度大于转型水平较高的城市（江门、肇庆、惠州）。从极差来看，2010 年、2014 年、2019 年耕地利用转型指数最大值与最小值差分别为 0.267 2、0.209 5、0.226 9，可见 2010—2019 年区域极化现象大幅减弱且变异范围缩小。随着近年来深圳、东莞、珠海土地利用总体规划不断调整，其土地集约化程度明显提升，耕地得到更高效利用，进而拉小了与外围城市的差距。珠三角耕地转型空间差异缩小同时说明了其耕地形态与区域一体化相适应，呈现均衡化趋势。

4 珠三角耕地利用转型的影响因素分析

4.1 研究方法

本研究样本数量较少，难以运用传统回归探究其背后影响因素，而灰色关联分析对样本数量及规律皆无要求，计算简便，因此选用灰色关联分析法对其进行分析。灰色关联分析是灰色系统分析方法中的一种，其基本思想是根据序列曲线之间几何形状的相似程度来判断其联系的紧密程度，即各条曲线形状的平行程度越大、变化趋势越接近，关联度就越大（虞晓芬等，2004）。计算公式如下（刘思峰等，2013）：

$$\gamma[x_0(k), x_s(k)] = \frac{\min_s \min_k |x_0(k) - x_s(k)| + \xi \max_s \max_k |x_0(k) - x_s(k)|}{|x_0(k) - x_s(k)| + \xi \max_s \max_k |x_0(k) - x_s(k)|}$$

(10)

4.2 影响因素选取

耕地利用转型是一段时期区域内自然因素与人文因素共同作用的结果。区域内自然环境因素是耕地利用转型的基础条件，主要包括地形、气候、水文等变化，由于较短时间内环境因子的变化较其他因素并不显著，故本研究暂不考虑环境变化；人文因素包含人口、经济、产业、政策多种方面，短期内耕地变化主要受人类活动驱动，故人文因素在较短时间范围内影响效果明显（龙花楼等，2012；刘永强等，2016），其中政策作为耕地利用的调控手段，对耕地利用方式、规模产生直接影响，是耕地转型的一个重要影响因素，但由于其指标难以定量，故暂不对其进行深入探讨。珠三角位于粤港澳大湾区核心，城乡建设及经济发展带动的人口流动及产业转型升级是耕地利用转型的核心驱动力，本研究参考以往研究（张一达等，2020；向敬伟等，2016），从人口、经济、产业三方面对耕地利用转型时空演变特征的影响因素进行分析。土地利用转型是一个与人口转型共同发生发展的过程（Chen R et al.，2014），主要采用人口密度、城市化率两个指标反映人口转型；耕地利用转型受到经济发展的影响，经济水平上升引起市场供需及体制变化（张一达等，2020），同时也造成了生产要素投入及土地产出效益的改变，最终推动土地利用转型，选取人均GDP、地均GDP、人均固定资产投资、粮食总产量来表征经济因素；近年来，珠三角在城镇化背景下产业结构不断升级，第二、第三产业占比逐渐加大，耕地利用方式及类型随之受到影响，产业结构转型在一定程度上推动了耕地形态的转变，故选取第一产业占比以表征产业因素。

4.3 影响因素分析

将珠三角耕地利用转型与人口、经济、产业系统视为一个灰色系统，计算其灰色关联度，借此来反映其影响程度，并确定主要驱动因素，计算结果见表9。

表9 耕地利用转型与影响因素的关联度

影响因素	综合转型			结构转型			效率转型			功能转型		
	2010年	2014年	2019年	2010年	2014年	2019年	2010年	2014年	2019年	2010年	2014年	2019年
人均GDP	0.893	0.912	0.924	0.942	0.947	0.942	0.931	0.935	0.955	0.877	0.895	0.911
地均GDP	0.839	0.864	0.888	0.888	0.908	0.913	0.882	0.893	0.914	0.824	0.849	0.874
人均固定资产投资	0.908	0.918	0.926	0.955	0.931	0.938	0.953	0.951	0.955	0.890	0.901	0.911
粮食总产量	0.901	0.902	0.812	0.867	0.854	0.779	0.888	0.894	0.814	0.915	0.919	0.822
人口密度	0.832	0.855	0.893	0.885	0.911	0.936	0.879	0.892	0.921	0.815	0.838	0.876
城镇化率	0.887	0.913	0.939	0.949	0.966	0.958	0.931	0.942	0.956	0.866	0.889	0.916
第一产业占比	0.781	0.759	0.782	0.786	0.752	0.778	0.791	0.782	0.780	0.779	0.761	0.785

4.3.1 耕地结构转型影响因素分析

研究期内城镇化率、人均GDP、人均固定资产投资与结构转型指数之间的关联度较高，粮食总产量和第一产业占比关联度最低。城镇化背景下建设用地不断扩张,耕地资源被占用,同时乡村劳动力数量的下降使得种植结构也受到影响,耕地数量及空间结构发生转变,从很大程度上推动了耕地结构转型。人均GDP反映了地区发展水平,是推动土地利用不断转型的根本动力,同时决定了耕地数量等结构形态的演变与变化稳定性。从各市情况看,近年来广州、深圳、东莞、珠海城市化发展进程逐渐加快,经济发展水平领先,第二、第三产业用地不断增加,由此导致的耕地利用结构产生转变,耕地利用结构转型加快。

4.3.2 耕地效率转型影响因素分析

研究期内城镇化率、人均固定资产投资、人均GDP与效率转型指数关联度最高,第一产业占比关联度最低。2010年人均固定资产投资对耕地效率转型的影响最大,2014年和2019年排名降低,2010年城镇化率的影响程度位居第二,2014年和2019年则攀升至最高,说明随着社会的不断发展,固定资产投资增加带动的农业生产性固定资产增加对耕地利用效率转型的影响程度虽有提升,但仍小于城镇化率对其影响的增长幅度。人均GDP和地均GDP的关联度有所提升,说明经济发展水平与耕地利用效率的联系越发紧密。人口密度、城镇化率与耕地效率转型指数的关联度逐年升高,其影响作用体现在广州经济发展使得耕地具备更高的技术效率,而江门、肇庆则在两者共同影响下产生乡村劳动力要素的变动,进而带动经营方式、固有投入和耕地产出的变动(廖柳文等,2021),故而拥有较高的耕地效率转型水平,进一步解释了对耕地利用效率转型的影响作用。粮食总产量和第一产业占比对其影响效果相对较弱。

4.3.3 耕地功能转型影响因素分析

研究期内粮食总产量、城镇化率、人均GDP与耕地功能转型指数的关联度较高,三年内第一产业占比均最低。粮食总产量反映了一个地区耕地作物产出能力,是耕地利用功能的重要层面,其于2010年和2014年具有较高的影响效应,解释了外围城市耕地利用功能转型水平较高的空间格局,但2019年却大幅减弱,表明社会经济的不断发展使耕地功能逐渐多样化,生产功能所占比重降低,因而减弱了耕地作物产出对耕地功能转型的影响效应。人均固定资产投资和人均GDP具有与耕地功能转型较大的关联度,同时城镇化率关联度逐渐增大,2019年最高,可见珠三角城镇化推进以及经济发展直接影响了耕地的多功能形态。地均GDP和人口密度与耕地功能转型的关联程度相对一般。

4.3.4 耕地综合转型影响因素分析

各因素与耕地利用转型指数的关联度都较大,与其关联程度均较为密切。其中城镇化率、人均GDP、人均固定资产投资是影响耕地综合转型的主要因素,表明经济因素与人口因素对耕地利用转型起到了重要作用。如深圳、东莞、珠海城镇化水平较高,近年来经济发展速度明显加快,其耕地指数变化率较大，转型水平明显提升，而外围经济较弱城市则呈现较低的转型趋势。城市化水平的不断提升推动了产业结构的不断转型，第一产业对经济的贡献程度受到削弱，相对而言影响程度较低。分项影响因素与综合影响因素结果大部分较为同步，因而认为人口因素和社会因素，尤其是城镇化率、人均 GDP、人均固定资产投资对珠三角耕地利用转型影响最为显著。

5 珠三角耕地转型利用的对策与建议

从研究结果来看，珠三角耕地转型在结构、效率、功能三个层面皆不够协调，区域之间存在明显差异，转型方向及程度参差不齐。为提升珠三角耕地利用效益，优化资源配置，促进耕地利用优化式转型，可以考虑从结构优化、效率提升、功能协调三个方向入手，使区域土地调控顺应耕地转型规律。

5.1 优化耕地利用结构，协调耕地空间配置

珠三角耕地结构转型结果体现了其耕地数量及类型在空间分布上的不协调，优化耕地利用结构对于耕地保护的有效实施具有重要意义。为推动珠三角耕地结构转型优化，应进一步优化耕地空间配置，协调耕地数量、空间结构。外围城市如肇庆、惠州应加强对自身耕地资源的协调利用，保证耕地红线，科学制定城镇发展总体规划，严格控制耕地数量；沿海城市如深圳、珠海应进一步推进土地集约利用，并积极探索耕地结构优化利用新方式，以便弥补耕地数量不足的弊端；各地因地制宜优化自身耕地结构，同时制定相应土地利用政策以促进一体化发展，缩小区域耕地结构利用差异，推动耕地结构向更优化的方向转型。

5.2 提升耕地利用效率，加大农业技术化和产业化投入

珠三角耕地利用效率提升可促进农业高质量发展，可通过加大土地、劳动力、技术投入等方面实现。为促进珠三角耕地朝更高效的方向转型，应在保证耕地质量的基础上加大耕地生产基础设施和技术水平投入，提高农业技术化和产业化水平；切实落实耕地保护政策，控制并减少土地粗放利用和破碎化，依法约束耕地滥用；发挥中心城市与周边城市的联动效应，充分利用经济发展及城镇化建设对耕地效率的带动作用；外围城市应加快推进农业技术更新，合理配置投入要素，同时加强农地流转，促进耕地规模经营和集约利用。

5.3 协调耕地利用功能，促进区域耕地多功能协调可持续发展

珠三角耕地利用功能转型结果表明珠三角耕地多功能在空间上存在不均性，且其多功能可持续发展有待提升，在"农业-生态-社会-经济"系统协调

性上有待增强。为促进珠三角耕地多功能协调性及可持续性的优化转型发展，各地应因地制宜利用耕地，充分发挥各市耕地主导功能与耕地多功能间的协同效应，从可持续视角推进耕地社会保障功能、生态环境功能演化，注重耕地多功能的保护；加大农业投入，促进农业产出，提高耕地生产功能，加强耕地污染监督治理，减少农药化肥等化学物品的投入，保证耕地生态系统开放性；同时推动传统农业向现代农业转型，促进耕地社会和经济功能相协调，尤其注重深圳、东莞等核心城市耕地功能的非市场价值，推动珠三角耕地多功能协调一体化发展，缩小中心城市与外围城市差异。

6 结语

6.1 结论

本文将耕地利用转型内涵进一步拓展，从结构、效率、功能三个维度构建指标体系，综合运用熵权法、ArcGIS 空间分析、灰色关联分析等方法，对珠三角耕地利用转型的时空演化特征及其背后的影响因素进行分析，得出如下结论。

(1) 综合转型层面，珠三角整体耕地转型水平呈上升态势，空间绝对差异和相对差异有所下降，极差减小，极化现象减弱；空间分布呈"核心-边缘"特征，空间差异性明显；2010—2019 年，深圳、东莞综合转型指数上升幅度较大，分别为 94.83%、35.76%，广州、中山下降幅度较大，分别为 -13.74%、-12.45%。

(2) 分项转型层面，珠三角耕地结构和效率转型水平明显上升，功能转型水平先升后降，三年中结构转型具有最小的空间差异，而功能转型呈现出最大的空间差异；结构、功能转型指数"核心-边缘"空间分布格局明显，效率转型指数有较大空间差异性；研究期内效率转型指数总体呈上升趋势，深圳、东莞上升幅度最大，分别为 293.12%、183.16%，中山上升幅度最小，为 4.48%；耕地结构、功能转型指数波动明显，深圳结构、功能指数上升幅度最大，分别为 250.15%、27.30%，广州结构转型指数下降幅度最大，为 -19.76%，中山功能转型指数下降幅度最大，为 -20.69%。

(3) 影响因素层面，人口、经济、产业因素与耕地利用转型分项及综合指数都存在较大关联性，其中人口因素和社会因素中城镇化率、人均 GDP、人均固定资产投资对耕地利用转型产生了显著影响，产业因素影响相对较弱。

6.2 展望

本研究将耕地显性、隐性形态进一步归纳，从结构转型、效率转型、功能转型三个维度构建指标体系，并对其时空格局和影响因素加以分析。从研究结果来看，耕地利用结构、效率、功能与耕地形态紧密相关，对耕地转型有较强解释性。一方面，珠三角城镇化发展带动的经济、人口、产业转型使得土地形态发生了改变，耕地朝更高效的方向转型，空间差异有所减小，区域发展越发均衡；另一方面，转型指数变化率波动较大，表明虽然均衡性发展趋势有所显现，但是差异化现象仍不可忽视。珠三角耕地利用转型受到人口、经济、产业等多种因素的共同作用，探讨其转型特征可以为科学管控土地利用提供依据。

　　本研究探讨维度基本涵盖了耕地显性、隐性形态各个层面，可以较全面地反映耕地转型水平及特征，为耕地转型研究提供了一个新视角，在耕地转型领域具备一定创新性。但由于研究范围较广、样本数量偏少，故未对其空间格局特征和驱动机理进行深入剖析，同时结构、效率、功能转型指标体系仍不尽完善。综合来看，本研究视角有一定前瞻性，对小尺度尤其是县域、村域的应用有待探索，其指标内涵及体系构建也值得进一步深化。

参 考 文 献

陈星宇，王枫，李灿，2017. 珠三角地区耕地多功能空间差异与影响因素分析 [J]. 地域研究与开发，36（1）：130 - 136.

程建，程久苗，2017. 中国省际土地利用隐性形态时空格局、驱动力与转型模式 [J]. 中国土地科学，31（12）：60 - 68，97.

杜国明，马敬盼，春香，2018. 现代化农区耕地利用形态转型研究 [J]. 中国农业资源与区划，39（3）：185 - 192.

付慧，刘艳军，孙宏日，等，2020. 京津冀地区耕地利用转型时空分异及驱动机制 [J]. 地理科学进展，39（12）：1985 - 1998.

戈大专，龙花楼，杨忍，2018. 中国耕地利用转型格局及驱动因素研究——基于人均耕地面积视角 [J]. 资源科学，40（2）：273 - 283.

姜晗，杨皓然，吴群，2020. 东部沿海经济区耕地利用效率的时空格局分异及影响因素研究 [J]. 农业现代化研究，41（2）：321 - 330.

李胭胭，鲁丰先，2016. 河南省经济增长质量的时空格局 [J]. 经济地理，36（3）：41 - 47.

廖柳文，龙花楼，马恩朴，2021. 乡村劳动力要素变动与耕地利用转型 [J]. 经济地理，41（2）：148 - 155.

刘思峰，蔡华，杨英杰，等，2013. 灰色关联分析模型研究进展 [J]. 系统工程理论与实践，33（8）：2041 - 2046.

刘亚香，谢宇轩，李阳兵，等，2020. 贵州坝子土地利用显性和隐性转型实证研究 [J]. 长江流域资源与环境，29（1）：125 - 136.

刘永强，龙花楼，2016. 黄淮海平原农区土地利用转型及其动力机制 [J]. 地理学报，71（4）：666 - 679.

龙花楼，李婷婷，2012. 中国耕地和农村宅基地利用转型耦合分析 [J]. 地理学报，67 (2)：201-210.

龙花楼，李秀彬，2006. 中国耕地转型与土地整理：研究进展与框架 [J]. 地理科学进展，25 (5)：67-76.

龙花楼，屠爽爽，2018. 土地利用转型与乡村振兴 [J]. 中国土地科学，32 (7)：1-6.

龙花楼，2012. 论土地利用转型与乡村转型发展 [J]. 地理科学进展，31 (2)：131-138.

卢新海，唐一峰，易家林，等，2019. 基于空间计量模型的耕地利用转型对农业经济增长影响研究 [J]. 中国土地科学，33 (6)：53-61.

路昌，耿昊，刘蕊，等，2021. 山东省耕地多功能耦合协调度时空格局分析 [J]. 农业机械学报，52 (3)：265-274.

麦丽开·艾麦提，满苏尔·沙比提，张雪琪，2020. 叶尔羌河平原绿洲耕地利用转型与粮食产量耦合关系研究 [J]. 中国农业资源与区划，41 (10)：63-69.

牛善栋，方斌，崔翠，等，2020. 乡村振兴视角下耕地利用转型的时空格局及路径分析——以淮海经济区为例 [J]. 自然资源学报，35 (8)：1908-1925.

曲艺，龙花楼，2017. 基于开发利用与产出视角的区域土地利用隐性形态综合研究——以黄淮海地区为例 [J]. 地理研究，36 (1)：61-73.

曲艺，龙花楼，2018. 中国耕地利用隐性形态转型的多学科综合研究框架 [J]. 地理学报，73 (7)：1226-1241.

史小祺，李阳兵，2018. 贵州省近40年耕地功能转型评价及演变差异分析 [J]. 中国岩溶，37 (5)：722-732.

史洋洋，吕晓，郭贯成，等，2019. 基于GIS和空间计量的耕地利用转型时空格局及其驱动机制研究 [J]. 中国土地科学，33 (11)：51-60.

史洋洋，吕晓，黄贤金，等，2017. 江苏沿海地区耕地利用转型及其生态系统服务价值变化响应 [J]. 自然资源学报，32 (6)：961-976.

宋小青，李心怡，2019. 区域耕地利用功能转型的理论解释与实证 [J]. 地理学报，74 (5)：992-1010.

宋小青，欧阳竹，2012. 耕地多功能内涵及其对耕地保护的启示 [J]. 地理科学进展，31 (7)：859-868.

宋小青，申雅静，王雄，等，2020. 耕地利用转型中的生物灾害脆弱性研究 [J]. 地理学报，75 (11)：2362-2379.

宋小青，吴志峰，欧阳竹，2014.1949年以来中国耕地功能变化 [J]. 地理学报，69 (4)：435-447.

宋小青，吴志峰，欧阳竹，2014b. 耕地转型的研究路径探讨 [J]. 地理研究，33 (3)：403-413.

唐一峰，卢新海，张旭鹏，2021. 公路基础设施建设对耕地利用转型的影响及门槛效应研究 [J]. 中国土地科学，35 (1)：59-68.

王枫，汤沛銮，2020. 考虑区域发展阶段差异的城市建设用地多功能绩效评价——以珠三角城市群为例 [J]. 中国土地科学，34 (12)：87-95.

王良健，李辉，2014. 中国耕地利用效率及其影响因素的区域差异——基于 281 个市的面板数据与随机前沿生产函数方法 [J]. 地理研究，33（11）：1995 - 2004.

吴大放，刘艳艳，董玉祥，等，2010. 我国耕地数量、质量与空间变化研究综述 [J]. 热带地理，30（2）：108 - 113.

向敬伟，李江风，曾杰，2016. 鄂西贫困县耕地利用转型空间分异及其影响因素 [J]. 农业工程学报，32（1）：272 - 279.

向敬伟，2016. 鄂西贫困山区耕地利用转型对农业经济增长质量影响研究 [D]. 武汉：中国地质大学.

许凤娇，吕晓，陈昌玲，2017. 山东省城乡建设用地转型的时空格局 [J]. 自然资源学报，32（9）：1554 - 1567.

虞晓芬，傅玳，2004. 多指标综合评价方法综述 [J]. 统计与决策（11）：119 - 121.

张立新，朱道林，谢保鹏，等，2017. 中国粮食主产区耕地利用效率时空格局演变及影响因素——基于 180 个地级市的实证研究 [J]. 资源科学，39（4）：608 - 619.

张文斌，张志斌，董建红，等，2021. 多尺度视角下耕地利用功能转型及驱动力分析——以甘肃省为例 [J]. 地理科学，41（5）：900 - 910.

张一达，刘学录，任君，等，2020. 基于耕地多功能权衡与协同分析的耕地利用转型研究——以北京市为例 [J]. 中国农业资源与区划，41（6）：25 - 33.

张英男，龙花楼，戈大专，等，2018. 黄淮海平原耕地功能演变的时空特征及其驱动机制 [J]. 地理学报，73（3）：518 - 534.

朱传民，2016. 乡村快速发展下的耕地利用转型与调控研究 [D]. 北京：中国农业大学.

朱从谋，李武艳，杜莹莹，等，2020. 浙江省耕地多功能价值时空变化与权衡-协同关系 [J]. 农业工程学报，36（14）：263 - 272.

CHEN R，YE C，CAI Y，et al.，2014. The impact of rural out - migration on land use transition in China：Past，present and trend [J]. Land Use Policy，40：101 - 110.

GRAINGER A，1995. The forest transition：an alternative approach [J]. Area（3）：242 - 251.

TODOROVA S，IKOVA J，2014. Multifunctional Agriculture：Social and Ecological impacts on the organic farms in Bulgaria [J]. Procedia Economics and Finance，9：310 - 320.

广东省城市更新绩效的时空变化
特征及其影响因素分析

柯心怡 李景刚 李 灿 孙传谆

1 前言

当前，在城市转型升级与新增建设用地指标收紧的双重约束下，我国城市发展重心由增量建设转向存量提质。广东省自 2008 年始与原国土资源部携手共建节约集约用地试点示范省，开展以"三旧"改造为特色的城市更新工作，取得了卓越成效。据统计，截至 2019 年 11 月 22 日，全省通过"三旧"改造累计节地面积 13 226.67 公顷，节地率达 42.7%；每亩①建设用地年产出由 2008 年底的 13.7 万元增加到 2018 年底的 30.94 万元，增长 125.84%②。然而，随着易拆迁、增值空间大的项目陆续完成，城市更新遭遇了"十年之痒"：拆迁难、成本高、政策更新滞后等问题日益凸显，城市更新陷入停滞困境。如深圳市，截至 2018 年底，已列入计划的城市更新项目共计 746 个，但实施率只有 37%，余下的项目中至少有 60%因拆迁问题而搁置③。另一方面，不同地区的城市更新绩效呈现明显异质性，截至 2020 年 10 月，广东省东莞、珠海、江门三市已实施的改造项目平均完成率超过 70%，肇庆、佛山、惠州的完成率介于 60%~70%，而深圳、广州、中山三市的完成率小于 60%④。为推动全省"三旧"改造取得突破性进展，2019 年广东省自然资源厅制定了《广东省深入推进"三旧"改造三年行动方案（2019—2021年）》，继续深化土地供给侧结构性改革，对各市的改造目标任务做出了要求。时间紧，任务重，如何高效地开展城市更新成为各级政府亟须解决的现实问题。迫切需要对广东省近十年来的城市更新绩效进行科学评价，探

---

① 亩为非法定计量单位，1 亩＝1/15公顷。——编者注

② 冯善书，黄叙浩 . 民资占比 86.61% 广东撬动万亿资本力促旧改新突破［OL］. ［2019 - 11 - 28］. http://static. nfapp. southcn. com/content/201911/27/c2845263. html.

③ 资料来源：旧改 10 余年实施率不足 40%，深圳终于对钉子户下狠手了！https://www. sohu. com/a/409513544_120179484? _f＝index_pagefocus_1&_trans＝000014_bdss_dkhkzj.

④ 资料来源：2020 中国城市更新评价指数（广东省）研究报告，https://baijiahao. baidu. com/s? id＝1694632055008725601&wfr＝spider&for＝pc.

寻影响因素，为科学推进城市更新提供依据，同时，需要甄别和评估城市更新绩效的空间异质性，避免因"一刀切"的城市更新治理策略造成效率损失。

城市更新作为一种在规划指导下开展的有规律性、目的性的建设活动（曹仪民等，2020），其本质上是实现资源重新配置的一种空间生产，是盘活存量土地空间、促进资源要素有效流动的城市建设和固定资产投资活动（丁焕峰等，2021），其核心要义在于如何在城市用地规模不增加的情况下，通过已建设用地的内生提质来实现城市功能的优化以及空间品质的提升（唐燕等，2019），其基础评判标准在于以土地、资金等要素最小化投入，实现土地集约和城市优化等最大化的结果产出（王欣，2017）。由此可见，城市更新绩效的内涵实质上与经济领域的绩效内涵（即效率）一致，其测度问题可以转化为对广义投入与产出关系的测度，即城市更新的投入产出效率。近年来已有研究开始关注城市更新绩效问题，主要采用"指标体系—综合评价"的研究范式对城市更新的综合绩效展开定量评估，但在指标体系的构建上尚未达成共识（郑沃林等，2019），且对于指标的选取大多选用间接反映城市更新绩效的指标（倪建伟等，2020；TAN et al.，2019；LIN et al.，2021），难以充分反映城市更新的真实效果。此外，已有关于城市更新绩效评价的研究在评价方法上以模糊综合评价法（WANG et al.，2017）、AHP‐TOPSIS 模型（ZHU et al.，2019）为主，将城市更新视作一项静态的、只注重产出的工作，忽略了城市更新投入与产出的动态性和多目标性（王萌等，2011）。鉴于 DEA 模型在多指标数据处理具有相对优势，且既不需设定前沿生产函数的具体形式，也不需指标量纲一致，还可避免人为确定权重的主观性（郭贯成等，2014），再与 Malmquist 指数结合，可以弥补 DEA 模型对动态效率考察的不足（ZHU et al.，2019），对于城市更新绩效动态评价具有较强的适应性。因此，本文将综合采用 DEA 模型和 Malmquist 指数对广东省 21 个地市 2008—2018 年的城市更新进行绩效评价，在此基础上借助 Tobit 模型探索城市更新绩效的影响因素，以期为广东省及各地市的城市更新工作有序推进提供理论指导和政策设计支点。

2 分析框架与理论分析

2.1 城市更新绩效评价分析框架

"4E"绩效审计准则最初用于考察政府部门的财政支出活动，是评价政府财政支出绩效的基本工具（何文盛等，2017），主要包括经济性（Economy）、效率性（Efficiency）、效果性（Effectiveness）和公平性（Equity）四个方面，贯穿于要素投入、产出、效果等过程（胡税根等，2018）。近年来，"4E"准则的评估框架已延伸到城市更新领域，如城市更新空间绩效评估（曹仪民等，2020）、城市有机更新效果评估（倪建伟等，2020）等。从投入层面来看，土地、资本、劳动力等生产要素的投入是城市更新项目启动的基础，要求以尽可能低的要素投入提供与维持既定数量和质量的城市更新产品或服务，实现要素投入的"经济性"（赵振洋等，2019）；城市更新的要素投入最终能实现多大比例的成功改造，则体现了"4E"准则中的"效率性"；城市更新的"效果性"更多体现在其对预期效益的实现程度上（赵振洋等，2019）；城市更新是在城市用地紧缺情况下提出的释放土地效能、改善公共配套、增加公共服务产品供给、提高人居环境的政策，其所带来的城市基础设施优化和人居环境整治能否惠及更多社会人口，则体现了城市更新的"公平性"（李涛等，2019）。本研究城市更新绩效评价分析框架见图1。

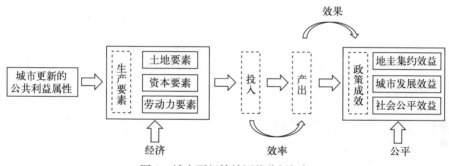

图 1　城市更新绩效评价分析框架

2.2　城市更新绩效评价指标体系

基于城市更新的"4E"绩效评价分析框架，本文采取"投入-产出"模型评价城市更新绩效，并以经济性、效率性、效果性、公平性为一级指标构建城市更新绩效评价指标体系。借鉴已有研究，考虑到经济性为投入属性，一般指资本、土地、劳动力投入（李储等，2021），为此，本文以城市更新改造规模表示土地投入，城市更新的政府和社会投资额表示资本投入。考虑到效率性为产出属性，一般指投入与产出之间的转换关系（董翊明等，2011），因此本文以改造完成率来反映。效果性是衡量产出对实现最终目标所做贡献（郑方辉等，2020），本文根据城市更新的目标选取了土地集约效益和城市发展效益作为其二级指标，并以节地率和节地面积代表土地集约效益（欧阳利等，2016），以单位土地面积产出（罗栋等，2010）和土地出让收入（王振坡等，2019）表示城市发展效益。公平性要求产出的产品或服务在社会群体中无差别分配，因此本文选取社会公平效益作为其二级指标，并以人均公园绿地面积作为具体表征（熊兴等，2018），如表1所示。

表1　城市更新绩效评价指标体系

总目标层	一级指标		二级指标	三级指标	数据来源
	投入	经济性原则	土地投入	改造规模（公顷）	主管部门
			资本投入	城市更新政府投资额（亿元）	主管部门
				城市更新社会投资额（亿元）	主管部门
城市更新绩效	产出	效率性原则	改造完成效率	改造完成率（%）	主管部门
		效果性原则	土地集约效益	节地率（%）	主管部门
				节地面积（公顷）	主管部门
			城市发展效益	单位土地面积产出（万元/公顷）	广东省统计年鉴
				土地出让收入（亿元）	Wind 数据库
		公平性原则	社会公平效益	人均公园绿地面积（米²）	广东省统计年鉴

注：改造规模=正在改造面积+已完成改造面积，改造完成率=已完成改造面积/（正在改造面积+已完成改造面积）×100%，城市更新总投资额包括政府投资额和社会资本投资额，单位土地面积产出=GDP/行政辖区面积。

2.3　城市更新绩效影响机制分析

城市更新绩效是多种因素交互作用的结果。通过梳理相关文献，本文将从生产要素投入、经济发展水平、市场化程度和产业结构四个方面进行分析（表2）。

表2　城市更新绩效影响因素及量化指标

	影响因素	量化指标	符号	单位	均值	标准差	预期方向	数据来源
	生产要素投入	总投资额	TI	亿元	58.93	101.38	+/−	主管部门
		总投资额二次项	TI²	/	13 708.08	48 079.88	+/−	/
解释变量	经济发展水平	人均GDP	ED	万元	5.20	3.96	+	广东省统计年鉴
	市场化程度	城市更新社会投资额/总投资额×100	MD	%	82.84	29.69	+	主管部门
	产业结构	第二、三产业增加值/GDP×100	IS	%	89.77	7.40	+	广东省统计年鉴
		第三产业增加值/第二产业增加值	ISU	/	0.96	0.34	+	广东省统计年鉴

（续）

影响因素		量化指标	符号	单位	均值	标准差	预期方向	数据来源
控制变量	土地利用压力	人口规模（常住人口）	PS	万人	507.71	289.91	＋	广东省统计年鉴
		城乡建设用地面积	UCLA	千米²	714.31	306.59	－	自然资源主管部门
	地方财政压力	（一般公共预算支出－一般公共预算收入）/一般公共预算收入	LFP	％	122.00	106.10	＋	中国城市统计年鉴

注：＋表示正向预期，－表示负向预期。

生产要素投入。土地、资金等生产要素是城市更新的基础。在城市更新初期由于缺乏经验，实施与规划脱节，生产要素投入难以转化为预期的产出（赖寿华等，2013）。随着城市更新政策不断完善，规划引领与计划管理加强，生产要素投入规模不经济的现象得以纠正，城市更新绩效将有所提升。可见，生产要素投入与城市更新绩效存在非线性关系，故本文选取总投资额及其二次项来解释生产要素投入对城市更新绩效的影响。

经济发展水平。现阶段中国城市土地利用效率随经济集聚程度提高而增加（梁流涛等，2017），较高的经济水平需适配高质量的公共服务设施来满足发展需要，从而推动城市更新进程。因此，本文以人均 GDP 表征经济发展水平（杨清可等，2020），预期作用为正。

市场化程度。在市场经济条件下，政府对土地利用行为的过度干预会降低经济活力，造成效率损失（刘荣增等，2021），而市场作为要素配置的有效手段，有助于提高城市更新效率。因此，本文以城市更新社会投资额占总投资额的比重反映市场化程度，预期作用为正。

产业结构。在土地资源约束下，城市往往通过促进产业新陈代谢和结构优化升级来实现土地资源配置效率提升和空间布局优化（丁焕峰等，2021），显然产业相对发达的城市对城市更新的需求更为迫切。因此，本文选取非农产业增加值占 GDP 比重、第三产业与第二产业增加值的比重反映产业结构（王良健等，2014），预期作用为正。

此外，已有研究表明土地利用压力（朱一中等，2011）和地方财政压力（闫昊生等，2020）是城市发展的重要驱动因素，这些发展压力将内趋地方政府有效盘活存量土地，从而促进城市更新项目的落实。为此，本文以人口规模和城乡建设用地面积作为土地利用压力的表征，以"（一般公共预算支出－一般公共预算收入）/一般公共预算收入"反映地方财政压力，作为控制变量。

3 模型与方法

3.1 数据来源

本文以广东省 21 个地市作为城市更新绩效的评价单元，相关社会经济数据主要来源于 2009—2019 年的《广东省统计年鉴》《中国城市建设统计年鉴》《中国城市统计年鉴》、Wind 数据库等，城乡建设用地面积、"三旧"改造数据来源于广东省自然资源主管部门。

3.2 研究方法

(1) 数据包络分析法。根据"4E"绩效评价准则中的经济性原则，城市更新应当以尽可能低的要素投入，生产出既定数量和质量的产品或服务，因此本文选择 DEA 模型中规模报酬可变（VRS）条件下的 BCC 投入导向效率模型来评价城市更新静态绩效（张婷等，2019）。此外，投入导向 DEA 模型要求输入的投入指标大于 0，但本文选取的城市更新政府投资额和城市更新社会投资额两个指标均存在部分年份的数据等于 0 的情况。因此，本文将城市更新政府投资额和城市更新社会投资额两个指标同时加上 0.001 使其大于 0 后，再纳入模型进行测算（马占新等，1999）。

(2) Malmquist 指数。Malmquist 指数是在 DEA 模型基础上拓展出来的计算全要素生产率（TFP）的方法，可用于测度决策单元在不同时期内全要素生产率的变化。在规模报酬不变的情况下，可获取全要素生产率变化指数（TFPch）、技术效率变化指数（Effch）和技术进步指数（Techch）三方面的信息，即 TFPch＝Effch×Techch；在规模报酬可变的情况下，可进一步获得纯技术效率变化指数（Pech）和规模效率变化指数（Sech）的信息，即 Effch＝Pech×Sech（韩璐等，2021）。因此本文采用 Malmquist 指数对广东省各地市在 2008—2018 年的城市更新绩效进行动态的分析评价。

(3) Tobit 模型。城市更新效率具有非负截断特征，对这类受限因变量模型的估计用普通最小二乘法（OLS）会得到有偏的结果，因此 Tobit 模型更合适。固定效应 Tobit 模型通常不能得到一致、无偏的估计量，因此随机效应模型更好（杜江等，2016）。本文建立如下随机效应 Tobit 模型：

$$Y_{it} = \alpha_{it} + \sum_{j=1}^{8} \beta_j X_{j,it} + \sum_{k=1}^{2} \gamma_k Z_{k,it} + u_i + e_{it} \qquad (3-1)$$

式（3-1）中：Y 为被解释变量，即城市更新绩效，以 DEA 模型计量结果对其进行赋值；X 和 Z 分别为解释变量和控制变量，量化指标如表 2 所示；α 为截距项；β 和 γ 分别为解释变量和控制变量的回归系数；u 代表个体效应标准差；e 代表随机干扰项标准差；i（$i=1$，2，…，21）表示广东省内的 21 个不同城市；t 则表示不同的年份（$t=2008$，2009，…，2018）；j（$j=1$，2，…，8）代表解释变量个数；k（$k=1$，2）代表控制变量个数。

4 实证研究

4.1 城市更新绩效的时空变化特征分析

4.1.1 基于 DEA 模型的城市更新静态绩效分析

本文运用 DEAP 软件，计算得到 2008—2018 年广东省各地市的城市更新综合效率，如表 3 所示。

从时间维度上看，广东省的城市更新绩效并不稳定，在不同时段呈现不同的特征。由图 2 可知，广东省城市更新历年的纯技术效率均处于较高水平（均值为 0.941），而规模效率相对于纯技术效率较低（均值为 0.855），说明城市更新绩效变动主要受规模效率的影响。其中，2008—2011 年，广东省城市更新政策聚焦于标图建库、预防腐败等方面①，对于规划与用地报批没有太多的指引，各地开发商拿地较为容易（2008—2011 年改造用地供应年均增长 63.04%），"三旧"改造逐渐演变为房地产开发的盛宴（宋立新，2011），改造用地供应量过多，资源投入与效益产出不匹配导致规模效率低下，改造完成率从 2008 年的 48.29% 降至 2011 年的 15.64%。为应对城市更新过度地产化、进度慢等问题，2011—2015 年，广东省适时对土地出让、用地报批和改造规划等问题进行了更严格的规定②，同时适逢国家出台房地产调控措施，抑制了土地交易市场，改造规模增速下降，年均增长降为 11.60%，规模效率得以维持在较高的效率前沿面，广东省城市更新绩效有所改善。然而，2016 年广东省城市更新效率又出现了下降的苗头，为此广东省人民政府于 2016 年发布了《关于提升"三旧"改造水平促进节约集约用地的通知》，其中规定："完成'三旧'改造年度任务的，按不少于完成改造面积的 20% 奖励用地指标；未完成改造任务的，扣减用地指标"，这在一定程度上激励或督促各市加快"三旧"改造的步伐，继而 2017 年广东省城市更新效率略有回升，但 2018 年后再次降

---

① 资料来源：《关于在"三旧"改造过程中加强预防职务犯罪工作的通知》（粤检会字〔2010〕2 号）、《关于在"三旧"改造工作中加强廉政建设预防腐败行为的通知》（粤纪派国土资纪字〔2010〕1 号）、《关于做好"三旧"改造地块标图建库工作的通知》（粤国土资测绘发〔2010〕137 号）、《关于开展"三旧"改造地块标图建库成果检查的通知》（粤国土资测绘发〔2010〕387 号）。

② 资料来源：《关于进一步加快"三旧"完善历史用地手续规划审查工作的通知》（粤建规函〔2012〕49 号）、《关于调整"三旧改造"涉及完善征收手续报批方式的通知》（粤国土资利用发〔2012〕145 号）、《关于开展"三旧"改造规划修编工作的通知》（粤建规函〔2014〕1972 号）。

至改造以来的最低点，这也说明政策红利迅速释放并消耗殆尽，广东省的城市更新工作进入了艰难时刻，当前亟须厘清城市更新工作进展缓慢的症结所在，以优化城市更新制度设计，有效促进城市更新进程。

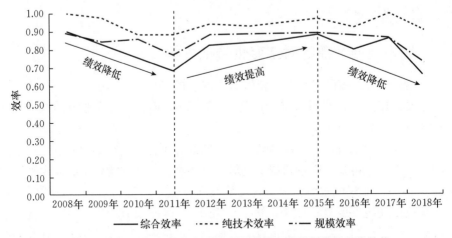

图 2　2008—2018 年广东省城市更新绩效及其分解指标变化趋势

从空间上看，广东省各地市间的城市更新绩效差异显著，具有明显的地域特征。根据 2008—2018 年广东省各地市的城市更新绩效累计有效次数，将省内 21 个地市的城市更新绩效水平划分为 3 种状态，分别为较低水平（累计1～3 次有效）、中等水平（累计4～8 次有效）和较高水平（累计 9～11 次有效）。城市更新处于较低水平的城市主要位于珠三角地区，包括佛山、肇庆、广州、东莞、江门、湛江和梅州，这些城市的规模效益整体处于递减状态，资源利用率相对较低。相比之下，汕尾、汕头和茂名 3 座城市的城市更新一直处于较高水平，其中粤东地区的汕尾和汕头自城市更新实施以来，城市更新效率一直维持在有效状态，整体表现最佳。其余城市的城市更新绩效并未呈现明显趋势。显见，广东省的城市更新绩效存在明显的空间异质性，应当理性认识和甄别差异来源，因城施策。

从指标松弛变量分析结果可知（表 4），城市更新处于较低水平的城市，改造规模、社会投资额和政府投资额均出现了大量冗余，改造完成率、节地率、单位土地产出、人均公园绿地面积等与有效前沿面存在较大差值。由此可见，这部分城市更新产出增加的速度滞后于投入增加的速度，若投入继续增加不仅不会促进，反而会影响城市更新绩效，应当对投入规模进行适当调控。不难发现，这些城市基本位于珠三角经济发达区域，建设用地需求大，地方政府出于城市发展和提高政府绩效的考虑，推出了大规模的土地改造计划，但由于这些城市新增建设用地指标相对充裕，加上在改造过程中困难重重，盘活存量

表3 2008—2018年广东省各地市城市更新效率

经济区	地市	2008年	2009年	2010年	2011年	2012年	2013年	2014年	2015年	2016年	2017年	2018年	累计DEA有效次数
珠三角	广州	1.000—	1.000—	0.466↓	0.243↓	0.395↓	0.527↓	0.510↓	1.000—	0.656↓	0.696↓	0.417↓	3
	佛山	0.688↓	1.000—	0.478↓	0.316↓	0.616↓	1.000—	0.174↓	0.486↓	0.420↓	0.323↓	0.207↓	2
	肇庆	0.572↓	0.793↓	0.409↓	0.327↓	0.281↓	1.000—	0.535—	0.743↓	0.576↓	1.000—	0.342↓	2
	东莞	1.000—	0.762↓	1.000—	1.000—	0.977↓	0.602↓	0.560↓	0.432↓	0.382—	0.362↓	0.482↓	3
	江门	0.825↓	0.500↓	0.487↑	0.340↓	0.710↓	1.000—	1.000—	1.000—	0.521↓	0.732↓	0.955↓	3
	珠海	0.609↓	1.000—	1.000—	0.462↓	1.000—	1.000—	0.996↓	1.000—	0.984—	1.000—	0.637↓	6
	惠州	0.784↓	0.573↓	1.000—	1.000—	1.000—	1.000—	1.000—	0.864↓	1.000—	1.000—	1.000—	7
	中山	1.000—	0.598↓	1.000—	0.903↓	1.000—	1.000—	1.000—	1.000—	0.435↓	0.873↓	0.293↓	7
	深圳	1.000—	0.566↓	1.000↑	0.771↓	1.000—	1.000—	1.000↑	0.950↓	1.000—	1.000—	1.000—	8
粤西	湛江	1.000—	1.000—	0.348↓	0.171↓	0.396↑	0.380↓	1.000—	0.417↓	0.451↓	0.714↓	0.417↓	3
	阳江	1.000—	0.927↓	0.717↓	0.930↑	1.000—	1.000—	0.800↓	0.700↓	0.506↓	1.000—	0.418↓	4
	茂名	1.000—	1.000—	1.000—	0.272↓	1.000—	1.000—	1.000—	1.000—	1.000—	1.000—	1.000—	10
粤东	潮州	1.000—	0.738↓	0.570↓	0.435↓	1.000↑	0.224↓	1.000↑	0.950↓	1.000—	0.835↓	0.174↓	7
	揭阳	1.000—	1.000—	1.000↑	1.000—	1.000—	0.700↓	1.000—	1.000—	1.000—	1.000—	1.000—	7
	汕头	1.000—	1.000—	1.000—	1.000—	1.000—	1.000—	1.000—	1.000—	1.000—	1.000—	1.000—	11
	汕尾	1.000—	1.000—	1.000—	1.000—	1.000—	1.000—	1.000—	1.000—	1.000—	1.000—	1.000—	11
粤北	云浮	1.000—	1.000—	0.669↓	0.793↓	1.000↑	1.000—	1.000—	0.828↓	1.000↑	0.800↓	1.000↑	7
	梅州	1.000—	0.471↑	0.298↓	0.457↓	0.896↑	1.000—	0.807↓	1.000—	0.916↓	1.000—	0.372↓	3
	韶关	0.589↓	0.728↓	0.425↓	1.000↑	0.755↑	0.884↓	0.500↓	1.000—	1.000—	1.000—	0.336↓	4
	河源	0.920↓	1.000—	0.967↓	1.000—	0.926↑	1.000—	1.000—	1.000—	0.889↑	1.000—	1.000—	7
	清远	0.684↓	1.000—	1.000—	1.000—	0.365↑	0.249↓	1.000—	1.000—	1.000—	1.000—	0.772↓	7

注：—表示规模效益不变，↓表示规模效益递减，↑表示规模效益递增。

用地的迫切性明显不足，造成城市更新绩效较低。城市更新处于较高水平的城市，如粤东的汕头和汕尾，其规模效益基本保持不变，这是由于上级下达的建设用地指标相对短缺，迫于发展压力，有较强的城市更新动力，且受限于资本约束，城市更新规模有限（汕尾、汕头 2008—2018 年平均每年城市更新规模占城乡建设用地规模的比例仅为 0.08% 和 0.24%），相对更为重视城市更新的有效产出。

表4　2008—2018 年广东省 21 地市城市更新指标松弛变量分析

经济区	城市	产出不足率						投入冗余率		
		改造完成率	节地率	节地面积	单位土地产出	土地出让收入	人均公园绿地面积	改造规模	社会投资额	政府投资额
珠三角	广州	0.92	0.88	0.42	0.39	0.05	0.86	0.40	0.43	0.51
	深圳	0.84	0.86	0.05	0.00	0.22	0.89	0.08	0.05	0.13
	珠海	0.46	0.83	0.39	0.10	0.02	0.51	0.11	0.13	0.25
	惠州	0.84	0.91	0.00	0.50	0.01	0.67	0.08	0.05	0.21
	肇庆	0.99	0.87	0.00	0.75	0.27	0.28	0.37	0.42	0.47
	东莞	0.25	0.67	0.00	0.00	0.20	0.61	0.43	0.48	0.18
	佛山	0.98	0.96	0.08	0.29	0.00	0.89	0.53	0.48	0.54
	中山	0.78	0.73	0.03	0.00	0.34	0.64	0.16	0.10	0.08
	江门	0.97	0.75	0.00	0.40	0.04	0.46	0.23	0.20	0.45
粤西	阳江	0.91	0.64	0.00	0.70	0.34	0.45	0.22	0.17	0.19
	茂名	0.00	0.00	0.00	0.06	0.00	0.00	0.04	0.23	0.01
	湛江	0.96	0.53	0.00	0.69	0.33	0.33	0.48	0.51	0.55
粤北	韶关	0.14	0.19	0.05	0.64	0.09	0.01	0.19	0.23	0.32
	清远	0.32	0.52	0.00	0.51	0.12	0.18	0.20	0.33	0.02
	梅州	0.29	0.30	0.01	0.78	0.22	0.16	0.23	0.24	0.47
	河源	0.28	0.40	0.19	0.52	0.03	0.07	0.03	0.03	0.07
	云浮	0.94	0.34	0.11	0.66	0.34	0.07	0.08	0.09	0.16
粤东	潮州	0.05	0.04	0.14	0.00	0.54	0.09	0.27	0.18	0.40
	汕头	0.00	0.00	0.00	0.00	0.00	0.00	0.00	0.00	0.00
	揭阳	0.99	0.70	0.02	0.38	0.19	0.31	0.33	0.30	0.39
	汕尾	0.00	0.00	0.00	0.00	0.00	0.00	0.00	0.00	0.00

注：产出不足率＝产出不足量/（产出不足量＋产出量）；投入冗余率＝投入冗余量/投入量。

4.1.2　基于 Malmquist 指数的城市更新动态绩效分析

为进一步了解广东省各城市的城市更新绩效动态变化趋势及原因，本文运用 Malmquist 指数法对城市更新绩效进行分解，如表 5 所示。

表5 2008—2018年广东省城市更新全要素生产率指数变化分析

时间	技术效率变化指数	技术进步指数	纯技术效率变化指数	规模效率变化指数	Malmquist指数
2008—2009年	0.918	1.264	0.974	0.943	1.161
2009—2010年	0.870	0.687	0.873	0.997	0.598
2010—2011年	0.854	0.774	0.988	0.864	0.661
2011—2012年	1.295	0.612	1.085	1.193	0.792
2012—2013年	0.998	0.951	0.974	1.025	0.950
2013—2014年	1.035	0.968	1.048	0.987	1.002
2014—2015年	1.063	1.297	1.039	1.024	1.379
2015—2016年	0.887	1.204	0.935	0.949	1.069
2016—2017年	1.101	0.985	1.098	1.003	1.085
2017—2018年	0.688	1.639	0.867	0.793	1.128
平均值	0.958	0.995	0.985	0.973	0.954

注：表中的平均值指的是几何平均值。

从时间维度上看，2008—2018年广东省城市更新全要素生产率呈"N"型变化趋势。其中技术进步指数和Malmquist指数的变化幅度几乎一致（图3），而纯技术效率变化指数和规模效率变化指数的波动较为稳定，这说明城市更新全要素生产率变化主要受技术进步的影响。另一方面，由全要素生产率变化指数的分解指标可知（表5），Malmquist指数年均下降了4.6%，而技术进步指数、纯技术效率变化指数、规模效率变化指数年均值分别减少了0.5%、1.5%、2.7%，显然，规模效率变化起到了"拖累"作用（刘秉镰等，2009），对Malmquist指数降低的贡献较大。

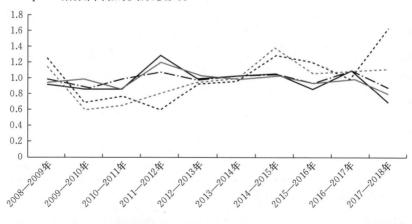

图3 2008—2018年广东省城市更新全要素生产率及其分解指标变化趋势

从空间角度看，2008—2018 年广东省各地市的城市更新全要素生产率具有不同的变化特征。从全要素生产率变化指数的构成来看（表 6），技术进步是城市间差异的主要来源。

表 6　2008—2018 年广东省各地市城市更新绩效动态评价结果

城市	技术效率变化指数	技术进步指数	纯技术效率变化指数	规模效率变化指数	Malmquist指数
广州	0.916	1.121	1.000	0.916	1.027
深圳	1.000	0.968	1.000	1.000	0.968
珠海	1.005	0.997	1.000	1.005	1.002
佛山	0.887	1.262	1.000	0.887	1.119
惠州	1.025	1.031	1.000	1.025	1.056
东莞	0.930	1.002	1.000	0.930	0.932
中山	0.885	0.964	1.000	0.885	0.853
江门	1.015	0.985	1.006	1.009	1.000
肇庆	0.950	0.942	1.000	0.950	0.895
阳江	0.916	0.844	0.990	0.925	0.773
湛江	0.916	0.931	0.969	0.945	0.853
茂名	1.000	1.236	1.000	1.000	1.236
汕头	1.000	0.819	1.000	1.000	0.819
汕尾	1.000	0.604	1.000	1.000	0.604
潮州	0.840	1.324	0.843	0.995	1.111
揭阳	1.000	1.131	1.000	1.000	1.131
韶关	0.945	0.944	0.899	1.052	0.893
河源	1.008	1.112	1.000	1.008	1.121
梅州	0.906	1.008	1.000	0.906	0.913
清远	1.012	1.152	1.000	1.012	1.166
云浮	1.000	0.821	1.000	1.000	0.821
全省均值	0.958	0.995	0.985	0.973	0.954

注：表中的平均值指的是几何平均值。

具体来看，全要素生产率改进（Malmquist 指数＞1）的城市（包括广州、珠海、佛山、惠州、茂名、潮州、揭阳、河源和清远）具有较高的技术进步指数，技术创新较为活跃。其中，位于珠三角地区的城市经济实力浑厚，能为城市更新的技术与制度研发提供充足的资金、人才、设备等支持，技术创新能力较强。值得注意的是，广州、佛山的纯技术效率不变，规模效率分别减少了8.4％和11.3％，但其技术进步分别提高12.1％和26.2％，说明技术进步抵消了规模效率下降带来的负面影响。其余5个位于粤东、粤西、粤北地区的城市虽然经济实力和创新能力不及珠三角地区，但能够通过学习先进地区的技术和经验来完善自身的城市更新体系，进而提高全要素生产率。例如，潮州市湘桥区通过对城市更新先进地区的经验借鉴，"三旧"改造策略由节点式改造向片区式改造转变，使城市功能布局得以优化[①]。城市更新全要素生产率退步（Malmquist 指数<1）的城市（包括汕尾、阳江、汕头、云浮、中山、湛江、韶关、肇庆、梅州、东莞和深圳）在四大经济区均有分布，其中珠三角和粤西地区城市的全要素生产率下降受到技术进步和规模效率的双重阻碍，粤东和粤北地区的城市则主要是因为技术创新不足且缺少与先进地区交流与学习。

4.2　城市更新绩效的影响因素分析

本文利用 Stata 软件进行面板 Tobit 模型估计。为了验证模型结果的稳健性，模型1只纳入解释变量，模型2—4在模型1的基础上逐步加入了控制变量，见表7。计量结果显示，四个模型均通过了似然比检验，模型2—4在纳入控制变量后，自变量的影响方向和显著性均与模型1类似。因此，模型的计量结果较为稳健。本文以模型4作为基准模型展开分析。

表 7　Tobit 模型回归结果

变量	模型 1		模型 2		模型 3		模型 4	
	系数	P 值	系数	P 值	系数	P 值	系数	P 值
TI	−0.005 044 3***	0.000	−0.005 248	0.000	−0.005 240 8***	0.000	−0.005 215 3***	0.000
TI^2	9.38e−06***	0.000	9.65e−06	0.000	9.59e−06***	0.000	9.40e−06***	0.000
ED	−0.014 241 1	0.363	−0.014 021 3	0.371	−0.013 337 3	0.400	−0.009 498 0	0.555
MD	0.002 163 1*	0.063	0.002 193 7	0.060	0.002 140 9*	0.070	0.002 246 1*	0.057
IS	0.017 363 5**	0.034	0.016 459 4	0.050	0.016 274 4*	0.053	0.018 949 9**	0.025
ISU	−0.053 049 4	0.674	−0.078 744 3	0.574	−0.059 886 9	0.698	−0.135 264 9	0.410
PS			0.000 094 7	0.680	0.000 096 9	0.672	0.000 181 9	0.429
$UCLA$					−0.000 050 4	0.772	−0.000 052 0	0.756

---

① 资料来源：加快"三旧"改造推动城市更新，http://www.xiangqiao.gov.cn/xwsd/bmzx/content/post_3699379.html.

（续）

变量	模型 1		模型 2		模型 3		模型 4	
	系数	P 值	系数	P 值	系数	P 值	系数	P 值
LFP							0.000 654 7	0.206
常量	−0.440 881 8	0.548	−0.378 361 7	0.611	−0.343 834 2	0.647	−0.660 508 1	0.393
$\log likelihood$	−129.502		−129.418		−129.376		−128.550	
$Wald\text{-}x^2$	$x^2=25.93, P=0.000$		$x^2=26.03, P=0.001$		$x^2=26.23, P=0.001$		$x^2=28.89, P=0.001$	

注：***、**、* 分别表示在 1%、5%、10% 的水平上显著。

在控制其他变量的条件下，生产要素投入对城市更新绩效有负向影响。其中，总投资额在 1% 的水平上显著为负，其二次项在 1% 的水平上显著为正。这表明生产要素投入与城市更新绩效是先降后升的"U"型曲线关系，且当前广东省城市更新绩效仍处于随生产要素投入增加而降低的阶段，面临生产要素投入过剩、资源配置效率缺失问题，这与农业生产效率的变化趋势研究结论类似（黄天宇等，2021）。

市场化程度在 10% 的水平上对城市更新绩效有正向促进作用，说明城市更新的市场化有利于城市更新效率的提高。对于城市更新而言，市场化运作避免了政府主导下多元目标不协调带来的政策效果不理想，这在农地抵押贷款（宋坤等，2021）等研究中印证。

产业结构方面，非农产业比重在 10% 的水平上显著为正，说明非农产业比重越高，城市更新绩效越好。第三产业与第二产业产值之比对城市更新绩效呈现不显著的负向影响，这说明产业结构的升级并未起到促进城市更新绩效的作用。可能的原因是，城市在产业转型升级的过程中，虽然第三产业比重在逐渐增加，但尚未形成以现代服务业为主的第三产业结构，未能实现较高的土地集约水平和较高的经济产出，因而对城市更新绩效的作用不明显。

5 结果与讨论

（1）广东省城市更新全要素生产率呈"N"型变化特点，城市更新绩效与政策协同演进，当前正处于较低的效率前沿面，政策实施遭遇困境，制度红利亟待重新释放。

（2）广东省城市更新绩效空间异质性显著，规模效率不同是空间差异的主要来源，这与城市间的土地利用压力差异有关。相较于粤东、粤西、粤北地区，位于珠三角地区的城市新增建设用地指标较多，土地利用压力较小，改造积极性不足，城市更新绩效相对较低。对此，这些城市更应注重对生产要素投入量的把控，可以结合其新增建设用地指标制定城市更新年度计划，避免一次性推出大量的改造面积，科学提高资源的利用效率。另外，导致各地市城市更新全要素生产率产生退步和改进差异的主要原因是技术进步，其根源是创新能力与学习能力的差异。其中，地处粤东、粤西和粤北的城市依靠自身技术创新显得困难，应当加强与全要素生产率上升的城市交流合作，借鉴先进技术与经验来制定适合自身发展的城市更新政策。

（3）影响广东省城市更新绩效的主要因素为生产要素投入、市场化程度和产业结构。鉴于广东省城市更新绩效空间异质性差异，应当强调不同城市根据自身的发展阶段、资源禀赋条件以及地区特点进行差异化的政策匹配。对于面临生产要素投入过剩问题的珠三角地区城市，应当合理调整投入结构，避免资源利用的不经济。对于当前城市更新市场活力不足的潮州、韶关、茂名、汕尾等城市，应当有效协调市场与政府的关系，通过市场化运作以激励城市盘活存量土地的积极性。近年来，粤西、粤北地区产业结构正处于优化升级阶段，科学引导这些城市的产业向以现代服务业为主的第三产业转型，将有助于其城市更新绩效的提高。

本文试图构建城市更新的"4E"绩效分析框架，并采用了与城市更新活动密切相关的"投入-产出"评价指标体系，以求切实反映城市更新绩效，然而在操作变量选择上碰到了一个难以回避的问题：一方面，所选的操作变量应能准确表征"4E"的内涵，具有理论基础，以免陷入"概念陷阱"；另一方面，所选的操作变量需满足数据可获得性，以增强研究的可行性。但囿于面板模型设定和采集数据，在城市更新带来的城市发展效益与社会公平效益两个维度上未能甄选出既与城市更新活动密切相关，又满足数据可得性要求的操作变量。为了保证研究框架的完整性，只好在文献分析的基础上选择了与城市更新有间接联系的操作变量，不失为一种遗憾。不过从总体上来说，本文的研究结论仍然基本反映出广东省及各市城市更新的真实绩效。

—————— 参 考 文 献 ——————

曹仪民，庞赞，2020. 俞慧刚 . 空间绩效视角下城市更新项目选址评估研究［J］. 建筑经济，41（12）：46-50.

丁焕峰，张蕊，周锐波，2021. 城市更新是否有利于城乡融合发展？——基于资源配置的视角［J］. 中国土地科学，35（9）：84-93.

董翊明，孙天钾，陈前虎，2011. 基于"4E"模型的经济适用房公共政策绩效评价与研究——以杭州为例［J］. 城市发展研究，18（8）：109-115.

丁焕峰，张蕊，周锐波，2021. 城市更新是否有利于城乡融合发展？——基于资源配置的视角 [J]. 中国土地科学，35 (9)：84 - 93.

杜江，王锐，王新华，2016. 环境全要素生产率与农业增长：基于 DEA - GML 指数与面板 Tobit 模型的两阶段分析 [J]. 中国农村经济 (3)：65 - 81.

郭贯成，熊强，2014. 城市工业用地效率区域差异及影响因素研究 [J]. 中国土地科学，28 (4)：45 - 52.

韩璐，孟鹏，吴昊，等，2021. 基于价值链视角的高技术产业用地效率变化研究——以浙江省为例 [J]. 中国土地科学，35 (4)：26 - 34.

黄天宇，李楠，2021. 农户经营农场规模、租佃制度与农业生产率——基于历史视角的实证考察 [J]. 经济评论 (5)：102 - 117.

胡税根，莫锦江，李军良，2018. 公共文化资源整合绩效评估指标体系构建与实证研究 [J]. 理论探讨 (2)：143 - 149.

何文盛，唐序康，李德霞，2017. 我国新型农村合作医疗基金预算支出绩效的探索性评价 [J]. 兰州大学学报（社会科学版），45 (6)：129 - 138.

李涛，杨阳，刘畅，2019. 深圳市城市更新绩效评价体系构建探析——以深圳市南山区为例 [C]//中国城市规划学会. 活力城乡 美好人居——2019 中国城市规划年会论文集（02 城市更新）. 北京：中国建筑工业出版社：1888 - 1900.

李储，徐泽，2021. 经济新常态下的城市生产要素投入均衡度及形成机制探讨 [J]. 生态经济，37 (11)：92 - 97.

罗栋，张根寿，王海军，2010. 基于集约评价的城市土地利用投入与产出分析——以武汉市为例 [J]. 水土保持研究，17 (6)：153 - 157.

赖寿华，吴军，2013. 速度与效益：新型城市化背景下广州"三旧"改造政策探讨 [J]. 规划师，29 (5)：36 - 41.

梁流涛，翟彬，樊鹏飞，2017. 经济聚集与产业结构对城市土地利用效率的影响 [J]. 地域研究与开发，36 (3)：113 - 117.

刘荣增，黄月霞，何春，2021. 城乡高质量融合发展影响土地利用效率的作用机制与实证检验 [J]. 城市发展研究，28 (12)：128 - 136.

刘秉镰，李清彬，2009. 中国城市全要素生产率的动态实证分析：1990—2006——基于 DEA 模型的 Malmquist 指数方法 [J]. 南开经济研究 (3)：139 - 152.

马占新，唐焕文，1999. 关于 DEA 有效性在数据变换下的不变性 [J]. 系统工程学报，14 (2)：129 - 134.

倪建伟，张宇翔，2020. 城市有机更新政策效果评估与优化策略研究——以杭州市"三改一拆"为例 [J]. 经济体制改革 (4)：78 - 85.

欧阳利，2016. "节约集约用地"在城市规划中的应用 [J]. 低碳世界 (2)：20 - 21.

宋立新，2011. "三旧"改造中的公益性项目供给机制研究——基于公共物品理论的思考 [J]. 城市观察，12 (2)：67 - 75.

宋坤，徐慧丹，2021. 农地经营权抵押贷款模式选择：转型与路径 [J]. 财经科学 (6)：92 - 104.

唐燕，张璐，刘思璐，2019. 年城市更新研究与实践热点回眸 [J]. 科技导报，38（3）：148-156.

王欣，2017. 多元主体视角下的城市更新项目治理绩效评估研究 [D]. 重庆：重庆大学：32.

王萌，李燕，张文新，等，2011. 基于 DEA 方法的城市更新绩效评价——以北京市原西城区为例 [J]. 城市发展研究，18（10）：90-96.

王振坡，牛家威，王丽艳，2019. 基于三阶段 DEA 模型的城市土地整理储备绩效评价——以天津市为例 [J]. 世界农业（6）：58-66.

王良健，韩向华，李辉，等，2014. 土地供应绩效评估及影响因素的实证研究 [J]. 中国人口·资源与环境，24（10）：121-128.

熊兴，余兴厚，王宇昕，2018. 我国区域基本公共服务均等化水平测度与影响因素 [J]. 西南民族大学学报（人文社科版），39（3）：108-116.

杨清可，段学军，金志丰，等，2020. 长三角地区城市土地开发强度时空分异与影响机理 [J]. 资源科学，42（4）：723-734.

闫昊生，孙久文，张泽邦，2020. 土地供给与产业结构转变——基于地方政府经营城市的视角 [J]. 经济学动态（11）：100-114.

郑沃林，徐云飞，郑荣宝，2019. 旧村改造项目绩效评价研究——以广州市白云区为例 [J]. 地域研究与开发，38（3）：125-129.

赵振洋，王秀颖，温伟荣，2019. 基于 4E 评价原则的地方财政绩效管理研究 [J]. 地方财政研究（2）：24-33.

张志红，张喻，2019. 老旧住宅小区综合整治改造项目绩效评价研究——以山东省老旧小区改造为例 [J]. 财政科学（1）：88-96，114.

郑方辉，刘畅，2020. 国家治理绩效：概念内涵与评价维度——兼议新冠肺炎抗疫中的国家治理体系和治理能力 [J]. 理论探讨（3）：14-21.

朱一中，曹裕，2011. 基于 PSR 模型的广东省城市土地集约利用空间差异分析 [J]. 经济地理，31（8）：1375-1380.

张婷，张安录，邓松林，2019. 需求侧视角下农村集体建设用地市场效率及影响因素研究 [J]. 长江流域资源与环境，28（9）：2040-2049.

LIN S H, HUANG X J, FU G L, et al., 2021. Evaluating the sustainability of urban renewal projects based on a model of hybrid multiple-attribute decision-making [J]. Land Use Policy（108）：105570.

TAN Y Z, HE J, HAN H Y, et al., 2019. Evaluating residents' satisfaction with market-oriented urban village transformation：A case study of Yangji Village in Guangzhou, China [J]. Cities（95）：102394.

WANG Y S, LI J F, ZHANG G L, et al., 2017. Fuzzy evaluation of comprehensive benefit in urban renewal based on the perspective of core stakeholders [J]. Habitat International（66）：163-170.

ZHU S Y, LI D Z, FENG, H B, et al., 2019. AHP-TOPSIS-Based Evaluation of the

Relative Performance of Multiple Neighborhood Renewal Projects：A Case Study in Nanjing，China ［J］. Sustainability，11 （17）：4545.

ZHU X，LI Y，ZHANG P，et al. ，2019. Temporal－spatial characteristics of urban land use efficiency of China's 35mega cities based on DEA：Decomposing technology and scale efficiency ［J］. Land Use Policy （88）：104083.

认知错觉对村民留用地安置意愿的影响

——来自广州市 438 个村民样本的经验证据

李明璐　李景刚　钟爱嘉　陈泽淦　李颖妍

1 引言

随着城市化进程加快，土地价值日益显现，征地制度与现实的矛盾也日益激化，地方政府为解决征地矛盾而创新了安置补偿制度，留用地制度应运而生（高欣等，2018）。留用地制度保障了被征地农民的长久生计（赵亮，2021），也有利于社会的和谐发展（张占录，2009）。但是，留用地政策的执行却远非预期的那般顺利。自 20 世纪 90 年代起，作为全国率先践行留用地制度的广东省就已先后制定并出台了一系列相关政策文件，然而自留用地政策实施以来，欠账率高达 59.52%，以广州市尤为突出。这不仅造成了"用地紧张"和"留而不用"的尴尬局面（龙良富等，2020），也导致村民的生计和合法权益无法得到有效保障，加深了其对政府的刻板印象（敖佩等，2018）。

自 2002 年起，不少学者针对留用地存在的问题从不同角度提出了解决方案。首先，从制度、政策层面，有研究指出应制定地方性法规、创立法律管理制度对留用地进行统一管理，同时应明确留用地的用途、产权管理规定，重视公众的参与权（刘创巍，2007；陈济康，2008）；而吴框框则认为应该转换制度本身的方向，将留用地制度替换成留用物业制度（吴框框，2018）。其次，从规划角度，刘永红等认为应规范化留用地的规划管理，做好近期建设规划、督促土地评估工作、严控工作流程（刘永红等，2008）；也有研究指出留用地各阶段规划应各有侧重，以通过规划管理解决留用地困境（田建梅，2021）。再次，从安置模式方面，金晓斌等（金晓斌等，2008）、张占录都认为安置模式应该因地制宜，不可盲目照搬，并提出了完善安置模式的具体思路，包括权属界定等。然后，从法学视角，王惠提出为了保障失地农民的发展权与长久生计，留用地安置的政策应该兼具正当性、合法性与公平、效率（王惠，2008），有研究也提出要强调政策的公正，因此认为应规范公共利益的内涵界定，以制约政府的征地范围（张爽，2015）；而为了给顶层制度设计的优化提供方案，罗伟洲提出应该以留用地使用权物权化作为完善当前留用地安置制度的主要路线（罗伟洲，2016）。最后，从开发利用角度，有研究提出应鼓励村集体经济组织进行股份制改革，从源头解决问题（骆振等，2010）；谢理等则将研究视角投向了新型留用地开发模式，提出通过探讨新模式来激发留用地的潜能，并最终实现多方共赢（谢理等，2015）；而在选址、产业发展方面，黄雯欣提出应该通过优化审批流程和开展专项调规来进行科学引导，使留用地高效利用（黄雯欣，2017）；基于国土空间规划背景，梁印龙等提出开发模式与国土空间规划管制的创新联动才能使留用地土地发展权得到释放，并保障农民的利益（梁印龙等，2021）。

综上所述，学术界对当前的留用地困局显然已达成了共识，只不过研究的视角、方法有所区别，由此提出的对策建议也各有千秋，这为留用地安置的制度设计和政策完善提供了宝贵的经验。当然，也应清晰地看到，已有研究多围于"问题-对策"的逻辑思路，对留用地困局的形成机制研究仍略显不足，留用地安置困局仍未有效破解。随着土地决策过程中的直接参与者——村民的主体性作用日益受到学术界的关注（郭涛，2017），学者们意识到农户的认知水平在其土地利用决策中发挥了重要作用（颜廷武等，2017）。然而，由于村民的有限理性，并受制于先验知识和情景约束，难免会产生认知错觉（孙铭钟等，1991），这不仅体现在禀赋效应的存在，使村民抬高其对宅基地价格预期，从而抑制其宅基地退出意愿（杨玉珍，2015），而且体现在农地流转农户认知幻觉所引发的交易费用阻碍（钟文晶，2013）；同时也体现在损失厌恶作用下，农民心里对土地的锚定价值过高导致土地征收和宅基地退出障碍（吴宗法等，2014；邓苏玲，2020）；此外，土地征收过程中某些执法不当或强权执法行为导致农民对政府产生"根深蒂固"的负面刻板印象（耿羽，2011）也是表征之一。不难发现，村民的认知偏差客观上普遍存在，难免会对留用地安置决策过程产生影响，这就为留用地安置困局的形成机制提供了一个新的研究视角和一种可能的解释。因此，本文拟从村民认知错觉切入，基于认知心理学理论，对村民留用地安置决策行为进行深入分析和验证，以期为留用地安置困局的突破提供一个优化方向和政策支点，为实现乡村振兴和共同富裕奠定基础。

2　机制分析与研究假说

认知错觉通常是指人们在利用信息资料从事推理、判断、决策等认知活动时，经常无视或违反逻辑规则与统计原理所犯的系统的错误或偏差（孙铭钟等，1991）。村民受个体禀赋和外部环境的影响，对信息的识别和认知有限，继而导致个体判断和实际情况存在不同程度的偏差（曾家丽，2015），并对村民的留用地安置决策行为产生影响。

在村民看来，世代耕种的土地是一种传承的祖业（林辉煌，2021），因此在目前稳定的土地使用权制度环境下，村民对土地的强烈占有欲使得土地成为村民长时间稳定持有的物品。当村民可长期稳定使用土地时，便会自主建构产权知识，赋予土地使用权为土地所有权的象征意义，即存在产权认知错觉，土地私有化倾向凸显（陈胜祥，2010）。而留用地同样附带着"祖业"属性，因此，村民会认为留用地所有权归属于自己或村集体。由于禀赋效应的存在，村民往往会对留用地赋予更高的价值评价（钟文晶，2013）。同时，因为损失厌恶的普遍存在，村民会对留用地的使用提出更高价值补偿的要求（钟文晶，2013；丹尼尔·卡尼曼，2012）。因此，村民往往更倾向于"自己"土地的使用能利益最大化或补偿最大化。正是由于产权认知错觉、禀赋效应和损失厌恶的存在，村民对留用地使用的价值补偿要求与政府的安置方案难以达成一致，从而造成了留用地安置困境。故本文提出假说1，即H1：产权认知错觉将抑制村民对留用地安置方案接受意愿。

锚定效应无处不在。由于暗示与启发效应，村民对留用地的价值判断往往会选择性激活其生活记忆（丹尼尔·卡尼曼，2012），如周边土地出让价格、宅基地价格、土地征收补偿价格等，并以此作为留用地价值的参照物。也可能由于信息闭塞，部分村民甚至存在无参照锚值的情况（曾家丽，2015），只能凭日常生活经验产生内部锚值，用于留用地的价值判断（AMOS T et al.，1974），如周边房价等，显然锚值偏高。正如阿莫斯所提出的"调整-锚定"估值策略（丹尼尔·卡尼曼，2012），在不确定情景下，个人的判断与决策会向初始信息——"锚"的方向接近，并基于相关信息不断调整，然而由于初始"锚值"过高或过低，且人们为节省认知资源往往调整会过早结束（王晓庄等，2009），这导致调整不足（AMOS T et al.，1974），从而产生估值偏差（王晓庄等，2009；杨蛟滕，2012；MATLIN，2016）。已有研究和预调研均表明，村民在土地价值判断时往往会选定较高锚值（杨玉珍，2015），即便给予了价值暗示（预调研中设置了一系列参考锚值），也会由于调整不足导致村民最终仍旧对留用地价值给予过高评价，由此割裂了村民对留用地的安置预期与政府的留用地安置方案，造成当前留用地安置困境。故提出假说2，即H2：价值认知错觉抑制村民接受留用地安置方案的意愿。

村民对村委和基层政府的认知过程中存在一定的认知定势（王国华等，2011），因此，受既有政府印象的影响，村民对村委和基层政府往往产生了负面刻板印象（耿羽，2011）与认知偏差（李月调，2019）。因此，村民"天然地"认为基层政府和村委拟定的留用地安置方案没有完全考虑村民的切身利益，并将利益的损失归咎于基层政府失职或监管不力，因而进一步降低了对政府的信任（蒲实等，2018；周海媚，2021）。实际上留地安置作为一项征地补偿措施，发挥着保障失地农民长久生计的作用，但当村民对政府形成负面刻板印象，继而对政府信任不足时，自然也就抵触政府拟定的安置方案，从而阻碍了留用地安置工作的顺利开展（杨玉珍，2015；邓苏玲，2020），造成当前留用地安置困局。故提出假说 3，即 H3：政府负面刻板印象抑制村民接受留用地安置方案的意愿。

综上，正是由于禀赋效应、锚定效应、刻板印象的存在，村民对留用地的产权、价值以及政府形象产生认知错觉，或因损失规避，或对留用地价值预期过高，或对基层政府不信任，从而促使村民对留用地的安置期望与政府的留用地安置目标难以形成共识，造就了当前留用地安置困境（胡丹，2019）。见图 1。

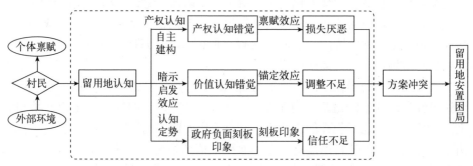

图 1　村民认知错觉对留用地安置决策行为的影响机制分析

3　研究设计与数据来源

3.1　模型设定

本文中，因变量（Y）为留用地安置意愿，$Y=1$ 代表愿意按照政府的意愿安置，$Y=0$ 代表不愿。鉴于因变量是二分变量，故本文采用二元 Logistic 回归模型对结果计量分析，表达式为

$$P = \frac{\exp\ (\alpha + \beta_1 X_1 + \cdots + \beta_k X_k)}{1 + \exp\ (\alpha + \beta_1 X_1 + \cdots + \beta_k X_k)} \tag{3-1}$$

经 Logistic 函数转换，得到线性表达式：

$$\mathrm{Logit}(P) = \ln\left(\frac{P}{1-P}\right) \tag{3-2}$$
$$= \alpha + \beta_1 X_1 + \cdots + \beta_k X_k + \varepsilon$$

式（3-1）～（3-2）中：$\ln\left(\dfrac{P}{1-P}\right)$ 为 X 的线性函数，P 为村民愿意接受现有留用地安置方案的概率，$\dfrac{P}{1-P}$ 为机会概率，即所研究事件"发生"与"没发生"的概率之比；β_k 为自变量 X_k 的回归系数，表示自变量发生改变时村民愿意接受现有留用地安置方案与不愿意接受的概率之比的变化值；α 是常数项；X_k 为自变量；k 为影响村民接受意愿因素的变量数量；ε 是随机误差项。

3.2 变量设计

3.2.1 因变量

本文为探究村民认知错觉对留用地安置决策行为的影响，结合样本区域的留用地安置情况，将留用地安置意愿设为因变量，当村民愿意接受既定安置留用地则赋值为 1，不愿意则赋值为 0。

3.2.2 关键自变量

（1） 在产权认知错觉方面，受到禀赋效应和产权幻觉的影响，村民存在土地私有化倾向（钟文晶，2013），认为其拥有土地的处置权（彭长生，2013），尤其是对宅基地和留用地这类具有"祖业"属性的用地决策。为此，借鉴已有研究，本文在产权认知错觉方面采用留用地的所有权、处置权共同反映变量"产权私有化倾向"（X_1），而本文仅考虑当代人留用地的安置问题，因此排除继承权作为反映变量（彭长生，2013）。设置多选题，即当村民选择了"l＝留用地所有权为村民个人所有"或"j＝留用地应该返还给被征地的村民个人"或"k＝留用地上的建筑物应该根据村民意愿，随意建高"时，赋值为 1；否则赋值为 0。同时，当村民认为土地归自己所有时，更希望其使用的利益最大化（钟涨宝等，2018），为此，本文在产权认知错觉方面设置了公益用途，如"修建公园、道路等公共基础设施"，赋值为 0，以及利益取向用途甚至违规用途，如"建设厂房出租等工业用途""建设保障房出售或出租""开发商品房并出售""建设商铺、写字楼、酒店"来反映变量"利益最大化倾向"（X_2），赋值为 1。

（2） 在价值认知错觉方面，村民通常根据已有经验与知识产生内部锚值以做出决策（罗瑞丽，2021）。为探寻村民的内部锚值，本文借鉴已有研究（王颖，2018；NICHOLAS E et al.，2001）设置半开放题目："您认为留用地的合理补偿价格是""您认为留用地应该参考哪类用地进行定价"，考虑到并非所有村民都能明确提出锚定物（NICHOLAS E et al.，2001），为此，本文根据预调研结果，结合被访村落的现实情况，设置了"您对于留用地货币补偿方案可接受价格是"题项，并为村民提供了一系列价值梯度的锚定物，其中最高价格区间设置为工业基准地价的两倍以上[①]，中值价格区间设置为工

---

① 《关于进一步加强征收农村集体土地留用地管理的意见》（穗府办规〔2018〕17 号）中规定：被征地农村集体经济组织采取留用地折算货币补偿兑现的，补偿标准不低于征地项目发布征地预公告时被征收土地所在镇（街）工业用地基准地价级别价的 2 倍。

业用地价格[①]，最低价格区间设置为当地农用地征收补偿价格及以下，以探寻村民对留用地价值判断的锚点。据调研发现，村民对留用地价值判断两极化，为利于模型构建，故修改变量"锚定价值"（X_3）为二分变量，其中当村民选择工业用地价格以上的锚定价格时，说明其对留用地价值认知偏高，赋值为 1；反之，赋值为 0。

(3) 村民对政府的信任程度是影响其对政策态度的一个重要因素（魏瑞，2019），当村民曾"体验""眼见""听闻"与政府或其代理人的冲突经历时，会锚定政府"暴力拆迁"等负面信息，认为政府损害了他们的利益，从而降低政策接受意愿（杨玉珍，2015），据此设置变量冲突经历（X_4）。同时，如果村民认为政府在政策执行过程中信息公开、处置公正，或对政府的工作和制度设计满意，则倾向于产生积极的政策参与行为（郑雄飞等，2020），据此设置变量公平程度（X_5）、认可度（X_6），赋值为 1、2、3。数值越大，表明村民认为未曾有过与政府的不愉快经历，对政府负面信息认知程度越低；分红方案、重大事项决策等方面越公平；对政府和村委的工作越满意和越认可。

3.2.3 控制变量

结合相关学者研究成果，选取性别、年龄、职业、文化程度作为控制变量，其中对年龄及职业进行重编码处理。首先，大部分男性作为家庭决策的主导者，对决策事件的认知更为深刻、清楚（郝祖涛等，2021），存在认知错觉的可能性更小，更倾向于接受方案。其次，年龄越大的村民，思想越保守（董文静，2019），风险厌恶程度更高（翁飞龙等，2021），越不愿意接受留用地方案，参考世界卫生组织标准，将 45 岁以下编为青年组，46～60 岁编为中年组，60 岁以上编为老年组。再次，村民的职业领域和收入来源趋向多元，相较于有职业群体，没有工作、收入来源不稳定的村民更依赖土地，对土地赋予了极大期望（陈成文等，2008），因此，将"退休""无工作、赋闲在家"群体合并为"离退休、无业人员"，其他职业全部合并为"其他"。最后，村民文化程度越高，越容易理解并响应国家政策（张亚洲等，2021），越愿意接受政府提出的留用地安置方案。详见表 1。

表 1　变量设计及预期作用方向

变量类型	变量	变量定义	赋值	预期方向
因变量		是否愿意接受政府提供的留用地安置方案	不愿意＝0；愿意＝1	

---

①　在实际调研中发现，留用地大多安置为工业用途，且实际的留用地货币补偿兑现方案多为接近工业用地的价格，村民也普遍反映实际发放到手的补偿款并没有政策规定那么多，故本文选择工业用地价格作为留用地价值判断的中间锚点。

（续）

变量类型	变量	变量定义	赋值	预期方向
	产权认知错觉	产权私有化倾向 X_1	没有＝0；有＝1	－
		利益最大化倾向 X_2	没有＝0；有＝1	－
	价值认知错觉	锚定价值 X_3	锚值偏低＝0；锚值偏高＝1	－
自变量	政府动机刻板印象	冲突经历 X_4	频繁发生，影响恶劣＝1；偶然事件，可以理解＝2；几乎没有，可以忽略＝3	＋
		公平程度 X_5	不公平＝1；一般＝2；公平＝3	＋
		认可度 X_6	不满意＝1；一般＝2；满意＝3	＋
控制变量	个体禀赋	性别 X_7	女＝0；男＝1	＋
		职业 X_8	有职业＝0；无职业＝1	－
		年龄 X_9	青年＝1；中年＝2；老年＝3	
		文化程度 X_{10}	小学及小学以下＝1；初中＝2；高中或中专＝3；专科及以上＝4	＋

注：＋表示正向预期，－表示负向预期。

3.3　数据来源

广州市白云区是广州市留用地历史欠账最严重的区之一。据统计，1992—2007 年，广州市 9 区应留未留的留用地历史欠账 890.73 公顷，当中花都区、番禺区、白云区欠账最严重。1992—2013 年，经市区两级核定，白云区留用地指标共 493.67 公顷，数量较为庞大。从空间分布以及业务进程来看，广州市白云区北部四镇（钟落潭、人和、太和、江高）留用地指标最多，落地安置进程也最为缓慢（梅文科，2016）。江高镇正处于征收、开发与建设阶段，失地村民的认知具有极高参考价值，以江高镇政府为中心，按距中心远近程度随机选取下辖 7 个行政村。考虑到村民的文化水平，本次调研采用面谈、访问形式，获取问卷 451 份，剔除无效问卷后获得 438 份问卷，问卷有效率为 97.12%（表 2）。

表 2　样本分布情况

指标	泉溪村	塘贝村	江村	何埗村	水沥村	大田村	蓼江村
样本量（份）	61	85	20	84	38	125	25

3.4　样本特征

据统计，在受访者中，男性有 241 人，占总样本的 55.0%，女性有 197 人，占总样本的 45.0%；职业方面，离退休、无业人员占比为 65.8%，其他职业人员仅占 34.2%；在年龄方面，"老年"群体人数最多，占总样本的 61.4%；在文化程度方面，受访者知识水平主要集中在小学及小学以下，占总样本的 55.9%（表 3）。

表 3　样本特征描述性分析

变量	样本量	均值	标准差	最小值	最大值
Y	438	0.34	0.474	0	1
X_1	438	0.52	0.500	0	1
X_2	438	0.89	0.310	0	1
X_3	438	0.82	0.385	0	1
X_4	438	2.03	0.878	1	3
X_5	438	1.75	0.839	1	3
X_6	438	1.87	0.790	1	3
X_7	438	0.55	0.498	0	1
X_8	438	0.66	0.475	0	1
X_9	438	2.49	0.712	1	3
X_{10}	438	1.83	1.085	1	4

4　计量结果分析

4.1　信度与效度检验

为检验问卷数据的可靠性、一致性、有效性，本文运用 SPSS 软件对问卷的统计数据进行信度检验，以及从结构效度的角度进行效度检验。通过对预调研数据进行信度和效度检验，结果显示：产权认知错觉、价值认知错觉两个维度的克伦巴赫系数均在 0.6 以上，具有一定信度，KMO 系数为 0.670，在 1% 水平上显著，可认为有良好的效度，可以继续使用此问卷设计进一步调研。同时，在预调研的访谈中，村民对政府动机的刻板印象给调研员留下了深刻的印象，因此在正式调研时将其纳入问卷设计。

正式调研所得的数据表明，产权认知错觉、价值认知错觉、政府动机刻板印象三个维度的克伦巴赫系数均在 0.6 以上，可见问卷数据的一致性良好，具有一定可信度；KMO 系数为 0.729，在 1% 水平上显著，说明问卷设计结构合理，可用于进一步计量分析。

4.2　多重共线性检验

为避免因多重共线性导致系数估计偏误，在进行二元 Logistics 回归分析前，先对各自变量进行共线性的检验。结果显示，方差膨胀因子（VIF）最大值为 1.837，即自变量间不存在显著的共线性问题。

4.3 稳健性检验

为保证模型结果的稳健性，本文设计了 3 个模型。模型（1）仅包括产权认知错觉、价值认知错觉和政府动机刻板印象作为解释变量进行回归，且分别在 10%、5%、1% 的水平上显著，由表 4 所示，模型（2）在模型（1）的基础上进一步纳入控制变量，计量结果依旧分别在 10%、5%、1% 的水平上显著，且三个认知错觉变量的系数符号方向并未发生变化，而模型（3）仅纳入控制变量进行回归分析。其中，年龄和文化程度以哑变量方式引入，分别以青年和小学及小学以下作为参照。

此外，以上回归模型均通过了似然比卡方检验、拟合优度检验，说明这三个模型在统计学上是显著的。通过对比模型（1）（2）可以发现，$-2\,log\,like-lihood$ 数值减小，且 $Nagelkerke\,R^2$、$Cox\&Snell\,R^2$ 数值增加，说明变量的引入对于因变量的变化情况的解释力增加。由此可见，产权认知错觉、价值认知错觉、政府动机刻板印象对村民留用地安置方案的接受意愿的确存在显著影响（表 4）。

表 4　模型计量结果

维度	变量	模型（1）			模型（2）			模型（3）		
		系数（B）	Wald 值	P	系数（B）	Wald 值	P	系数（B）	Wald 值	P
产权认知错觉	X_1	−0.462*	3.817	0.051	−0.400*	2.706	0.100			
	X_2	−0.741**	3.891	0.049	−0.662*	2.728	0.099			
价值认知错觉	X_3	−0.687**	5.795	0.016	−0.705**	5.733	0.017			
政府动机刻板印象	X_4	0.372***	6.810	0.009	0.374**	6.510	0.011			
	X_5	0.344**	5.016	0.025	0.284*	3.096	0.078			
	X_6	0.879***	25.509	0.000	0.798***	18.650	0.000			
个体禀赋	X_7				0.563**	4.965	0.026	0.549**	5.821	0.016
	X_8				−0.426	2.195	0.139	−0.740***	8.453	0.004
	X_9					0.546	0.761		2.484	0.289
	X_9（1）				−0.015	0.001	0.972	−0.120	0.097	0.756
	X_9（2）				−0.246	0.272	0.602	−0.524	1.580	0.209
	X_{10}					3.914	0.271		10.953	0.012
	X_{10}（1）				−0.356	0.953	0.329	−0.385	1.399	0.237
	X_{10}（2）				−0.550	1.868	0.172	−0.334	0.887	0.346
	X_{10}（3）				0.254	0.283	0.594	0.852**	4.680	0.031

（续）

维度	变量	模型（1）			模型（2）			模型（3）		
		系数（B）	Wald 值	P	系数（B）	Wald 值	P	系数（B）	Wald 值	P
	常量	−2.378***	13.838	0.000	−2.002**	5.724	0.017	−0.192	0.213	0.644
LR Tests		$X^2=108.447, P=0.000$			$X^2=121.929, P=0.000$			$X^2=47.753, P=0.000$		
−2 log likelihood		451.871			438.389			510.565		
Cox&Snell R²		0.219			0.243			0.107		
Nagelkerke R²		0.304			0.337			0.149		
HL Tests		$X^2=4.258, P=0.833$			$X^2=14.402, P=0.072$			$X^2=6.090, P=0.533$		
模型预测准确率		73.288%			76.027%			71.461%		

注：*、**、*** 分别表示在 10%、5%、1%的水平上显著。

4.4　计量结果分析

4.4.1　产权认知错觉显著抑制了村民留用地安置方案的接受意愿

由模型（1）和模型（2）可知，产权认知错觉包括的"产权私有化倾向""利益最大化行为倾向"这两个解释变量稳定地对村民留用地安置方案接受意愿产生显著负向影响，与预期一致。模型（1）和模型（2）计量结果显示，产权私有化倾向的系数分别为−0.462、−0.400，在 10%的水平上显著，这也说明了具有产权私有化想法的村民更不愿接受留用地安置方案。显然，当村民将留用地视为"祖业"时，会将其当作私有财产，并认为应该由个人自由处置，因而与政府的留用地安置方案难以达成一致，这验证了本文的研究假说，也与已有研究结论基本一致（钟涨宝等，2018）。模型（1）和模型（2）计量结果显示，利益最大化行为倾向的系数分别为−0.741 和−0.662，分别在 5%、10%的置信水平上显著，这说明村民基于利益导向，看重留用地安置用途带来的预期收益，难以接受政府给出的留用地安置方案，这与已有研究结论也基本一致（钟涨宝等，2018）。正是由于禀赋效应和产权幻觉的作用导致产权认知错觉，使村民期待得到更多的价值补偿，以致不愿意接受政府的留用地安置方案，而这也是留用地安置方案难以达成一致的焦点矛盾之一。

4.4.2　价值认知错觉显著抑制村民留用地安置方案接受意愿

由模型（1）和模型（2）计量结果可知，锚定价值的回归系数分别为−0.687和−0.705，均在 5%的水平上显著，说明锚定价值越高的村民越不愿意接受政府提供的留用地安置方案。由于信息渠道有限，村民会用以往土地价格、房价、日常生活物价等先验经验来判断留用地价值，如约 82%被访者认为留用地的价格应参考楼盘土地出让金、商品房、商铺等价格。因此，在锚定房价等价值较高的锚定物情境下，村民对留用地赋予极高的价值期待与政府给定的留用地安置方案相悖，故而造成留用地安置困局，与假说相符，也与已有研究结果基本一致（吴宗法等，2014），价值认知错觉会对村民接受现有失地补偿有抑制作用。可见，由于锚定效应形成的价值认知错觉应得到关注，这在村民微观决策过程中至关重要。

4.4.3 政府动机刻板印象中冲突经历、公平程度、认可度均显著促进村民对留用地安置方案接受意愿

模型（1）和模型（2）计量结果显示，冲突经历回归系数值分别为 0.372 和 0.374，在 1% 及 5% 水平上具有显著性，这意味着没冲突经历的村民更加愿意接受既有方案。相反，如果村民"道听途说"或"偶有经历"政府、村委违规执法的新闻和经历，从而锚定了政府和村委在冲突事件中负面的信息，认为他们没有站在村民立场上思考问题，势必会损害村民利益，从而在安置方案上难以与政府达成一致。这与村民在宅基地流转退出过程中锚定政府负面信息，从而降低腾退意愿的研究结论异曲同工（杨玉珍，2015；邓苏玲，2020）。

村民公平程度的回归系数值分别为 0.344 和 0.284，在 5% 及 10% 水平上具有显著性，即认为政府、村委公布的分红方案公平的村民更加愿意接受方案。相反，村民一旦形成"村委、政府在决策过程中会侵害村民利益"这一刻板印象，便会对既有方案产生抵触心理。类似研究也证明，村民认为政府执行过程中越公正，越倾向于产生积极的政策参与行为（郑雄飞等，2020）。调查数据也显示，在"公平程度"的认识中，过半数被访村民选择"不公平"，这说明村民很大程度上认为政府和村委在分红等决策过程中有失公允，无法保障自己的合法权益，这也是当前留用地安置方案难以被接受的重要原因之一。

认可度的回归系数值分别是 0.879 和 0.798，呈现出 1% 的水平上有显著性，说明当村民对村内重大决策过程和结果表示认可时，在方案决策时更倾向于信任村委与政府，自然也就支持既有方案（邓苏玲，2020）。相反，不满村内事务的重大决策过程或结果，形成"村委乃至基层政府独断专权、不考虑民众诉求"这一负面刻板印象时，村民也就很难接受留用地安置方案。这与村民对政府的工作和制度设计越满意，越倾向于选择参保的逻辑基本一致（郑雄飞等，2020）。

4.4.4 个体禀赋对村民留用地安置接受意愿影响存在异质性

性别在模型（2）和模型（3）中的系数为正，在 5% 的置信水平上显著，说明男性更愿意接受既有方案。这可能与男性作为家庭决策主体有关，决策经历越多，对留用地相关情况了解更明晰，决策更合理。年龄、文化程度、职业这三个变量对村民留用地安置接受意愿均不产生显著影响。职业仅在模型（3）中通过显著性检验，回归系数为 −0.740，即相较于有职业群体，无业村民更

不愿意接受留用地安置方案。首先可能是由于收入低且来源少，导致他们更依赖土地来保障生活，因此对留用地安置决策会更加谨慎；其次，这一群体日常社交范围窄，信息闭塞，而就业群体更有机会获取本村以外的信息，如隔壁村、镇乃至市区的地价，信息相对完善的情况利于他们做出合理决策。模型（3）中，文化程度"大专及以上"在 5% 水平上显著，回归系数为正，即大专及以上的村民相对于小学及以下的村民更愿意接受留用地安置方案。

5　结论与建议

村民的产权、价值认知错觉对其留用地安置决策有显著抑制作用，村民对留用地形成正确认知有助于破解留用地困局。从村民主体而言，其个体禀赋对留用地安置决策的影响存在异质性，计量结果显示不同性别、职业和文化程度村民的认知错觉差异性较大，有可能对正确的决策造成负面影响。因此政府、村委更应该注重提升女性、退休、无业人员和低文化程度村民的认知水平，如举办相关的留用地政策专题宣讲会和学习会，为村民讲解留用地的产权、价值、投资开发和盈利模式等知识，通过开展各类普法宣传活动，采取通俗易懂的方式对村民的留用地私有化认知进行纠正，以使村民对我国的土地征收补偿制度及留用地安置政策有更清晰、准确的认识。

改善村民认知环境。有学者认为认知环境的改善有利于认知水平的提高（宋春艳，2016），目前农村地区仍然存在多数村民对政务不熟悉、不了解的情况，这说明村民除了自身文化水平有限外，其了解政务的条件仍存在局限，政府应确保村民获取信息渠道的通达性。具体而言，政府、村委要积极主动走完公示的"最后一公里"，及时通过社交媒体、互联网技术将消息传递给村民，辅助村民加强对公示结果的理解；而对于没有通信设备的村民，应主动走访并将结果告知，同时应借助互联网技术，利用信息公共平台，以文字、动画等喜闻乐见的形式及时发布留用地相关政策信息，加强村民对政策的认识与理解。

改善村民议事大会决策体制，提升决策质量。通过实地走访发现，目前农村地区呈现出严重的"空巢趋势"，家庭中的青、中年劳动力迁入城市发展，留守老龄人群体比重高，而在村"一户一票"体制下，老年群体承担起了决策与投票的重任，或将导致政策无法反映多数村民的真实诉求，或老龄人因土地情怀而一味抵制留用地政策的推行，因此改善农村的村民议事制度尤为关键。针对留用地相关的重大事项决策，村议事大会可以借助互联网技术，采取诸如一人一票、匿名投票和委托投票等多样化的投票方式，突破村务决策的时空局限，从而确保村里议事制度精准反映村民意愿。

对政府产生刻板印象会使村民倾向于产生消极的留用地决策行为。为消除村民对政府的负面刻板印象，政府、村委应积极主动地与村民对话，营造良好的政民互动关系，增加村民了解政府和村委、参与决策的机会，提高公众政治参与度，让村民自觉参与到政治民主当中，如参与留用地安置方案拟定全过程；重塑并维护政府和村委亲民爱民的良好形象，做到暖心服务，建立村民与政府、村委诉求双向反馈机制，应聆听并积极回应村民的合理诉求，在交流与互动中打破村民对政府、村委"霸凌者"的认知定势。

致谢：感谢土地资源管理系许梓亿、陈书琳、张楠通、尹宝儿、邓玮邦同学参与了社会调查和数据整理工作。

参 考 文 献

敖佩，孙鸥，黎逸科，2018. 广州市白云区解决村历史留用地落地问题的规划实践 [J]. 小城镇建设，36（8）：32 - 37.

陈济康，2008. 刍议征地留用地安置制度的建立与完善——以长乐市为例 [C]// 科学合理用地 人地和谐相处 2008 年学术年会论文集. 莆田：福建省土地学会：260 - 264.

陈胜祥，2010. 中国农民土地所有权幻觉探析 [J]. 青海社会科学（6）：108 - 113.

陈成文，赵玲，2008. 当前农村社会阶层的土地价值认知研究 [J]. 湖北社会科学（12）：34 - 37.

丹尼尔·卡尼曼，2012. 思考，快与慢 [M]. 胡晓姣，李爱民，何梦莹，译. 北京：中信出版社：159 - 162，360 - 391.

邓苏玲，2020. 民族地区农户土地依赖对宅基地退出意愿的影响——基于巴东县的实证研究 [J]. 湖北民族大学学报（哲学社会科学版），38（1）：46 - 54.

董文静，2019. 基于感知价值理论的农户宅基地有偿退出决策行为的影响研究 [D]. 武汉：华中农业大学：43.

高欣，张安录，2018. 农村集体建设用地入市对农户收入的影响——基于广东省佛山市南海区村级层面的实证分析 [J]. 中国土地科学，32（4）：44 - 50.

郭涛，2017. 农民的主体性与农地流转制度探索 [D]. 昆明：昆明理工大学：1.

耿羽，2011. 从征地看当前农民的土地变现观念——基于广东崖口村"卖地"事件的考察 [J]. 南京农业大学学报（社会科学版），11（4）：95 - 101.

黄雯欣，2017. 广州市留用地开发利用影响因素及对策研究 [D]. 广州：广东工业大学：46.

胡丹，2019. 广州市留用地制度的设计逻辑、运行困境与改革创新 [D]. 兰州：兰州大学：25 - 35.

郝祖涛，李竟婧，冯兵，等，2021. 基于禀赋异质性视角的荆门市农户绿色生产认知诊断 [J]. 河南农业大学学报，55（3）：571 - 579.

金晓斌，魏西云，周寅康，等，2008. 被征地农民留用地安置模式适用性评价研究——分析浙江省典型案例 [J]. 中国土地科学，22（9）：27 - 32.

刘创巍，2007. 论农村发展留用地制度构建和完善 [D]. 北京：对外经济贸易大学：1.

龙良富，黄英，2020. 内群吸引、社会范畴与农民集体行动——基于广东 S 村景区土地续约事件的案例研究 [J]. 农村经济 (6)：114 - 120.

刘永红，王卫城，2008. 快速城市化地区的征地留用地规划管理探索与实践——以深圳为例 [C]// 生态文明视角下的城乡规划——2008 中国城市规划年会论文集. 大连：中国城市规划学会：1 - 7.

罗伟洲，2016. 我国留地安置法律问题研究 [D]. 广州：华南理工大学：1 - 2.

骆振，余雪贞，2010. 滨江区村级留用地开发的问题与对策思考 [J]. 新农村 (12)：10 - 11.

梁印龙，田莉，严雅琦，等，2021. 集体留用地的土地发展权：国土空间规划背景下的思考 [J]. 南方建筑 (2)：1 - 8.

林辉煌，2021. 农村工业化进程中的土地开发模式研究——佛山顺德区与苏州相城区的比较 [J]. 湖北社会科学 (1)：47 - 58.

李月调，2019. 酒店业员工群体刻板印象 [D]. 厦门：华侨大学：21 - 23.

罗瑞丽，2021. 基于锚定效应的关联方交易审计风险评估及应对探究 [D]. 南昌：江西财经大学：29 - 31.

梅文科，2016. 白云区留用地兑现困局与突破 [D]. 广州：华南农业大学：21 - 30.

蒲实，袁威，2018. 政府信任对农地流转意愿影响及其机制研究——以乡村振兴为背景 [J]. 北京行政学院学报 (4)：28 - 36.

彭长生，2013. 农民宅基地产权认知状况对其宅基地退出意愿的影响——基于安徽省 6 个县 1413 户农户问卷调查的实证分析 [J]. 中国农村观察 (1)：21 - 33.

孙铭钟，刘爱伦，1991. 几种认知错觉 [J]. 心理学探新 (1)：19 - 23.

宋春艳，2016. 延展认知技术的五大伦理追问 [J]. 伦理学研究 (5)：108 - 112.

田建梅，2021. 以规划编制为抓手助推"村留用地"落地实施——以广州市花都区为例 [J]. 城市住宅，28 (5)：37 - 39.

吴框框，2018. 基于土地发展权博弈的农村留用地制度探析 [D]. 厦门：厦门大学：92.

王惠，2008. 留地安置政策存在的问题及法理分析 [J]. 农业经济 (9)：26 - 29.

吴宗法，詹泽雄，2014. 前景理论视角下失地补偿理论分析 [J]. 农业技术经济 (11)：4 - 13.

王晓庄，白学军，2009. 判断与决策中的锚定效应 [J]. 心理科学进展，17 (1)：37 - 43.

王国华，王雅蕾，2011. 网民政府形象认知定势现象研究——以农民上访后"出逃"事件为例 [J]. 情报杂志，30 (6)：51 - 55.

王颖，2018. 基于外部性和农户行为的农药过量施用问题研究 [D]. 蚌埠：安徽财经大学：54 - 55.

魏瑞，2019. 农民的政策态度及形塑逻辑研究 [J]. 经济研究导刊 (34)：16 - 17.

翁飞龙，张强强，霍学喜，2021. 苹果种植户土地流转的收入效应分析 [J]. 江苏农业学报，37 (4)：1051 - 1057.

谢理，邓毛颖，2015. 多方共赢的农村集体土地留用地开发新模式探讨——以广州市外围

区为例 [J]. 华南理工大学学报（社会科学版），17（1）：94-100.

颜廷武，张童朝，何可，等，2017. 作物秸秆还田利用的农民决策行为研究——基于皖鲁等七省的调查 [J]. 农业经济问题，38（4）：39-48.

杨玉珍，2015a. 农户闲置宅基地退出的影响因素及政策衔接——行为经济学视角 [J]. 经济地理，35（7）：140-147.

杨玉珍，2015b. 农户缘何不愿意进行宅基地的有偿腾退 [J]. 经济学家（5）：68-77.

杨蛟滕，2012. 阈下启动对锚定效应调整方向的影响 [D]. 上海：华东师范大学：16.

赵亮，2021. 杭州市江干区　加快村级留用地开发　让被征地农民"长远生计有保障" [J]. 浙江国土资源（1）：60.

张占录，2009. 完善留用地安置模式的探索研究 [J]. 国家行政学院学报（2）：81-83.

张爽，2015. 征地留用地制度若干法律问题研究 [D]. 上海：华东政法大学：35-36.

钟文晶，2013. 禀赋效应、认知幻觉与交易费用——来自广东省农地经营权流转的农户问卷 [J]. 南方经济（3）：13-22.

曾家丽，2015. 我国房地产市场锚定效应研究 [D]. 上海：上海师范大学：8-34.

周海媚，2021. 基层政府公信力流失的基本影响因素研究 [D]. 成都：电子科技大学：5.

钟涨宝，胡梦琪，2018. 农户农地所有权认知及其对农地流转意愿的影响——基于湖北两县483个样本农户的实证研究 [J]. 中南民族大学学报（人文社会科学版），38（4）：100-105.

郑雄飞，黄一倬，2020. 社会公平感知对农村养老保险参与行为的影响——基于中国综合社会调查（CGSS）的实证研究 [J]. 社会保障研究（5）：3-18.

张亚洲，杨俊孝，2021. 多维贫困视角下土地流转的减贫效应研究 [J]. 统计与决策，37（15）：82-86.

AMOS T，DANIEL K，1974. Judgment under Uncertainty：Heuristics and Biases [J]. Science，185（4157）：285-287.

MATLIN MARGARET W，2016. 认知心理学：理论、研究和应用 [M]. 李永娜，译. 成都：机械工业出版社：209-210.

NICHOLAS E，THOMAS G，2001. Putting Adjustment Back in the Anchoring and Adjustment Heuristic：Differential Processing of Self - Generated and Experimenter - Provided Anchors [J]. Psychological Science，12（5）：391-396.

农户对宅基地使用权抵押融资的意愿及其影响因素研究
——以顺德区和五华县为例

林紫韵　望晓东

1　前言

1.1　研究背景及意义

1.1.1　研究背景

　　1982 年《中华人民共和国宪法》确立了土地二元所有制结构，1998 年《土地管理法》的颁布形成了二元分割的城乡土地利用制度，农村的土地产权被法律限制，从而成为农村"沉睡的资产"。其中，宅基地作为农村土地的重要组成部分，从形成之初就确定了其仅具有居住属性。现行的宅基地制度规定，宅基地所有权、使用权两权分离。从《物权法》到《民法典》的物权编，宅基地使用权被划归在用益物权范围中，宅基地使用权人依法享有、占有和使用宅基地的权利，但收益的权利却被忽略。

　　现如今，一方面，随着城镇化的发展，农村人口对农业生产经营的依赖性减弱，从而需要更多财产去创业；农村人口流失，农村存在大量宅基地资源严重浪费的情况；在乡村振兴的背景下，充分运用农村资源，增加农民土地财产性收入成为推动农业现代化、实现乡村振兴的最佳出路之一。另一方面，现实中已经存在农村宅基地使用权隐形买卖的情况。基于上述情况，赋予宅基地使用权合法的财产功能，充分发挥其财产效益；构建新制度规制隐形行为，保护农民合法权益已迫在眉睫。

　　因此，在新形势下国家致力于改革农村土地制度，以赋予农村土地完整的财产权能为重要的改革方向。早在 2012 年，为了从金融途径解决"三农问题"，国务院八个部委联合印发《广东省建设珠三角金融改革创新综合试验区总体方案》，文件指出要积极扩大农村消费信贷市场，从而培育完善的农村金融要素市场，其中的一个途径就是研究推进农村宅基地使用权抵押贷款试点工作。在 2013 年发布的《关于全面深化改革若干重大问题的决定》中，在全国范围内试点推行农村宅基地抵押融资制度成大势所趋。据此，2015 年全国人民代表大会常务委员会陆续授权国务院于 2017 年 12 月 31 日前，在北京市大兴区等三十三个试点行政区域暂时调整实施《土地管理法》《城市房地产管理法》中关于宅基地管理等制度的有关规定，以及在天津市蓟县等五十九个试点行政区域暂时调整实施《物权法》《担保法》中关于集体所有的宅基地使用权不得抵押的规定（以上授权有效期后来被延长至 2018 年 12 月 31 日）。同年，国务院颁布《关于农村承包土地的经营权和农民住房财产权抵押贷款试点的指导意见》以指导试点地区开展土地的经营权和农民住房财产权（以下简称"两权"）抵押贷款工作。2016 年国务院六个部门联合印发的《农民住房财产权抵押贷款试点暂行办法》奠定了各试点的宅基地抵押制度基础。同年，广东省政府颁布《广东省农村承包土地的经营权和农民住房财产权抵押贷款试点实施方案》指导广东省开展"两权"试点工作。直至 2018 年 12 月 23 日，国务院就"两权"抵押贷款试点情况作出总结报告，并展望下一步的农民住房财产权抵押工作。

2018 年中央一号文件提出要探索宅基地所有权、资格权、使用权"三权分置"，该制度的提出为完善农村宅基地抵押制度提供了新思路。文件提出要保障宅基地农户资格权和农民房屋财产权，适度放活宅基地和农民房屋使用权。因此，虽然该文件没有明确宅基地"三权"的具体内涵，但是仍能认为资格权的提出为破解现有宅基地两权分置模式下宅基地使用权包含身份属性的困境，恢复其财产属性提供了可能性，为构建宅基地使用权抵押制度提供新的路径。2019 年国务院五个部门联合印发的《关于金融服务乡村振兴的指导意见》明确了要结合宅基地"三权分置"改革试点情况开展农民住房财产权抵押贷款业务。2020 年 10 月，农业农村部公布将再选择一批重点地区作为新的试点，同时联合已有试点，开展新一轮农村宅基地制度改革工作，试点地区在落实宅基地集体所有权和保障宅基地农户资格权基础上，探索宅基地使用权流转的制度安排和具体路径。

随着农村宅基地抵押试点工作的稳步推进，加深对各地区的宅基地抵押制度基础的认知，及时把握有潜力地区和反馈已有试点地区的农户宅基地抵押意愿及其影响因素情况，有利于政府部门在尊重农户意愿的基础上制定更科学的制度实施方案，为新试点开展工作提供指导，从而推动宅基地抵押融资制度的完善和全面落实。

1.1.2　研究意义

现实意义。对广东省顺德区和五华县的调查及实证研究可帮助政府初步了解广东省总体以及顺德区和五华县两地的农户宅基地抵押意愿及影响因素情况，为政府制定、完善及落实宅基地使用权抵押制度提供现实依据，为构建宅基地使用权抵押制度提出自己的建议，对进一步完善和推进宅基地使用权抵押制度具有一定的现实意义。

理论意义。通过对广东省的城市进行实证研究，得出农户参与宅基地使用权抵押融资的意愿情况及影响因素，对于如何完善宅基地使用权抵押制度、是否应该进一步在广东省内推行宅基地使用权抵押制度、何时推行及推行方式等问题提供理论参考，并为解决全国范围内的宅基地使用权抵押问题提供理论上的参考。

学术价值。宅基地使用权抵押问题牵连甚广，具有一定的复杂性，学者们对该问题进行了广泛的研究。本文以广东省的城市为例，探讨该地区的农户对宅基地使用权抵押的意愿及其影响因素，有利于丰富这一问题现有的研究成果，提高现有研究成果在全国范围的普适性，对他人进行深入研究提供参考意义。

1.2 文献综述

1.2.1 农户对宅基地抵押融资意愿的相关研究现状

学者们普遍从个体特征、家庭特征、信贷特征以及认知特征这四个方面进行探析，发现就个体特征而言，性别、年龄、受教育程度因素对农户的宅基地抵押意愿具有正向影响；就家庭特征而言，家庭收入以及收入来源正向影响农户宅基地抵押融资意愿；就信贷特征而言，信贷经历对宅基地抵押融资意愿有正向影响，而融资利率和信贷难度则构成反向影响；就认知特征而言，对宅基地抵押政策的了解程度因素正向影响农户意愿。

在此基础上，惠献波（2016）基于农业投资角度，发现农户承包经营的耕地面积会正向影响其宅基地使用权抵押融资意愿。杨铁良（2016）运用结构方程模型对河南省564户农户数据进行研究，发现农业劳动力人数因素正向影响农户的宅基地使用权抵押意愿。邹伟等学者（2017）以农户分化为研究视角，发现职业分化程度会正向影响农户的宅基地抵押意愿，而经济分化程度则会反向影响农户的宅基地抵押意愿。罗湖平等（2018）运用 Probit 模型分析浏阳市数据，发现家庭成员务工经历因素正向影响农户抵押意愿。王童等学者（2019）对四川省和重庆市的试点地与非试点地的 708 个样本数据进行了Probit 回归分析，发现金融素养对于农民宅基地使用权抵押融资需求有显著的正向影响，并且该影响会因为存在较强的政策激励而得到提高。惠献波（2019）运用多元有序 Logistic 回归模型实证分析了河南省四县的数据，发现宅基地面积、宅基地评估价值、融资机构的信誉和服务态度等变量正向影响宅基地使用权抵押融资意愿。刘鑫等（2019）运用二元 Logistic 回归模型实证分析肥城市 447 个样本数据，发现风险接受程度越高或抵押用途越具有特殊性及长期性时，农民宅基地使用权抵押融资意愿越高。曲鲁平（2019）发现农户在宅基地数量、有无城镇住所等方面的差异会显著正向影响农户宅基地使用权抵押意愿；而在具有经济往来的亲友是否较多这一方面的差异则具有显著的负向影响。周月书等学者（2020）运用 Poission Hurle 模型实证分析了江苏省泗洪县农户数据，发现拥有越稳健的家庭结构，对房产预期估值越接近中间值（20万~40万元），以及越容易到达正规金融机构，其宅基地使用权抵押融资意愿越强烈。赵冰（2020）以甘肃省白银市王岘镇的农户数据为基础，通过二元 Logistic 回归分析得出参与社会保险、抵押权认知情况对其宅基地抵押意愿有明显的正向影响，而宅基使用现状则构成反向影响。

1.2.2 宅基地抵押的困境与出路的相关研究现状

整合多个试点地区的实践现状，发现当前我国实施宅基地抵押仍面临法律政策制约、农村金融市场不健全、风险防范机制未建立、社会保障制度尚不完善等困境（刘鑫等，2018）。许可等学者（2018）则提出在我国现有法律政策体系内，农房抵押面临"价值困境"，即农房价值存在市场化定价的困难。惠献波（2016）认为由于宅基地价值评估标准不明，农村信用体系的缺失增加了抵押人的欺诈可能性，导致宅基地抵押面临信用困境。

国内的学者们普遍认可应从完善法律规定，健全宅基地使用权抵押登记机制，优化抵押权实现机制，完善宅基地价值评估、宅基地抵押融资的风险防范机制等配套制度着手构建宅基地使用权抵押融资制度。钟三宇（2014）提出破除我国现有宅基地使用权抵押融资的制度障碍可以从修正《物权法》对宅基地使用权"受限制用益物权"的物权属性界定着手，以赋予宅基地使用权"类所有权"或"超用益物权"的法律地位为基本方向，使其具备与依附以上房屋共同处分的权能。胡茂清（2018）认为在宅基地抵押上应秉持房地分离原则，并提出在房地异主情况下推定新房屋所有人和宅基地使用权人之间成立租赁宅基地使用权的合同关系。陈鸽（2017）提出在立法上应制定专门的《农村宅基地使用权法》，明确允许宅基地使用权抵押；规定宅基地使用权有偿、有限期使用；弱化对抵押人的资格限制，限定抵押权人仅为金融机构。李戈（2019）认为在立法上应删除《担保法》中禁止宅基地抵押的条款，规定抵押权人与抵押人分别是金融机构与所有家庭成员。在宅基地抵押登记上，可以依据现行法律规定，采取登记对抗原则。孟莉（2020）就抵押权实现机制提出要扩大抵押物的受让人范围，并对不同受让对象实行差别化的受让规则；排除协议折价的抵押物处置方式；建立包含多元担保机制、抵押风险基金机制等内容的抵押物处置风险保障体系。在完善宅基地使用权抵押的配套制度方面，陆梦梦等学者（2017）认为可以建立"政府-金融机构-农民"高度配合的评估机制，由政府和金融机构成立第三方评估机构，三方成员共同参与评估。李成强（2016）指出通过法律、行政、金融等手段健全农业保险机制，认为还应通过构建农村信用体系、设立专门的农村土地银行、购买保险以分担风险来培育健全的农村金融机制。张琴等（2020）则论证了有必要引入第三方组织作为横向监督者来对宅基地抵押融资下的农户贷后行为进行监督，以防范风险。

1.2.3 研究评述与总结

我国学者已从多个角度对宅基地使用权抵押问题进行了较为深入的研究，对农户宅基地抵押意愿的影响因素的研究也较为丰富。在农户抵押意愿的影响因素问题上，现有的研究提供了多样的研究角度、较为统一的研究方法以及较为体系化的研究思路作为后续研究的参考，但是在研究范围上仍有所缺漏，那就是缺乏以广东省的城市为研究范围的实证研究。据此，就该问题而言，现有的研究成果是否可以普适到全国范围，笔者持保留意见。因此，本文将立足于广东省的城市，沿袭学术界中较为成熟的研究思路，选择从较为基础的农户特征角度入手，在农户的个体、家庭、认知特征等方面选取相关因素，通过问卷调查方法获取意愿数据，运用二元 Logistic 回归模型进行实证分析，较为全面及基础地探析农户宅基地抵押意愿的影响因素。在宅基地抵押的制度建设问题上，学者们已全面地总结了宅基地抵押面临的现实问题，并就各问题提出了建议，因此本文将参考各学者的意见，再结合新形势下的制度改革背景，提出个人意见。

1.3 研究内容

本文以农户对宅基地使用权抵押融资的意愿为研究对象，研究内容主要包括背景、概念界定与理论基础、理论分析与研究假设、宅基地抵押融资的发展现状、对研究问题的实证分析以及政策建议六部分。其中背景包括探索宅基地制度及其背景，总结宅基地利用情况，整合实行宅基地使用权抵押融资的政策基础，以及探析学术界关于农户宅基地使用权抵押融资意愿及其影响因素问题的研究成果；概念界定与理论基础包括厘清宅基地、宅基地使用权等概念以及阐述影响农户行为的理论；理论分析与研究假设包括重点解读中国化的农户行为理论来探析农户宅基地抵押意愿选择的原理以及提出研究假设。宅基地抵押融资的发展现状包括整合顺德区和五华县的概况、宅基地抵押融资现状以及分析两地区农户的抵押融资意愿情况；对研究问题的实证分析包括构建二元 Logistic 回归模型、变量选择及定义以及对模型运行结果的分析；政策建议包括对宅基地抵押制度构建的建议以及宅基地抵押制度分区发展的建议。

1.4 研究方法

文献分析法。本文通过对国内外文献的收集整理，提升自身对农民行为理论、影响农民行为的因素及宅基地使用权抵押制度等问题的认识，参考学习研究成果中的精华部分，进而为下一步研究奠定基础。

比较分析法。比较顺德区和五华县的环境差异以及实证分析结果的差异，总结两地农户意愿及影响因素的特征。

实证分析法。尝试通过电话访谈调查顺德区、五华县两地的宅基地使用权抵押现状，通过问卷调查收集两地农户的宅基地使用权抵押意愿及相关信息，运用二元 Logistic 回归模型进行实证分析，得出影响农户意愿的因素。

2 概念界定与理论基础

2.1 宅基地相关概念

2.1.1 宅基地及宅基地使用权

理论界对于宅基地及宅基地使用权的概念并没有统一的说法。对于宅基地的概念，本研究结合法律规定及王利民教授等学者的主张，认为宅基地是指农村村民用于修建住宅以及厨房、厕所、庭院等附属设施，且为村集体所有的建设用地。当前法律认为宅基地使用权属于用益物权，在《民法典》物权编的用益物权分编进行了规定，宅基地使用权人依法对集体所有的土地享有占有和使用的权利，有权依法利用该土地建造住宅及其附属设施。根据此规定可以发现宅基地使用权又异于一般用益物权，原因在于宅基地使用权的收益权能受特殊限制。根据当下的法律环境以及学者们的看法，本研究认为宅基地使用权是指农村村民在从村集体处无偿取得、无使用期限限制的宅基地上，享有占有、使用该宅基地以建造住宅及其附属设施的权利。

2.1.2 宅基地使用权抵押融资

抵押融资是指银行、农村信用社等金融机构要求借款人提供一定的抵押品作为贷款的担保，以保证贷款能到期偿还。贷款期满后，若借款人无法偿还贷款，金融机构有权从处置抵押品所得的款项中优先受偿，若仍不足以清偿贷款的，由借款人继续清偿（徐克，2019）。当前《民法典》399条明确规定宅基地使用权不得抵押，因此法律对于宅基地使用权抵押融资没有明确的定义。可是当前国家试点推行的农村住房财产权抵押贷款制度明显为推动宅基地使用权抵押的合法化提供了契机，但当前宅基地使用权抵押的原理仍是在房地一体原则下，以农民住房所有权的抵押带动宅基地使用权一并参与抵押，究其根本是农民住房财产权抵押所引起的宅基地流转（曲鲁平，2019）。综上，本研究借鉴学者曲鲁平（2019）对宅基地使用权抵押贷款的定义：在不改变宅基地集体所有的前提下，以农民住房所有权及所占宅基地使用权共同作为抵押物向金融机构申请贷款的行为。

2.2 农户行为理论

农户对宅基地使用权抵押的意愿选择实质上就是农户在宅基地使用权抵押问题上的行为选择，参考国内外学者提出的关于农户行为选择的理论，有利于本文认识影响农户宅基地抵押意愿的潜在因素及其作用原理。早期国外理论界主要从文化和政治角度分析，认为自然经济条件下的传统小农行为是非理性的。后来恰亚诺夫等学者从经济学角度分析农民经济行为是否具有理性特征。20 世纪 20—70 年代，国外理论界普遍认为传统小农的经济行为是理性的，但又在传统小农具有何种理性上分裂为实体主义小农理论和形式主义小农理论两派。到 20 世纪 80 年代，农民理性理论在我国学者研究下发展出调和两派的"第三条道路"。

2.2.1 形式主义小农理论

形式主义小农理论立于形式经济学的立场上，形式经济学认为"经济人"形象普遍适用于历史上的一切经济行为主体，追求最高经济效益是其经济行为的准则（王庆明，2015），因此形式主义小农理论认为传统小农具有经济理性，其经济行为的目标是追求利益最大化。舒尔茨认为传统小农会权衡生产成本、收益和风险，最大限度地运用生产资源和机会（黄永新等，2010），使生产效率在既定的生产条件下达到最大，是理性经济人。塔克斯认为传统小农对市场价格和竞争的反应灵敏，与资本家相差无几，区别仅仅在于财富规模，即一个是小型的"便士"经济，一个是大型的"美元"经济（黄鹏进，2008）。而波普金认为家庭农场可以看作是公司，而传统小农则可看作是投资者，传统小农会权衡长短期利益，为追求最大利益做出合理生产抉择，是理性的小农（张轩等，2013）。

2.2.2 实体主义小农理论

实体主义小农理论站在实体经济学的立场上，认为不能将资本主义"功利的理性主义"世界化，前资本主义社会小农具有传统性和非现代性的特质（王庆明，2015）。其强调传统小农具有的是生存理性，即传统小农是"维持生计者"，在决策时主要考虑如何维护家庭生存条件，而非追求最大利润。20 世纪 20 年代，恰亚诺夫认为家庭农场既是生产单位，又是消费单位，因此传统小农具有生产者和消费者的双重身份，其运营家庭农场主要遵循家庭效用最大化逻辑，而非利润最大化。斯科特继承了恰亚诺夫的理念，并提出"生存伦理"的概念以及传统小农具有强烈互惠观念的看法，认为传统小农在面临生存压力下，遵循"生计第一"和"安全第一"原则，选择收益更少、但风险更低的农业生产方式。

2.2.3 农户行为理论的中国化

两种形式的小农理论结合中国本土情况便呈现出融合的态势。黄宗智

（1989）综合上述两派理论并融合了马克思主义学派理论，提出中国小农的身份具有三面性，且不同阶层的小农会更多地展现不同的侧面：一是为满足自家消费需求的生产单位，即维持生计的生产者；二是追求利润的生产单位，即利润追求者；三是阶级社会和政治体系下的成员，即被剥削的耕作者。他通过对文献资料的考证研究，发现明清时期我国华北、江南农村的小农面临过密化或内卷化的问题，即坚持边际产出递减的生产投入，此时更符合实体主义小农理论。但他认为随着商品化的发展，为追求利润的经营式农业生产将逐步取代为满足家庭需要的农业生产，农民也会从社会理性过渡到经济理性。

更多学者的研究进一步丰富了中国本土化的小农理论，郭于华（2002）指出对农民行为的分析必须放在其特定及具体的生存境遇、制度安排和社会变迁的背景中进行。李红涛等（2008）基于发展、动态的眼光，指出从传统农业社会到改革开放以来，农民的生存问题基本解决以及义利观发生改变，中国农民的经济行为呈现出由生存理性向经济理性转变的趋势。黄永新等（2010）认为农民个人经济活动受政策、法律、伦理、文化等正式制度与非正式制度的制约，并且强有力的道德观念约束也可能使农民做出非理性行为，因此农民理性的条件和环境需要进一步研究。王庆明（2015）提出中国正处于现代化及市场转型的外部环境下，"社会化"已成为中国农民的主要面貌特征，他们正在面临社会化压力，即其生产、生活及交往方式均在社会化，该种压力会影响农民经济行为选择。

综上，我国学者没有武断地判断中国农民具有何种理性，他们认为应以动态、全面的眼光看问题；农民行为会受外部环境的影响，在时代背景的影响下我国农民已具有了社会化特征，其会基于社会化压力做出行为选择；农户行为在政策、法律、文化和伦理道德等多种因素的作用下会产生差异。

3 理论分析与研究假设

3.1 农户行为理论分析

分析农户对宅基地抵押融资的意愿问题，若依据形式主义小农理论，农户作为理性经济人会简单地基于资源运用最优化以及经济收益最大化的考量愿意抵押宅基地，以获得原始资金进行投资或再生产，从而盘活或充分运用宅基地资源以及赚取更多收益。而依据实体主义小农理论，若农户的家庭已形成了平衡稳定的运行模式，农户作为维持生计者则不会愿意选择抵押宅基地，因为这样会影响其家庭的居住安全，可能会带来生存风险。

而依据我国学者提出的观点，首先，我国农户正在由生存理性转变为经济理性，再融合我国经济发展现状，即我国地区经济发展不平衡和个体经济发不平衡，可发现农民理性转变的情况更具复杂性。经济发达地区的农户面临的主要矛盾已不再是生存问题，此时他们是逐利的，在宅基地抵押的问题上他们更多关注的是潜在收益，而非潜在风险，因此农户往往是愿意参与宅基地抵押的。而经济欠发达地区的农户更多是刚刚跳出生存压力的圈子，其仍保留一定的生存理性，在其进行经济决策时还是会首选更稳妥、风险更小的行为，而宅基地抵押存在失房的风险，基于此农户往往不愿意参与宅基地抵押。其次，置于外部环境之下探析农民行为。现代化和市场化使得农民不再局限于自给自足的农业生产，进城务工在农民群体之间成了一种潮流。该种就业方式改变了农民传统的生产生活方式，使得农民长期脱离农村土地，这有利于减弱农民与农村土地的联系，从而改变农民的传统观念，因此在宅基地抵押上，社会化更广泛的农民可能会更积极。最后，政策、法律、文化、伦理和道德观念等多种因素会影响农户的理性行为。宅基地抵押制度尚在试点阶段，试点地区实行系统的宅基地抵押优惠政策，在极具吸引力政策环境的影响下，农户可能会突破其固有的生存理性，从而愿意参与宅基地抵押。除此之外，"祖屋"一词在我国农村使用广泛，该词反映的是我国农民根深蒂固的祖业观，农民认为其本身及其后代都是"守业人"，在此传统观念的影响下农民可能会违背其具有的经济理性，放弃抵押宅基地带来的潜在收益而继续履行其守护者的责任。

3.2　研究假设

根据现有的研究成果，本文将从个体特征、家庭特征、资产特征、贷款需求特征、认知特征五个维度选取可能影响农户对宅基地使用权抵押融资意愿的因素。再以农户行为理论为参考，初步判断各因素对农户宅基地抵押意愿的影响效果，并提出以下假设。

假设一是对农户个体特征中各因素的影响效果假设。假设一A假设顺德区的农户更愿意进行宅基地抵押融资。地区因素的设置原理是用地区差异反映外部经济条件的差异。与五华县相比，顺德区经济发展更快，其农户的生活水平也相对较高，农户的决策行为将更多从经济理性出发，因此也更多地选择充分发挥宅基地使用权的财产权能，将其进行抵押融资。假设一B假设男性会比女性更愿意进行宅基地抵押融资。对于选择是否进行抵押融资的农户而言，需要考虑是否可以承担抵押行为带来的潜在风险，而性别差异会造成不同的风险接受能力，即女性更倾向于规避风险，而男性则更倾向于冒险（袁晓燕，2017）。假设一C假设年龄因素与宅基地抵押意愿呈负相关。不同年龄段的农户具有不同的生长背景，受不同的思想观念熏陶。随着时代的更新，将不动产作为祖业、家族成员背负守护义务的祖业观对人们的影响力越来越弱。假设一

D假设受教育程度因素与宅基地抵押意愿呈正相关。农户的受教育程度越高，对社会事物的认知越广泛，其选择生活方式的社会化程度就越高，因此与农村土地的联系越弱。

假设二是对农户家庭特征中各因素的影响效果假设。家庭人口数越多，消费需求越多；家庭年收入越低，家庭承担风险能力越弱；农业收入占比越高，收入的不稳定性越大；保险的家庭成员覆盖率越低，家庭总体承受风险的能力越低；家庭成员的身体状况越差，对家庭经济收入的稳定性要求更高。以上这些情况都会为整个家庭带来生存压力，为了保障家庭生计，农户会做出更保守的决策。因此，假设二A假设家庭人口数与宅基地抵押意愿呈负相关。假设二B农业收入占比因素与宅基地抵押意愿呈负相关。假设二C家庭年收入与宅基地抵押意愿呈正相关。假设二D保险的家庭成员覆盖率与宅基地抵押意愿呈正相关。假设二E家庭成员的身体状况因素与宅基地抵押意愿呈正相关。

假设三是对农户资产特征中各因素的影响效果假设。假设三A假设宅基地数量因素与宅基地抵押意愿呈正相关。因为拥有宅基地数量越多，农户可能越早摆脱生产困境并越早形成逐利的思维方式。假设三B假设宅基地的建设现状与宅基地抵押意愿呈负相关。宅基地建设的越完备，则建设成本投入的越多，使得宅基地抵押的潜在风险更多地抵消潜在收益，从而削减宅基地抵押的吸引力。假设三C宅基地的现实用途关乎农户对宅基地的依赖程度，因此假设宅基地的用途对农户越重要，则农户的宅基地抵押意愿越低。假设三D假设拥有的产权证书情况与宅基地抵押意愿呈正相关。因为拥有产权证书的情况关乎持有人选择实行抵押贷款行为相比于维持现状需要付出的额外成本。假设三E假设城镇住房拥有情况与抵押意愿呈负相关。因为相比于城镇住房，农村宅基地房更具有居住保障性且更能给予农民归属性，在此情况下，拥有城镇住房农户可以在其有抵押贷款需求时将城镇住房充当抵押品。

假设四是对农户贷款需求特征中各因素的影响效果假设。假设四A假设抵押贷款经历与宅基地抵押意愿呈正相关。抵押贷款经历关乎农户能否更客观地认识抵押贷款行为，缺乏抵押贷款经历的农户需要花费更多成本去认识该行为，并且其对抵押风险的预测具有更浓烈的主观风险偏好因素。假设四B假设贷款利率是农户能最直接预测成本的因素，因此对贷款利率的在意程度与宅基地抵押意愿呈负相关。假设四C到达金融机构的方便性对农户了解和实行抵押贷款行为有推动作用，因此假设农户到达金融机构的方便程度与宅基地抵押意愿呈正相关。

假设五是对农户认知特征中各因素的影响效果假设。农户认为宅基地所有权归个人所有，宅基地可以自由处置均会增强农户充分处置财产而获利的意愿。假设五 A 假设宅基地所有权归属认知因素会正向影响农户宅基地抵押意愿。假设五 B 假设宅基地处置权认知因素对农户宅基地抵押意愿具有正向影响。假设五 C 农户对政府颁布的宅基地抵押政策的认知越清晰，越有利于其衡量宅基地抵押政策对自身的作用，因此假设宅基地政策的认知情况因素与宅基地抵押意愿呈正相关。

4 宅基地抵押的发展现状及其调查分析

4.1 两县（区）宅基地抵押的发展现状分析

4.1.1 顺德区

顺德区属于佛山市的五个辖区之一，其下辖十个镇街。顺德区的经济优势明显，顺德居民的经济水平普遍较高，在 2020 年中国百强区榜单中排名第六，根据 2019 年的统计数据，顺德区全区 GDP 为 3 523.18 亿元，其全年人均可支配收入为 58 820.4 元，人均生活消费支出 42 961.5 元。顺德区 2019 年全区实现农业总产值 101.71 亿元，其中花卉、盆栽植物、观赏苗木等高附加值农业产品对农业总产值贡献率高。而且，根据 2016 年第三次农业普查结果，顺德区登记的农户户数有 14.4 万户，登记人数 56.7 万人；据统计，截至 2020 年 12 月，顺德区登记在册的、已完成审批的宅基地面积共计 232.09 公顷。顺德区的农户群体规模庞大，宅基地存量较为丰富，潜在宅基地使用权抵押业务数量较为可观。

4.1.2 五华县

五华县是梅州市的七个辖区之一，下辖十六个镇。据统计，2019 年五华县全县实现地区生产总值 155.67 亿元，全体常住居民人均可支配收入 16 820.5 元，农村常住居民人均可支配收入 13 619.2 元。全年全县农业总产值为 61.73 亿元，其中传统的农作物生产仍占大多数。根据政府数据，五华县登记的农户户数有 34.1 万户，登记人数 152.5 万人；截至 2018 年年末，五华县的村庄用地面积为 14 346.67 公顷，五华县的宅基地数量及潜在的宅基地抵押业务数量更是庞大。

根据中国人民银行五华支行的统计，自试点开始至 2021 年 3 月末，五华县共发放农民住房财产权抵押贷款 406 笔，金额达 2.98 亿元。2016 年是试点元年，农户对制度的反应在逐渐发酵；2017 年（约 150 笔）和 2018 年（135 笔）属于贷款发放的高峰期；随着试点期限结束，2019 年至 2021 年 3 月末的贷款发放笔数减少至 70 笔，宅基地抵押由贷款发放期转到贷款回收期。

2015 年五华县被确定为农民住房财产权抵押贷款试点区域，五华县政府出台的《农民住房财产权抵押贷款试点工作实施方案》正式拉开了其试点工作的帷幕。五华县开展试点工作实行的是典型的政府主导型模式，先成立县级领导小组统领试点工作，再颁布其他规范性文件，以构建试点区域的制度体系。五华县政府规范了农民住房财产权抵押贷款全部流程的工作。首先是准备工作，一是制定《农村不动产权证办理流程》《宅基地及房屋确权登记处理办法》，推动农村房屋确权以及不动产权利证书的发放、登记及注销工作；二是构建农户诚信信息服务系统，建立农户信用档案，给金融机构做农户信用考核提供参考。其次是具体的抵押制度，一是规范贷款对象、用途及要素、抵押物范围及抵押率等基本条件。五华县贷款发放的实际情况是住房财产权抵押贷款率一般在 50％，利率执行涉农优惠利率，即在央行基准利率上上浮 20％（普通贷款是上浮 30％），贷款期限最长为 5 年（段凤桂等，2016）；二是制定《农民住房财产权价值评估办法》，构建农民住房财产权的评估制度；三是构建宅基地使用权和房屋所有权抵押登记制度；四是颁布《农民住房财产权抵押贷款处置办法》，建立多层级联通的农民住房财产权流转管理服务平台，保障抵押债权的实现；最后，通过颁布《农民住房财产权抵押贷款风险补偿基金管理暂行办法》建立风险防范机制，主要内容有县财政出资 1 000 万元成立农房抵押贷款风险补偿基金，银行可通过补偿基金在不良贷款中活动损失额 50％的补偿；县财政出资按 1.8‰年保费费率为五华县辖区内的住房财产权抵押贷款人办理统一的中国人寿人身意外保险（江锋，2017）。

4.2　针对两县（区）的调查数据分析

4.2.1　数据来源

本研究通过线上及线下问卷调查来获取真实有效的数据。首先，根据顺德区 2018 年土地利用现状图查清顺德区的村庄用地分布情况以及各镇街的地理位置状况，最终选取陈村镇和杏坛镇作为顺德区线下问卷派发区域；再根据五华县的行政区划图查清其下辖各镇的位置情况，最终选取双华镇、郭田镇和河东镇作为五华县线下问卷的派发区域。其次，通过寻找属于各目标镇的问卷派发人员及个人实地走访进行线下问卷的派发，再通过寻找属于各目标镇的问卷转发人员、各公众平台及目标区域的群组进行线上问卷转发。最后，总共回收问卷 272 份，总有效问卷 256 份。其中顺德区回收 147 份，剔除无效问卷 5 份，剩余有效问卷 142 份；五华县回收问卷 125 份，剔除无效问卷 11 份，剩余有效问卷 114 份。

4.2.2　描述性统计分析

（1）农户个人特征。在 256 个农户人员中，来自顺德区的占比 55.47％，五华县占比 44.53％；顺德区的农户中有宅基地抵押贷款意愿的占 36.62％，五华县的农户中有意愿的占 40.35％。两县（区）农户人员男性占 48.83％，女性占 51.17％；相较于女性，男性有意愿的样本占比例更高。样本集中均匀地分布在 21～30 岁、31～40 岁、41～50 岁、51～60 岁 4 个年龄段中，有意愿的样本占比随着年龄段的提高而降低。高中或中专（24.61％）、大专及以上（25.00％）学历占比相对较高，农户人员的整体受教育水平较高；有意愿样本的占比随着样本学历层次的上升而提高。上述个体特征与宅基地抵押贷款意愿的关联情况如表 1 所示。

表 1　农户个体特征与农户意愿关联表

影响因素	样本特征分布	样本数	占比	有意愿的样本数	占比
地区	佛山市顺德区	142	55.47％	52	36.62％
	梅州市五华县	114	44.53％	46	40.35％
性别	男	125	48.83％	57	45.60％
	女	131	51.17％	41	31.30％
年龄	20 岁及以下	16	6.25％	10	62.50％
	21～30 岁	54	21.09％	27	50.00％
	31～40 岁	53	20.70％	26	49.06％
	41～50 岁	54	21.09％	21	38.89％
	51～60 岁	50	19.53％	12	24.00％
	61 岁以上	29	11.33％	2	6.90％
受教育水平	小学以下	26	10.16％	3	11.54％
	小学	52	20.31％	10	19.23％
	初中	51	19.92％	19	37.25％
	高中或中专	63	24.61％	28	44.44％
	大专及以上	64	25.00％	38	59.38％

（2）农户家庭特征。 样本的家庭人口数均匀地分布在 2～3 人、4～5 人、6 人及以上的范围内，其中有宅基地抵押贷款意愿的样本占比最高的在 2～3 人家庭中。样本中 8 万～10 万元（23.44％）、10 万元以上（25.00％）的家庭年收入水平阶段占比相对较高，农户成员的家庭境况总体较好；总体上家庭年收入层次提高，有意愿的样本占比也会提高，但占比最高的在 8 万～10 万元年收入范围。农业生产收入占比集中在 10％以下的范围内，占 58.20％，该范围中有意愿的样本占比也是最高的。有 71.09％的家庭实现了家庭成员社会保险或商业保险的全覆盖，农村社会保险和商业保险的普及

工作仍有发展空间。全体家庭成员身体状况均良好的情况占比较高，达到64.84%，且该选项中有意愿的样本比例也是最高的。上述家庭特征与宅基地抵押贷款意愿的关联情况如表2所示。

表2 农户家庭特征与农户意愿关联表

影响因素	样本特征分布	样本数	占比	有意愿的样本数	占比
家庭人口数	2人以下	0	0.00%	0	0.00%
	2～3人	87	33.98%	40	45.98%
	4～5人	89	34.77%	30	33.71%
	6人及以上	80	31.25%	28	35.00%
家庭年收入	2万元以下	9	3.52%	1	11.11%
	2万～4万元	21	8.20%	4	19.05%
	5万～6万元	48	18.75%	11	22.92%
	7万～8万元	54	21.09%	23	42.59%
	9万～10万元	60	23.44%	29	48.33%
	10万元以上	64	25.00%	30	46.88%
农业生产收入占比	10%以下	149	58.20%	62	41.61%
	10～50%	35	13.67%	12	34.29%
	51～90%	36	14.06%	12	33.33%
	91%	36	14.06%	12	33.33%
家庭成员的保险购买	是	182	71.09%	73	40.11%
	否	74	28.91%	25	33.78%
家庭成员身体状况	有1人及以上较差和一般	15	5.86%	2	13.33%
	有1人及以上较差	22	8.59%	7	31.82%
	有1人及以上一般	53	20.70%	17	32.08%
	全体成员良好	166	64.84%	72	43.37%

（3）**农户资产特征**。样本中拥有1处宅基地的情况占比最高，达71.09%；随着宅基地处数增加，其有宅基地抵押贷款意愿的样本占比也在增加。宅基地上有完备的房屋建筑和其他设施的情况出现频率更高，达61.33%；随着宅基地上的建筑设施的完备程度提高，其有意愿的样本占比则在减少。宅基地用途主要集中在自住上，占比71.88%；随着宅基地用途的重要程度提高，有意愿的样本比例则在降低。有完备的产权证书的情况占比更高，达到86.72%。样本中没有城镇住房的情况更普遍，占比65.63%，但该情况有

意愿样本比例更低。上述农户资产特征与宅基地抵押贷款意愿的关联情况如表 3 所示。

表 3　农户资产特征与农户意愿关联表

影响因素	样本特征分布	样本数	占比	有意愿的样本数	占比
宅基地处数	1 处	182	71.09%	56	30.77%
	2 处	61	23.83%	34	55.74%
	3 处及以上	13	5.08%	8	61.54%
宅基地建设现状	宅基地上没有建房屋和其他设施	22	8.59%	14	63.64%
	宅基地上有简单的房屋建筑和其他设施	77	30.08%	37	48.05%
	宅基地上有完备的房屋建筑和其他设施	157	61.33%	47	29.94%
宅基地主要用途	空置	15	5.86%	11	73.33%
	其他非收益性用途	12	4.69%	9	75.00%
	收益性用途	45	17.58%	23	51.11%
	自住	184	71.88%	55	29.89%
是否有完备的产权证书	是	222	86.72%	83	37.39%
	否	34	13.28%	15	44.12%
是否有城镇住房	是	88	34.38%	39	44.32%
	否	168	65.63%	59	35.12%

(4) 农户贷款需求特征。样本中没有抵押贷款经历的受访者占多数，达 78.91%，是否有意愿抵押贷款的占比差异不大。受访者对抵押贷款利率的在意程度集中在 5 分区域，占比 62.50%，该分值中有意愿的受访者占比是最低的。认为现经常居住住所到正规金融机构的方便程度为一般和方便的受访者占比更多，分布占 34.38% 和 35.16%，有意愿的样本比例在选择较频繁的方便程度选项之间不存在非常明显的差异。农户贷款需求特征与宅基地抵押贷款意愿的关联情况如表 4 所示。

表 4　农户贷款需求特征与农户意愿关联表

影响因素	样本特征分布	样本数	占比	有意愿的样本数	占比
抵押贷款经历	是	54	21.09%	23	42.59%
	否	202	78.91%	75	37.13%

（续）

影响因素	样本特征分布	样本数	占比	有意愿的样本数	占比
对抵押贷款利率的 在意程度	1分	3	1.17%	2	66.67%
	2分	9	3.52%	5	55.56%
	3分	18	7.03%	8	44.44%
	4分	66	25.78%	42	63.64%
	5分	160	62.50%	41	25.63%
到正规金融机构的 方便程度	非常不方便	10	3.91%	3	30.00%
	不方便	23	8.98%	2	8.70%
	一般	88	34.38%	32	36.36%
	方便	90	35.16%	43	47.78%
	非常方便	45	17.58%	18	40.00%

（5）农户对宅基地抵押的认知特征。大多数受访者（63.28%）认为宅基地不归个人所有；认为宅基地不可以由个人自由处置的受访者占比更高，达到68.75%。在这两个因素上有宅基地抵押贷款意愿的样本占比在各选项中没有太大差异。大多数受访者（77.34%）不了解国家正在进行宅基地抵押贷款试点工作及颁布的相关政府文件，但在选择了解选项的受访者中有意愿的占比更高，达60.34%。上述农户认知特征与宅基地抵押贷款意愿的关联情况如表5所示。

表5　农户认知特征与农户意愿关联表

影响因素	样本特征分布	样本数	占比	有意愿的样本数	占比
宅基地 所有权认知	宅基地归自己所有	94	36.72%	32	34.04%
	宅基地不归自己所有	162	63.28%	66	40.74%
宅基地 处分权认知	宅基地可自由处置	80	31.25%	37	46.25%
	宅基地不可自由处置	176	68.75%	61	34.66%
宅基地抵押 政策认知	了解	58	22.66%	35	60.34%
	不了解	198	77.34%	63	31.82%

5　农户宅基地抵押意愿影响因素的定量分析

5.1　模型构建

农户对宅基地使用权抵押融资的意愿包括愿意和不愿意两种情况，在探析其影响因素的问题中，农户意愿属于因变量，因此该问题属于二元选择问题，不适用一般的线性回归模型，而应适用二元 Logistic 回归模型。二元 Logistic 回归模型构建如下：

$$\text{Logistic}\left(\frac{P}{1-P}\right)=\beta_0+\beta_1 x_1+\beta_2 x_2+\cdots+\beta_n x_n$$

其构建思路是：首先，引入选择愿意选项的概率 $P=P\{Y=1|X\}$，而选择不愿意选项的概率即为 $1-P$，概率的取值范围是 $[0,1]$。

其次，构造函数 $y=\dfrac{e^x}{1+e^x}$，y 的取值范围为 $[0,1]$。假设线性回归表达式为

$$g(x)=\beta_0+\beta_1 x_1+\beta_2 x_2+\cdots+\beta_n x_n$$

则

$$P=P\{Y=1|X\}=\frac{e^{\beta_0+\beta_1 x_1+\beta_2 x_2+\cdots+\beta_n x_n}}{1+e^{\beta_0+\beta_1 x_1+\beta_2 x_2+\cdots+\beta_n x_n}}$$

再次，引入事件发生比概念，即愿意与不愿意的概率比值，其可以表达为 $\dfrac{P}{1-P}$，因此有 $\dfrac{P}{1-P}=e^{\beta_0+\beta_1 x_1+\beta_2 x_2+\cdots+\beta_n x_n}$。

最后，对 $\dfrac{P}{1-P}$ 取自然对数 $\ln\left(\dfrac{P}{1-P}\right)$，即对其做 Logistic 变换，可得：即对其做 Logistic 变换，可得：$\ln\left(\dfrac{P}{1-P}\right)=\beta_0+\beta_1 x_1+\beta_2 x_2+\cdots+\beta_n x_n$。式中，$\beta_0$ 是常数项，x_1，x_2，$\cdots$，x_n 为影响 Y 的 n 个自变量，β_1，β_2，$\cdots$，β_n 是偏回归系数。

5.2 变量选择与定义

本文选取影响因素的五个维度分别是个体特征、家庭特征、资产特征、贷款需求特征、认知特征。在个体特征维度选取地区、性别、年龄和受教育水平四个因素；在家庭特征维度选取家庭成员人数、家庭年收入、家庭收入中的农业收入占比、家庭成员购买保险的情况和家庭成员的身体状况五个因素；在资产特征维度选取宅基地数量、宅基地建设现状、宅基地主要用途、产权证书情况、城镇房屋五个因素；在贷款需求特征维度选取抵押贷款经历、抵押贷款利率在意程度、到正规金融机构的方便程度三个因素；在认知特征维度上选取宅基地所有权认知、宅基地处置权认知和宅基地抵押政策的认知三个因素。

模型的因变量是农户对宅基地使用权抵押融资的意愿，仅有愿意和不愿意两个选项，属于二分变量。从五个维度中选取的 20 个因素为自变量，自变量类型仅包含二分类变量和有序多分类变量，因此不需要设置虚拟变量，具体定义如表 6 所示。

表6 变量定义表

变量类别		变量名称	变量定义
因变量		抵押贷款意愿（Y）	不愿意＝0；愿意＝1
自变量	个体特征	地区（X_1）	佛山市顺德区＝1；梅州市五华县＝2
		性别（X_2）	男＝0；女＝1
		年龄（X_3）	20岁及以下＝1；21～30岁＝2；31～40岁＝3；41～50岁＝4；51～60岁＝5；61岁以上＝6
		受教育水平（X_4）	小学以下＝1；小学＝2；初中＝3；高中或中专＝4；大专及以上＝5
	家庭特征	家庭人口数（X_5）	2人及以下＝1；3～4人＝2；3～6人＝3；7人及以上＝4
		家庭年收入（X_6）	2万元以下＝1；2～4万元＝2；5～6万元＝3；7～8万元＝4；9～10万元＝5；10万元以上＝6
		农业生产收入占比（X_7）	10%以下＝1；10%～50%＝2；51%～90%＝3；91%＝4
		家庭成员的保险购买情况（X_8）	实现社会保险或商业保险全覆盖＝1；否＝0
		家庭成员身体状况（X_9）	有1人及以上较差和一般＝1；有1人及以上较差＝2；有1人及以上一般＝3；全体成员良好＝4
	资产特征	宅基地数量（X_{10}）	1处＝1；2处＝2；3处及以上＝3
		宅基地建设现状（X_{11}）	宅基地上没有建房屋和其他设施＝1；宅基地上有简单的房屋建筑和其他设施＝2；宅基地上有完备的房屋和其他设施＝3
		宅基地主要用途（X_{12}）	空置＝1；其他非收益性用途＝2；收益性用途＝3；自住＝4
		是否有完备的产权证书（X_{13}）	是＝1；否＝0
		是否有城镇住房（X_{14}）	是＝1；否＝0
	贷款需求特征	是否有抵押贷款经历（X_{15}）	是＝1；否＝0
		对抵押贷款利率的在意程度（X_{16}）	用数值1～5表示不在意到在意的程度
		到正规金融机构的方便程度（X_{17}）	非常不方便＝1；不方便＝2；一般＝3；方便＝4；非常方便＝5
	认知特征	宅基地所有权认知（X_{18}）	宅基地归自己所有＝1；否＝0
		宅基地处分权认知（X_{19}）	宅基地可自由处置＝1；否＝0
		宅基地抵押政策认知（X_{20}）	了解＝1；不了解＝0

5.3 实证分析

5.3.1 对两个样本区域的总体分析

通过 SPSS 19.0 统计分析软件对 256 个样本数据进行二元 Logistic 回归分析，其中变量筛选方法选择向后逐步筛选法，即先将全部自变量纳入方程，再按 LR 偏似然比逐步移出不显著变量。模型的估计结果如表 7 所示。

表 7 广东地区整体数据模型运行结果表

自变量	初次估计结果			最终估计结果			
	B	Sig.	Exp (B)	B	Sig.	Exp (B)	Beta
地区	0.243	0.578	1.275	—	—	—	—
性别	−0.908	0.012	0.403	−0.882	0.012	0.414	−0.244
年龄	−0.515	0.009	0.598	−0.574	0.000	0.563	−0.460
受教育水平	0.122	0.537	1.130	—	—	—	—
家庭成员人数	0.020	0.936	1.020	—	—	—	—
家庭年收入	0.837	0.000	2.309	0.779	0.000	2.179	0.607
农业生产收入占比	0.164	0.332	1.179	—	—	—	—
家庭成员保险购买情况	−0.230	0.628	0.795	—	—	—	—
家庭成员身体状况	0.619	0.007	1.857	0.603	0.005	1.827	0.292
宅基地数量	0.584	0.080	1.793	0.573	0.059	1.774	0.181
宅基地建设现状	−0.651	0.034	0.522	−0.600	0.033	0.549	−0.215
宅基地主要用途	−0.648	0.010	0.523	−0.686	0.004	0.503	−0.315
产权证书	0.065	0.913	1.067	—	—	—	—
城镇住房	−1.234	0.016	0.291	−1.136	0.008	0.321	−0.298
抵押贷款经历	0.129	0.799	1.138	—	—	—	—
抵押贷款利率在意程度	−0.488	0.039	0.614	−0.432	0.053	0.649	−0.205
到正规金融机构的方便程度	0.042	0.823	1.043	—	—	—	—
宅基地所有权认知	−0.561	0.168	0.571	—	—	—	—
宅基地处置权认知	1.025	0.011	2.786	0.859	0.022	2.361	0.220
宅基地抵押政策认知	0.798	0.066	2.221	0.974	0.012	2.648	0.225

为了进一步研究各显著变量对农户宅基地抵押意愿的影响作用，本文参考学者韩文静在《南京和徐州农村居民点整理的影响因素及区域差异》一文中的做法，采用标准化回归系数来反映各显著因素的影响程度。通过对自变量和因

变量同时进行标准化处理，以消除数据中量纲、数量级等差异的影响，再进行二元 Logistic 回归分析，最后生成标准化回归系数。标准化回归系数的绝对值越大，表明该自变量对因变量的相对作用越大。

（1）模型的估计结果。模型运行结果表明，年龄、宅基地主要用途和城镇住房因素在 1% 的显著性水平上负向影响农户抵押贷款意愿；家庭年收入、家庭成员身体状况因素在 1% 的显著性水平上对农户抵押贷款意愿具有正向影响；性别和宅基地建设现状因素在 5% 的显著性水平上负向显著影响农户抵押贷款意愿；宅基地处置权认知和宅基地抵押政策认知因素在 5% 的显著性水平上正向显著影响农户抵押贷款意愿；宅基地数量在 10% 的显著性水平上对农户抵押贷款意愿具有正向影响；抵押贷款利率在意程度的因素在 10% 的显著性水平上负向影响农户抵押贷款意愿。各显著影响变量对因变量的影响程度由大到小依次为家庭年收入、年龄、宅基地主要用途、城镇住房、家庭成员身体状况、性别、宅基地抵押政策认知、宅基地处置权认知、宅基地建设现状、抵押贷款利率在意程度和宅基地数量。

（2）模型的相关检验。运用 Hosmer–Lemeshow 方法检验模型的拟合优度，其中步骤 2 代表最终模型的检验数据。从卡方统计量来看，根据表 8 数据，模型的卡方统计量为 8；根据卡方检验临界值表，自由度为 8，显著性水平为 0.05 的卡方临界值为 15.507，此时卡方统计量＜卡方临界值。从显著性水平来看：0.558＞0.05，模型的拟合度较好，不存在显著差异。

表 8　Hosmer–Lemeshow 检验表

步骤	Chi–square	df	Sig.
1	6.354	8	0.608
2	6.807	8	0.558

（3）结果分析。性别、年龄、家庭年收入、家庭成员身体状况、宅基地数量、宅基地建设现状、宅基地主要用途、城镇住房、对抵押贷款利率的在意程度、宅基地处置权认知和宅基地抵押政策认知因素的模型运行结果与研究假设一致。

其余因素均没有显著影响，与研究假设不符。地区差异没有显著影响的原因可能在于地区反映的外部条件具有复杂性。虽然顺德区的经济条件更优，影响农户意愿更倾向于追求经济利益；但是实际上五华县农村人口外出发展的情况普遍，五华县农户更广泛的社会化联系削弱了对本县经济条件的影响和农户对农村土地黏性。受教育程度没有显著影响可能是因为信息化时代下，信息获取公开且便捷，接受学校教育已不是唯一一个可以拓展农户视野、左右农户选择生产生活方式的途径，因此受教育程度对宅基地抵押贷款认知的影响不显著。家庭成员人数没有显著影响可能是因为家庭成员对家庭经济条件的作用是多向的，除了会增加家庭经济支出外，还会为家庭带来更高的经济收入，因此简单地认为家庭人口数量多会造成负担的想法有误差。农业生产收入占比因素没有显著影响的原因可能在于农业生产类型众多，简单地认为农业生产收入低且不稳定有失合理性。家庭成员购买保险的情况没有影响可能是由于当前社会保险的普及，保险的购买情况在农户间已经不会造成非常重大的差异，因此其影响也不显著。当前农村土地确权工作的开展以及农村土地获取制度愈发规范一方面致使农户普遍拥有完备的农村土地和房屋产权证书，另一方面降低了获得产权证书的时间成本，削弱了该因素对农户决策的影响。抵押贷款经历虽然能让农户更直观地认识抵押贷款行为，但是经历也会从多个方面影响农户对抵押贷款行为的评价，而不是一味起单向评价的作用。到正规金融机构的方便程度因素没有显著影响的原因可能是该因素发挥作用应具有前提条件，即农户有进行抵押贷款的动机，因此到金融机构的方便程度对普遍的农户发挥作用有限。宅基地所有权认知没有显著影响可能是因为农户对个人所有财产的态度多样且各种态度具有代表性，从而形成现实情况中的对抗、消磨任一方的显著影响作用，一方面农户会积极进行自我财富的积累，从而选择充分发挥宅基地的财产效用；另一方面在禀赋效应的影响下，与通过宅基地抵押获取利益所带来的效用增加相比，无法偿还贷款而失去宅基地给农户带来的效用减少更多，因此农户倾向保守选择。

进一步探讨各显著影响因素影响作用的原因构成。家庭年收入因素最直接反映农户的经济水平及其面临的主要压力，从而最大限度地决定农户具有何种理性，并基于该理性做出是否抵押宅基地的意愿选择，因此该因素的影响作用是最大的。而年龄因素直接造成诸如消费观、财产观和发展观等更多因素的差异，从而使农户更大可能性地做出背离或加强其理性思考得出的意愿选择，因此该因素的影响作用非常大。宅基地用途因素直接反映宅基地与农户居住压力的关系，因此对农户宅基地抵押意愿影响程度较强。城镇住房因素则直接关乎是否存在抵押替代品的问题，因此其影响程度仍是较强的。家庭成员身体状况从侧面反映了农户家庭的医疗支出情况及收入情况，其关联因素较多，因此产生的影响作用也较强。其他因素影响作用较弱则可能是因为其牵连因素单一、牵连因素较次要以及影响路径间接。

5.3.2　两县（区）情况对比分析

运用 SPSS19.0 统计分析软件，分别对顺德区 142 个样本数据和五华县 114 个样本数据进行二元 Logistic 回归分析，自变量筛选方法为向后逐步筛选法，得出各地区具有显著影响的因素，并且采用标准化回归系数来反映各显著因素的影响程度。具体模型的估计结果如表 9 所示。

表 9　两县（区）数据模型运行结果表

顺德区				五华县			
自变量	B	Sig.	Beta	自变量	B	Sig.	Beta
家庭年收入	0.812	0.000	0.561	家庭年收入	0.937	0.001	0.796
年龄	−0.630	0.001	−0.518	城镇住房	−2.823	0.002	−0.761
家庭成员身体状况	0.982	0.007	0.435	宅基地主要用途	−1.017	0.003	−0.568
宅基地建设现状	−1.193	0.004	−0.384	年龄	−0.709	0.005	−0.539
农业生产收入占比	0.366	0.059	0.238	宅基地抵押政策认知	1.594	0.015	0.388
宅基地处置权认知	0.900	0.071	0.229	农业生产收入占比	−0.656	0.111	−0.348
性别	−0.824	0.080	−0.228	性别	−1.161	0.054	−0.321
宅基地抵押政策认知	0.909	0.099	0.200	宅基地建设现状	−0.832	0.080	−0.319
—	—	—	—	对抵押贷款利率在意程度	−0.516	0.102	−0.282

注：两模型的拟合优度均达到显著性水平。

(1) **模型的估计结果。**在顺德区和五华县模型中，共同拥有的显著性影响因素是家庭年收入、年龄、宅基地建设现状、农业生产收入占比、性别和宅基地抵押政策认知。其中农业生产收入占比因素对顺德区模型具有正向影响，而对五华县模型则具有反向影响；宅基地建设现状因素对顺德区模型的影响作用更大，而宅基地抵押政策认知因素则对五华县模型的影响作用更大。两地区模型均拥有额外的且影响程度较强的显著性影响因素，顺德区模型具有家庭成员身体状况因素，而五华县模型则有城镇住房和宅基地主要用途因素。

(2) **基于两地区模型的结果分析。**对于两地区模型运行结果的差异进行分析，首先是两地区模型中农业生产收入占比因素产生相反的影响效果可能是因为两地农业发展存在差异，造成农业生产收入与家庭经济收入存在差异，顺德区发展高附加值的观赏性农业，农业生产收入较高，也较稳定，因此农业生产收入占比高在顺德区农户中往往并不指示家庭经济条件差，相反会是提高农户家庭经济收入的重要渠道；而五华县则以低附加值的普通农业生产为主，农业生产收入占比高指示家庭经济条件为弱势。

其次，一是两地区模型共同具有的显著影响因素中宅基地建设现状因素对顺德区模型的影响作用更大，原因可能在于五华县农村人口外出发展情况普遍，从根本上削弱对农村住房的黏性，因此对宅基地建设现状因素的感知较弱；顺德区农村人口留守本区发展的情况反而比较普遍，对农村住房的黏性更高，从而会进一步引发其对宅基地建设现状因素的关注。二是宅基地抵押政策认知因素对五华县模型的影响作用更大，原因可能在于五华县作为宅基地抵押贷款的试点，其农户当即就拥有试验宅基地抵押贷款的机会，现实的选择机会对增强农户意愿具有更强的促进作用。

最后，一是顺德区模型额外具有的且影响作用较大的显著影响因素是家庭成员身体状况，其原因可能在于两地的人口流动情况不同造成两地家庭成员联系的密切程度普遍有差异，顺德区农户会更敏感地感知家庭成员身体状况，从而影响自身意愿。二是五华县模型中额外具有的且影响作用较大的显著影响因素是城镇住房和宅基地主要用途，就城镇住房因素来说可能是因为五华县农户外出发展一方面会催生新的住房需求，另一方面也会面临更多的发展机遇，凡此种种都给农户带来更大的资金压力，而当他们没有城镇住房时，宅基地就作为他们为数不多的大宗财产之一，活化宅基地使用权能有效缓解他们的资金紧张问题，因此他们更倾向于参与宅基地使用权抵押。对于宅基地主要用途因素来说，可能是大量的五华县农村人口外出发展，削减了他们自身与农村宅基地的联系，当宅基地的用途越无关紧要，农户对于盘活该宅基地以获得经济效益的积极性越高。

6　结论与政策建议

6.1　研究结论

本文以农户的意愿为视角，以研究宅基地抵押融资意愿及其影响因素为目标，运用文献分析、问卷调查、电话访谈和比较分析等方法整合了宅基地使用权抵押融资的背景；对于宅基地使用权抵押融资相关的概念及理论进行了研究，奠定了研究的理论基础；总结了两地区的宅基地抵押现状；调查了顺德区和五华县两地农户的意愿数据。运用模型分析法，即建立二元 Logistic 回归模型，分析了个人特征、家庭特征、资产特征、贷款需求特征和认知特征 5 个维度中 20 个因素对农户宅基地抵押意愿的影响作用。根据上述内容得出以下结论。

（1）顺德区和五华县的问卷调查数据显示，从整体来看农户抵押意愿不高，有抵押意愿的农户仅占 38.28%；从两地数据来看五华县农户抵押意愿更高，顺德区有意愿的农户占 36.62%，五华县有意愿的农户占 40.35%。农户参与的积极性直接影响宅基地抵押制度实施的效果，在后续的制度落实过程中，政府部门应及时宣传及解读宅基地使用权抵押贷款制度，以充分调动农户积极性。

（2）通过二元 Logistic 回归分析，从整体来看性别、年龄、宅基地建设现状、宅基地主要用途、城镇住房和对抵押贷款利率在意程度等因素对农户意愿具有负向显著影响；而家庭年收入、家庭成员身体状况、宅基地数量、宅基地处置权认知和宅基地抵押政策认知则正向显著影响农户意愿。用动态发展的眼光看，随着宅基地使用权人的更替以及农户社会化程度不断增强，宅基地抵押制度具有可行性和必要性。

(3) 从各地区来看，两地区共同拥有的家庭年收入、年龄、宅基地建设现状、农业生产收入占比、性别和宅基地抵押政策认知显著性影响因素中，宅基地建设现状和宅基地抵押政策认知两个因素在影响程度上产生明显差异，在顺德区模型中宅基地建设现状的影响程度更高，在五华县模型中宅基地抵押政策认知因素的影响程度更高；并且农业生产收入占比对顺德区农户意愿起正向作用，而对五华县农户意愿则作用反之。除了共同的显著影响因素外，对顺德区农户意愿影响程度较高的还有家庭成员身体状况因素，而五华县则是城镇住房和宅基地主要用途等因素。

6.2 政策建议

6.2.1 制度层面的相关建议

(1) **重新构建宅基地抵押制度的法律路径。** 要广泛推行宅基地使用权抵押贷款，必须先调整相关法律规定。其一，在法律层面实行宅基地所有权、资格权、使用权三权分置制度，重新定义宅基地权属内涵。宅基地所有权归集体组织所有。集体组织成员基于其成员身份，在符合一定条件下享有无偿取得宅基地的资格权，一方面保留宅基地的福利保障和社会保障功能，减轻农户的后顾之忧；另一方面也要防范宅基地资格权的滥用。恢复宅基地使用权的收益权能，赋予其完整的用益物权属性；参考国有建设用地使用权的规定，对宅基地使用权的流转对象、流转方式、年限等内容进行规范。其二，在此基础上，修改《民法典》等法律法规中禁止宅基地使用权抵押的规定，承认宅基地使用权抵押具有合法性，赋予农户真正合法的自由处置宅基地使用权的权利，解决农户对宅基地抵押合法性的顾虑；并且参考现有的土地抵押制度，通过立法建立宅基地使用权抵押规范。

(2) **完善宅基地抵押的配套制度。** 搭建农村信息查询平台，收纳农村土地和房屋的基本资料、权属状况和农户征信记录等信息，为金融机构进行抵押业务调查提供便利，从而有效防范信贷风险。因此，需要推进宅基地所有权及使用权确权、登记和颁证工作；由地方政府负责收集、处理和管理农户信用信息；构建农村土地和房屋评估制度，制定统一的评估标准，引进专业的评估机构，为宅基地使用权抵押贷款提供客观、科学的价格依据。优化抵押风险防范机制，引入抵押担保模式；由政府机构牵头为农户购买保险、设立风险保障基金，为金融机构分担风险；金融机构设立农村产权抵押贷款专项服务，制定特殊的服务审批流程，编制应急方案。建立特殊的农村产权抵押贷款纠纷解决机制，设立专门的政府部门解决该类纠纷，充分发挥行政手段在解决农村土地问题上的专业性。

（3）**宣传和解读宅基地抵押制度。**系统整合关于农村产权抵押贷款主题的政策文件，并结合信息化时代的背景和农户人群的特点，更新政策文件的公布和宣传路径，提高各年龄段农户人群在该方面的认知，推动年轻农户群体能充分利用闲置土地资源，获取财产效益的目的，实现由个人的宅基地使用权抵押意愿向现实行为的转变。在政府相关部门官网上建立农村产权抵押贷款主题的服务专窗，囊括政策文件公布、政策咨询以及农户建议等功能；开展线下和线上的政策教育活动。据此，一方面消除农户对宅基地使用权抵押贷款的偏见和顾虑，减轻政策推行阻力；另一方面发挥宅基地抵押政策认知因素的正向影响，转变农户意愿状态。

6.2.2 宅基地抵押制度分区发展的相关建议

（1）**对经济发达地区农村发展宅基地抵押制度的建议。**从本文的问卷调查数据可以看出当前顺德区农户的宅基地抵押意愿水平不高，且当前顺德区农户中的主力大致普遍采取因循守旧的发展模式，其参与宅基地抵押的可能性更低；但根据顺德区的现状调查及实证分析结果，发现随着农户中主力的更替，顺德区潜在的宅基地抵押需求会得到积极的实现。通过对顺德区情况的总结，本文认为以顺德区为代表的经济发达地区暂时的制度发展重点不是直接开展试点工作，而是先进行试点准备工作。政府部门不妨先向试点地区学习、积累经验，再对区内做深入的调查，形成一套具有地区特色的宅基地抵押制度，同时可以扩大公众参与，扩大宅基地抵押制度的群众基础。在此期间，政府部门应以继续推进农村产权登记工作、搭建管理农村信息的基础设施、培育农村金融市场以及对标城市房地产市场完善农村房地产市场规则为工作重点。

（2）**对经济欠发达地区农村发展宅基地抵押制度的建议。**在实施宅基地抵押制度上，五华县具有得天独厚的条件，但问卷调查显示五华县农户的意愿水平同样不高，本文结合实证分析结果认为造成该种情况的一大原因是试点期间政府部门对宅基地抵押制度的宣传力度不足。五华县的试点期限结束后，宅基地抵押业务量骤降，由此看出五华县农户参与宅基地抵押的行为极大地依赖于政策力量的推动，其实际上并没有构建出成熟、可持续和市场化的宅基地抵押机制。通过对五华县情况的总结，本文认为：一是以五华县为代表的经济欠发达地区的农村应继续开展新一轮的宅基地抵押试点工作，且开展试点工作应注重扩大公众参与。二是基础工作不可懈怠，坚持建设宅基地抵押制度实施所依赖的基础设施。三是宅基地抵押制度建设过程中政府应把握时机，逐渐由主导人转为引导人，如在构建风险防范体系问题上，除了政府财政出资保障外，还应引导社会多方力量共同参与、共建及创新风险防范方式，可以是多方共同作为担保人、或筹资共建风险补偿基金等方式。四是经济欠发达地区整体的经济发展和城市建设均稍微落后，且农户的宅基地所处地理位置普遍不优异，其反映的经济价值有限，再折上银行基于降低抵押风险而设置的较低抵押率，最终农户抵押宅基地所获的资金可能会不尽如人意。本文认为为了充分实现农村宅基地抵押对农户资金支持的作用，金融机构可以设置多种抵押门槛不同、抵押率不同的信贷产品，以适应不同条件的抵押人；也可以参考武汉市江夏区的"农房＋"贷款模式，即允许农户将农房及其他资产共同作为抵押物以获得更大额度的农房贷。

6.3　研究不足与展望

本文仍存在一些不足之处，首先是影响因素的选择较为广泛，力求面面俱到却使得文章不够重点深入。其次是本文主要通过访谈及网络查询获知五华县的情况，没有形成直观真实的感知，对五华县的认识仍是比较粗略的。最后是问卷调查存在的问题，一是样本数据的数量仍然偏少。二是在样本数据的质量上，部分样本是线上收集的，可能会面临实际填写人非目标人群的问题，从而影响问卷的真实性；因为线上问卷主要通过个人关系网传播，因此可能会存在样本数据层级单一的问题，削减了数据的全面代表性。

在往后的研究中可以选择从一个维度选取相关因素进行更深入的研究，并且应当发散思维地探析各因素影响效果的原因，以此明晰农户宅基地抵押意愿选择的机理；另外对区域情况的调研及数据收集最好选择实地方式，以此最大限度地保障论文认识的准确性及数据端的真实性，从而为完善宅基地抵押制度提供更成熟的理论参考。

──────── 参 考 文 献 ────────

陈鸽，2017. 农村宅基地使用权抵押融资的法律问题研究［D］. 长春：东北师范大学.

段凤桂，陈泽武，2016 - 7 - 21. 农村住房也可用来抵押贷款，广东首贷已在梅州发放［EB/OL］. https://www.sohu.com/a/106826992＿436958.

郭于华，2002. "道义经济"还是"理性小农"重读农民学经典论题［J］. 读书（5）：104 - 110.

胡茂清，2018. 农民住房财产权抵押贷款的困境与破解［J］. 太原理工大学学报（社会科学版），36（4）：22 - 26，73.

黄鹏进，2008. 农民的行动逻辑：社会理性抑或经济理性——关于"小农理性"争议的回顾与评析［J］. 社会科学论坛（学术评论卷）（8）：65 - 73.

黄永新，郑友强，2010. 方法论意义上的理性农民假设［J］. 前沿（16）：80 - 83.

黄宗智，1989. 华北的小农经济与社会变迁［M］. 北京：中华书局：3，6.

惠献波，2016a. 农村宅基地使用权抵押贷款：农户借贷意愿及影响因素［J］. 南方金融（11）：86 - 93.

惠献波，2016b. 宅基地使用权抵押融资模式、风险及防范策略分析 [J]. 农村金融研究
　　（2）：73 - 76.

惠献波，2019c. 农村宅基地使用权抵押融资响应意愿及影响因素研究——基于多元、有序
　　Logistic 模型的实证检验 [J]. 河北农业大学学报（社会科学版），21（2）：31 - 36.

江锋，2017. 推进农房抵押贷款试点业务的实践与思考——基于五华全国改革试点县的经
　　验 [J]. 嘉应学院学报，35（7）：48 - 51.

李成强，2016. 关于农民住房财产权抵押风险防范的实践与思考 [J]. 金融纵横（5）：
　　27 - 32.

李红涛，付少平，2008. "理性小农" 抑或 "道义经济"：观点评述与新的解释 [J]. 社科
　　纵横，23（5）：39 - 41.

李戈，2019. 宅基地使用权抵押法律制度研究 [J]. 经济问题（1）：92 - 98.

刘鑫，董继刚，2018a. 农村宅基地使用权抵押贷款文献综述 [J]. 黑龙江金融（10）：
　　51 - 54.

刘鑫，董继刚，2019b. 农户参与宅基地使用权抵押贷款意愿的影响因素分析——基于肥城
　　市 447 个样本数据 [J]. 世界农业（5）：20 - 24，52，112.

陆梦梦，万思雨，徐景欣，2017. 农民住房财产权抵押问题研究——基于宁波市江北区的
　　调查 [J]. 中国国土资源经济，30（9）：53 - 57，7.

罗湖平，朱雅妮，2018. 浏阳市农房抵押贷款的农户意愿实证分析 [J]. 商学研究，25
　　（2）：72 - 78.

孟莉，2020. 农民住房财产权抵押贷款中抵押物处置机制构建 [J]. 长白学刊（3）：90 - 95.

曲鲁平，2019. 农户异质性对宅基地抵押贷款意愿的影响研究 [D]. 曲阜：曲阜师范大学.

王庆明，2015. 西方经典小农理论范式的反思与重构——立足于转型中国的思考 [J]. 社会
　　学评论，3（2）：56 - 64.

王童，蒋尧，王玉峰，2019. 金融素养能提高农民住房财产权抵押贷款需求吗？——基于
　　政策激励视角的实证研究 [J]. 金融发展研究（12）：40 - 46.

徐克，2019. 农房抵押贷款风险评价与管理策略研究 [D]. 杭州：浙江工业大学.

杨铁良，2016. 农户宅基地使用权抵押融资意愿影响因素研究 [J]. 世界农业（12）：
　　216 - 223.

于泽卉，2020. 宅基地使用权抵押融资模式、困境及破解 [J]. 黑龙江省政法管理干部学院
　　学报（4）：66 - 70.

袁晓燕，2017. 性别差异的表现、原因及减缓路径：基于文献的评论 [J]. 教学与研究
　　（7）：81 - 90.

赵冰，2020. 农户住宅产权抵押的认知、意愿及影响因素研究——以甘肃省白银市王岘镇
　　为例 [J]. 西部大开发（土地开发工程研究），5（1）：11 - 17.

张琴，高小玉，2020. 农村宅基地抵押融资信用风险防范研究：基于横向监督的视角 [J].
　　农业经济问题（4）：66 - 71.

张轩，杨浩，2013. 论小农与小农经济的多面性——关于 "理性小农" 和 "道义小农" 理
　　论的现实考察 [J]. 四川文理学院学报，23（4）：132 - 135.

钟三宇，2014. 困境与革新：宅基地使用权抵押融资的法律思考——以宅基地使用权的物权属性为视角 [J]. 西南民族大学学报（人文社会科学版），35（11）：82-86.

周月书，葛云杰，罗曼徐，2020. 农民住房财产权抵押贷款行为响应及约束条件研究——基于江苏省宿迁市泗洪县的试点 [J]. 农村经济（5）：91-98.

邹伟，徐博，王子坤，2017. 农户分化对宅基地使用权抵押融资意愿的影响——基于江苏省1532个样本数据 [J]. 农村经济（8）：33-39.

广东省国土空间生态保护修复分区研究

潘森源　孙传谆

1　绪论

1.1　研究背景和问题的提出

在 2017 年，我国提出"山水林田湖草"的生态理念，强调必须尊重自然、顺应自然和保护自然，将生态文明建设摆在越来越重要的位置。同时，我国基于"绿水金山就是金山银山""人与自然和谐共生"等生态文明思想，在生态文明建设上取得越来越多重大成就。然而，国土空间尺度上的生态安全仍然面临着较大威胁，生态退化如水土流失等情况较为严重，严重制约和影响着我国经济社会的可持续发展。而且生态环境的保护、修复和治理的相关工作大部分仍然局限于单一目标或特定环境保护修复（曹宇等，2019），或者陷入"多要素简单加和"的困境。鉴于现实问题的迫切性和重要性，亟须以系统性、综合性的国土空间为尺度，基于山水林田湖草-人生命共同体理念进行系统性探讨，实现预期的生态建设目标。因此，以小流域为基本单元进行国土空间生态保护修复分区，识别出重点保护修复区域，并提出对应方案，对于践行生态文明理念、保护优质生态资源和修复退化生态环境具有重要战略意义。

1.2　选题意义

1.2.1　理论意义

生态保护修复分区的划定是"一区一策"进行保护修复的前提。本研究从生态区划的角度出发，通过构建包含结构、质量、服务、景观格局和人类胁迫的指标体系，达成了对广东省国土空间生态更为系统、完整的认知。同时，在生态系统静态分析的基础上，本研究通过分析一级指标的退化情况，从动态变化角度综合评估广东省国土空间生态退化特征。

在生态保护修复分区的基础上，本研究识别出各分区主体中具有主导性的生态系统问题，根据主导优势因素或主导退化因素有针对性地提出生态保护修复方案（宋伟等，2019），这对于促进我国生态保护修复的理念更新和方法创新具有重要意义，也为推进生态文明建设提供理论支撑。

1.2.2　现实意义

广东省在经济快速发展的同时也面临着资源、环境等方面的问题，人地矛盾也较为突出，探索生态系统保护修复分区方案能够科学全面地掌握区域人地矛盾，凸显区域的生态本底特征和动态变化规律，是破解广东省生态环境这一短板的现实需求。开展广东省生态区划和建立保护与修复指数二级分区，能够为广东省生态环境问题治理、修复以及生态保护提供决策依据，服务于广东省生态环境综合整治行动，最终达到社会经济环境的可持续发展。

1.3　研究动态述评

1.3.1　国外研究进展

国外在生态分区的研究上起步较早，经历了从理论基础研究到实践应用两大过程，其中实践应用从以保护目的为主到重视修复的生态区划的发展历程，具体包括以下三个方面：一、生态分区理论基础研究。在 20 世纪前半叶，生态区划相关概念仍然较为模糊，处于萌芽阶段。1962 年 Orie Loucks 最早提出"生态区"的概念。到 20 世纪 70 年代，生态区划才算真正意义上得到发展。有学者于 1975 年绘制出具备当代生态区划研究体系的全球生物地理省方案，为后来生态区划的发展奠定了重要基础（Udvardy，1975）。1976 年，有学者首次提出生态区划的概念和美国生态区域等级系统，并划分地域、区、省和地段 4 个等级，编制出美国生态区域图（Bailey，1976）。二、基于生态保护目的的生态分区研究。20 世纪 80 年代以后，大量生态保护分区的成果涌现，如有学者划分出的全球优先保护区以及生态区划方案等，这些区划方案大多是基于生物多样性保护目标的生物地理区划。三、基于生态修复目的的生态分区研究。进入 21 世纪，在城市化进程加快、全球气候变化等大背景下，国外学者对生物多样性保护高度关注，生态修复也成为热点问题。针对人类活动对生态系统的干扰增强，有学者划定了全球人为生物群区（Ellis，2008）；有学者通过选定植被密度、地形异质性和碳储量等变量，构建了全球生态系统功能指数，对于全球范围内的生态学研究和生态保护具有重要意义，并有助于确定哪些变量将有利于促进全球可持续性的生态系统（Lisa et al.，2012）；有学者基于土壤肥力和道路等因素确定了全美大陆 1 102 720 个候选生态恢复地区，为实现恢复水质、湿地和森林等目标提供空间数据库支持（Wickham et al.，2017）。

1.3.2　国内研究进展

我国在生态分区研究上经历了从自然地理区划、特征区划、功能区划到服务区划的发展过程，研究尺度也由单主体、小区域向多主体综合、整体区域转变。我国现代自然区划开始于 1931 年的"中国气候区域论"，20 世纪 40 年代初期，有学者首次对我国植被进行区划。20 世纪 40 年代到 80 年代初，这段时间的研究仍然是以自然地理特征为主进行划分的自然区划。20 世纪 80 年代初到 90 年代末，随着社会经济的发展，在自然区划的基础上逐渐发展出自然生态综合区划，突出为农业发展服务（傅伯杰等，1999）。进入 21 世纪，逐渐增强的人类活动给生态系统带来越来越多干扰，了解宏观环境状况并制定环境保护政策以改善生态环境成为亟待解决的问题。这也是国内学者研究的热点，如有学者将生态要素与人类活动的胁迫相结合，将我国划分为 3 个生态大区、13 个生态地区和 57 个生态区（傅伯杰等，2001）。新时代生态文明建设任务紧迫，对于生态系统的保护与修复也成为全社会关注的热点问题（吴钢等，2019），生态分区研究由服务经济社会发展为主向实现保护修复目标为主转变。

目前，我国学者对生态保护与修复的研究主要集中在理论体系研究、分区研究、技术工程实施三个方面。一、基于生态保护修复的现状问题，研究论述保护与修复的思路以及体系、标准构建，如有学者明辨界定了国土空间生态修复的概念与内涵，提出"整体保护、系统修复、综合治理"的总要求（曹宇等，2019）；有学者基于生态共同体理念，提出了山水林田湖草生态保护修复的理论和技术体系（吴钢等，2019）。二、基于山水林田湖草生命共同体理念，以某个区域为研究对象，识别国土空间生态保护修复优先区，如有学者以小流域为分区的基本单元，通过构建指标体系识别陕西省生态系统问题，并划分了山水林田湖草生态保护修复综合分区（宋伟等，2019）；有学者以四川省华蓥山区为研究对象，划定生态保护与修复优先区（苏冲等，2019）。三、基于分区结果，研究实施生态保护修复的技术与工程措施，如有学者以粤北南岭山区矿区为研究对象，研究修复效益预评估方法，并建立了包括净化环境等 4 个方面在内的生态效益评估模型（罗明等，2019）；有学者通过构建社会-生态系统概念框架，对已实施的生态修复工程进行动态评估，以实现修复工程持续有效（叶艳妹等，2019）。

1.3.3　研究评述

综合现有研究成果可以得知，国外在生态区划以及生态保护修复的研究上起步较早，1950—1999 年处于平稳发展阶段，2000—2018 年这 20 年则处于快速发展阶段，发展至今已有较为成熟的理论基础和技术支持。相比于生态修复，国外在生态保护方面的研究更多，研究对象多集中在森林、海洋、河流、湿地和山体，并越来越重视人类活动对生态系统的扰动（付战勇等，2019）。国内在生态区划以及生态保护修复的研究上虽然起步较晚，但相关研究仍然取得了较为不错的丰硕成果。在生态区划方面，由开始的特征、地理区划逐步发展为目前的生态功能、服务区划，由聚焦于单一要素、单一自然过程向多要素综合、系统性国土空间转变；在生态保护修复方面，国内在生态修复方面的研究要多于生态保护，且生态修复多基于土地整治的现实需求而开展。

综上所述，国内在生态分区指标构建上仍较为欠缺，未能从生态结构、质量、格局、服务、胁迫等方面全面反映区域生态现状特征，且大多数研究没有从生态系统动态变化角度进行区域划分。另外，现有研究出现生态保护与生态修复割裂的情况，缺乏保修结合、以修促保的整体性思维。因此，本文以广东省为例，基于山水林田湖草的生态文明理念，从生态系统结构、质量、格局、服务与胁迫等方面构建生态现状和变化指标以及生态保护和修复指数，对广东省国土空间生态进行保护与修复综合分区，以识别出保护与修复重点区域，为国土空间尺度上的生态保护修复分区研究进行补充，也为政府保护生态环境、治理生态问题提供参考。

1.4　研究内容、思路、框架、方法

1.4.1　研究内容

（1）生态分区指标体系构建。基于评价广东省国土空间生态现状的结构、质量、服务、景观格局和人类胁迫这五大指标，构建生态保护一级分区的指标体系。在一级指标体系的基础上，通过研究五大指标的变化情况，构建包含结构变化、质量变化、服务变化、景观格局变化和人类胁迫变化的生态修复二级指标体系。

（2）生态保护与修复分区划分。基于一级指标体系，采用加权函数法构建生态保护指数，综合评估广东省的生态本底特征，并利用空间聚类揭示生态现状的空间异质性，形成生态保护一级分区。在一级分区的空间约束条件下，基于二级指标体系，采用加权函数法构建生态修复指数，综合评估广东省的生态退化特征，并利用空间聚类揭示生态退化的空间异质性，形成生态保护二级分区。

（3）生态分区保护修复重点识别。基于生态保护一级分区和生态修复二级分区，通过识别各分区内的主导优势因素和退化因素，提出广东省未来的生态保护修复重点。

1.4.2　研究思路与框架

本文基于生态区划理论、系统工程理论、景观生态学理论、生态服务理论和恢复生态学理论，从生态系统结构、质量、服务、景观格局以及人类胁迫角度构建两级指标体系。同时结合广东省生态系统现状和动态变化特征构建生态保护指数和生态修复指数，在子流域基本单元划分结果的基础上，通过空间聚类和分组分析的方式进行生态保护与修复分区，从而实现对广东省国土空间生态的综合保护与修复。本文划分出的生态保护一级分区重点关注生态系统现状本底特征，生态修复二级分区重点关注生态系统退化程度，即由指标变化所反映的近10年来的生态系统退化特征，并且二级区受一级区的边界约束，在一级区内部进行划分，从而实现保护与修复的紧密结合。最后，基于一级和二级分区方案，针对各分区的主导优势因素和退化因素，提出针对各类型区的保护与修复措施，实现"一区一策"的分区目标，为广东省国土空间的生态保护与修复提供参考（图1）。

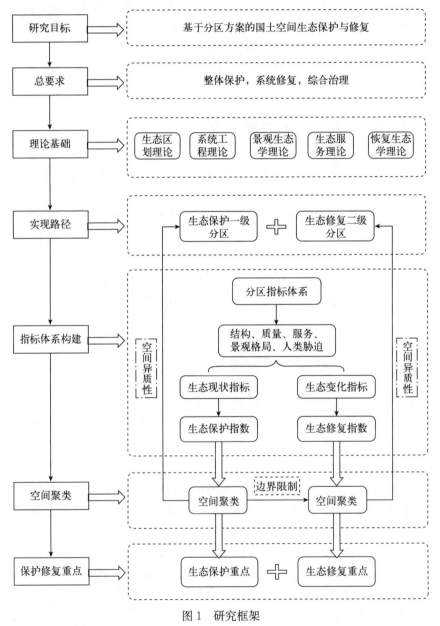

图1　研究框架

1.4.3 研究方法

（1）数据收集及预处理方法。本文所采用的基础数据包括土地利用/覆被栅格数据、植被净初级生产力栅格数据、DEM 数据、生态系统服务栅格数据（水土保持服务和产水量）以及夜间灯光数据，在这些数据的基础上进行裁剪、重分类等预处理操作后提取广东省研究数据，并采用最大最小值法对指标进行归一化处理，最终数据会被收敛到 [0，1]。

正向指标：$X_{ij}^{sco} = \dfrac{X_{ij} - X_j^{min}}{X_j^{max} - X_j^{min}}$

负向指标：$X_{ij}^{sco} = \dfrac{X_j^{max} - X_{ij}}{X_j^{max} - X_j^{min}}$

（2）熵权法。熵权法是一种客观赋权法，结果由数据的离散性决定。指标信息熵越小，表示所提供的信息量越大，在综合评价中所起作用也越大，权重也越高（杨力等，2013）。熵权法的步骤如下：

① 计算第 j 项指标下第 i 个样本值占该指标的比重：

$$p_{ij} = \frac{x_{ij}}{\sum_{i=1}^{n} x_{ij}}$$

式中：$i=1，\cdots\cdots，n$；$j=1，\cdots\cdots，m$。

② 计算第 j 项指标的熵值：

$$e_j = -k \sum_{i=1}^{n} p_{ij} \ln(p_{ij})$$

式中：$k=1/\ln(n)>0$，满足 $e_j \geqslant 0$；$j=1，\cdots\cdots，m$。

③ 计算第 j 项指标的熵权 w_j：

$$w_j = \frac{1-e_j}{m - \sum_{j=1}^{m} e_j}$$

式中：$j=1，\cdots\cdots，m$。

（3）Conefor 景观软件计算方法。Conefor 是空间生态学分析的工具，可以用来评估生境和景观变化对连通性的影响。Conefor 包括了基于栖息地的新连通性指标，该指标将斑块本身视为连接发生的空间，将斑块内存在的连接栖息地区域与不同栖息地斑块之间的连接可用区域整合到单一测量中（Santiago et al.，2008）。本文采用 Conefor 2.6 版本软件基于广东省 2010—2020 年的土地利用/覆被数据测算区域的连接度指数，以此来评价区域的自然景观连通度指标。

（4）InVEST 模型计算方法。InVEST 模型在 GIS 的基础上，通过模拟土地覆盖给生态系统服务功能带来的影响，能够检测出生态系统服务功能供给的潜在变化。本文使用 InVEST 3.3 模型版本并根据实际情况需要，选取"土壤保持"和"产水量"2 个子模型来分析区域的生态服务功能。

① 产水量通过以下模型进行计算，产水量越多，表示区域的水资源供给服务就越多。

$$y_{xj} = (1 - \frac{AET_{xj}}{p_{xj}}) \times p_{xj}$$

式中，y_{xj} 为第 j 土地利用/覆被类型栅格单元 x 的年产水量；AET_{xj} 为第 j 土地利用/覆被类型栅格单元 x 的每年实际水分蒸散量；p_{xj} 为第 j 类土地利用/覆被类型栅格单元 x 的年降水量。

② 土壤保持通过以下模型进行计算，土壤侵蚀量越小，表示土壤保持功能越好。

$$USLE_X = R_x \times K_x \times LS_x \times C_x \times P_x$$

式中，$USLE_x$ 表示栅格 x 的土壤侵蚀量，R_x 为降雨侵蚀力因子，K_x 为土壤可蚀性因子，LS_x 为坡度、坡长因子，C_x 为植被覆盖因子，P_x 为管理因子。

(5) 空间聚类分组分析方法。分组分析利用研究对象的属性因素和空间特征进行综合聚类分析，能够使分组结果的组内要素具有最大的相似性，实现分组结果空间上相连，对于科学制定和实施规划政策利用具有重要作用（湛东升等，2017）。本文利用 ArcGIS 空间聚类分析工具，基于保护指数和修复指数进行空间聚类分组分析，识别具有统计学上的显著性空间分异，在空间聚类分析结果的基础上划分生态保护一级分区和生态修复二级分区。

1.5 理论基础

1.5.1 生态区划理论

生态区划是对生态区域和生态单元的划分或合并研究（傅伯杰等，1999），注重从系统性角度来研究区域生态系统的规律，通过划分生态基本单元来评价区域生态特征（孙然好等，2018）。生态区划理论从最初的自然地理区划发展到现在的生态功能与服务区划，已不仅仅是对区域自然要素的分析，还结合人类活动对自然的干扰以及生态系统的功能来制定生态环境综合区划方案。

1.5.2 系统工程理论

在系统工程理论中，系统是指要素与要素之间关系的总和，具有整体性、有序性、关联性、等级性等特点，其中整体性是其核心属性（彭建等，2019），系统内各要素之间、系统与外部环境之间都是相互联系和作用的，不能脱离其中一方去看待问题。山水林田湖草生命共同体由各个要素有机关联，基于系统工程理论对山水林田湖草的保护修复不能局限于某一方面，而应该进行整体保护、系统修复和综合治理（白中科等，2019）。

1.5.3 景观生态学理论

景观生态学研究的是空间格局与生态学过程相互作用的关系，其等级理论、格局-过程-服务等理论均可为国土空间生态修复提供重要的理论支撑。其中格局-过程-服务理论揭示了生态系统服务功能的发挥与人类福祉之间的密切联系（曹宇等，2019）。另外，山水林田湖草要素之间在景观尺度上是高度关联的，因此，从景观格局角度来评价区域生态环境，对于实现受损生态系统在人为干预下实现系统的自我演替与更新的生态保护修复目标具有重要意义。

1.5.4 生态服务理论

生态系统服务是指人们在自然生态系统中所获取的各种惠益。它直接联系着自然生态系统功能和人类利益，包括供给、支持、调节和文化4种服务类型（王军等，2019）。生态系统本身的功能直接决定生态系统服务的水平和能力（冯伟林等，2013），针对国土空间生态的保护与修复能够借助改善生态系统的结构、质量、景观格局以及减少人类胁迫，从而影响生态系统的功能，改变和调节生态系统提供的服务，最终影响人类福祉和人类社会的可持续发展。

1.5.5 恢复生态学理论

恢复生态学是研究生态系统恢复的一门综合学科，是国土空间生态修复的重要理论基础之一。其演替理论揭示了人为手段调控生态系统恢复的作用，干扰理论则揭示了人类胁迫会对生态系统的结构和功能带来影响。恢复生态学理论为国土空间生态保护与修复提供基本理论和原理，促使生态的"自恢复"与人为的积极干扰共同发挥作用。

1.6 研究特色与创新

1.6.1 研究特色

本文从生态系统整体性角度出发，结合人类活动对生态系统干扰的特征，利用专家集成和定量分析相结合的方法进行综合生态区划，划分生态基本单元，实现了特征区划与功能区划的统一。本文按照"分区（现状-变化)-问题-治理"的思路展开，逻辑较为清晰易懂，能够为地区社会治理提供"一区一策"方案，为相关部门制定政策提供较为科学合理的参考资料。

1.6.2 研究创新

本文的创新点主要体现在三个方面，第一个是从系统性的角度构建更加综合性的分区指标体系；第二个是从动态变化的角度评估生态系统的退化特征；第三个是指标之间的联系更加密切。现有国土空间生态保护修复分区相关研究还未能全面反映区域生态系统本底特征及其空间异质性，且相关研究往往偏重区域生态系统静态本底特征。本文以广东省为例，结合生态评价方面的指标构建生态现状指标体系和生态退化指标体系，并综合各项指标数据构建生态保护与修复指数，基于指数的空间分异来划分生态区，通过时空变化反映区域的生态问题。同时，二级指标体系是在一级指标体系的框架下进一步构建的，二级分区是在一级分区的空间约束下划分的，加强了指标之间和分区之间的关联性，有助于提高保护和修复措施的联动效应。

2 研究区概况与数据来源

2.1 研究区概况

广东省地处中国大陆最南部，位于 20°09′—25°31′N、109°45′—117°20′E，属低纬度热带亚热带区域。研究区包括广州、深圳、佛山、东莞、汕头等 21 个地级市。广东省地形起伏较大，地貌类型复杂多样，有山地、丘陵、台地和平原，地势总体北高南低，北部多为山地和高丘陵。河流众多，以珠江流域及独流入海的韩江流域和粤东沿海、粤西沿海诸河为主，集水面积占全省面积的99.8%。广东省属于东亚季风区，从北向南跨越中亚热带、南亚热带、热带 3 个温度带，年平均气温 19～23 ℃，年降水量达 1 300～2 500 毫米，光照及水热资源丰富，植物种类繁多，植被覆盖度高。同时，自改革开放以来，广东省经济取得了迅猛发展，城市化水平和人口规模也急剧提高。因此山水林田湖草生态功能的变化不仅受到复杂多变的气候条件影响，城镇化和工业化的进程也对其产生了一定的作用。

2.2 数据来源

本文所采用的基础数据包括 DEM 数据、土地利用/覆被栅格数据、植被净初级生产力栅格数据、生态系统服务栅格数据（水土保持服务和产水量）、人口密度栅格数据。数据来源如下。

2.2.1 自然

DEM 数据、土地利用/覆被栅格数据均来源于中国科学院资源环境数据中心，空间分辨率为 1 千米，其中土地利用/覆被栅格数据年份为 2010 年和2020 年；植被净初级生产力数据来源于 NASA's Earth Observing System Data and Information System（EOSDIS）（https://lpdaac.usgs.gov/products/mod17a3 hv006），空间分辨率为 1 千米，数据年份为 2010—2019 年；水土保持服务、产水量服务空间分布数据来源于 Xu 等的研究成果（Xu JY et al.，2020），空间分辨率为 1 千米，数据年份为 2005 年和 2015 年。

2.2.2 社会

人口密度栅格数据来源于 WorldPop 人口空间数据与研究开放平台（https://

www.worldpop.org/），空间分辨率为 1 千米，数据年份为 2010 年和 2020 年。

3 国土空间生态保护与修复分区方案

3.1 分区原则

3.1.1 生态区域的分异原则

生态区域的分异原则是生态保护与修复分区的理论基础，也是最基本的原则。本文所说区域的分异是指以小流域划分的最小区域单元之间在生态现状和退化指标值上存在明显的空间异质性。

3.1.2 生态系统的等级性原则

等级性原则是生态区域逐级划分的理论依据。区域内部由于各评价基本单元在指标上存在差异，可以根据从大到小、从优到劣等顺序划分为不同等级的小区域，并以此类推，从而划分具备等级性的生态区域。

3.1.3 区域内生态结构的相似性和区际的差异性原则

结构相似性和差异性原则是划分生态区域的重要原则。一个区域内部总体生态环境趋于一致，但是由于地形、土壤、水文等要素的差异，导致区域内各生态系统的结构也存在着一定的相似性和差异性（刘国华等，1998）。

3.1.4 人类与生态环境不可分割原则

生态环境与人类存在息息相关，生态环境的好坏决定了人类社会能否实现可持续发展，而人类活动反过来又会影响生态环境的结构、质量、格局、服务等，因此人类与生态环境不可分割。本文在评价区域生态现状和退化情况中考虑人类胁迫对于生态环境的静态和动态影响，从而更好地对区域进行保护与修复分区。

3.1.5 主导因素原则

区域生态环境的现状和变化规律受到多种不同因素的影响和制约，需要综合多项指标因素进行分析。而主导因素对于区域间的分异具有决定性的作用，因此需要在综合分析的基础上抓住影响区域分异的主导因素进行生态保护与修复分区。

3.2 分区方案

本文采用二级分区方法，分别为生态保护一级分区和生态修复二级分区。生态保护一级分区根据评价区域现状的结构、质量、服务、景观格局和人类胁迫这五类静态指标进行构建。生态修复二级分区主要考虑生态系统退化及人类胁迫因子的变化特征，指标包括结构退化、质量退化、服务退化、景观格局退化和人类胁迫变化。由于生态系统能够在流域尺度形成相互联系、相对完整的单元，因此本文选择全国三级流域作为生态保护修复分区的基本单元，在小流域的基础上划分一级分区，在一级分区内部划分二级分区。

3.3 分区方法

本文在 1 千米精度的 DEM 数据基础上，利用 ArcGIS 软件水文分析工具，通过填洼处理、流向流量分析、分水岭分析等步骤提取研究区域的河网水系并进行子流域划分，在确定阈值时采用反复试验法和幂函数与直线相切的方法。而后以各流域为基本单元，采用专家评分法计算自然生态系统宏观结构指标、采用 Conefor 景观分析软件计算自然景观连通度指标、采用 InVEST 模型中栖息地质量模块计算生境质量指标、采用 InVEST 模型土壤保持模块和产水量模块计算土壤保持和产水量指标，随后对指标数据进行归一化处理。在此基础上使用 ArcGIS 栅格计算器计算保护指数和修复指数，并使用 ArcGIS 的分组分类工具对生态现状和生态退化综合评估结果进行空间聚类分析。由于二级分区受到一级分区的空间约束，因此二级分区在一级分区内部进行划分，组数确定以空间聚类通过 F 检验为基础，获取较优组数。

3.4 分区指标体系构建

3.4.1 生态保护一级分区指标

一级指标的构建要考虑能够全面评价研究区域的生态现状本底特征，从生态结构、质量、服务、景观格局以及人类胁迫角度构建指标体系能完整、系统地反映生态现状。首先，生态结构、质量和服务指标契合提升区域生态宏观结构、质量和生态系统服务的目标，且具有较强的空间针对性（邵全琴等，2010）。其次，生态保护与修复注重系统性和全域性，而保护、修复对象在景观尺度上是具有高度关联性的，能够在景观尺度上形成较大规模的生态系统。另外，人类活动对当地生态系统会产生巨大的影响和制约，包括资源胁迫和环境胁迫两方面（苗鸿等，2001），而且生态保护与修复的主体也是人类，作为保护、修复工作中的影响因素和参与者，人类胁迫的重要性不言而喻。因此，本文从生态结构、质量、服务、景观格局和人类胁迫这五方面构建生态保护一级分区指标体系（表1），并在一级指标基础上选取对应的二级指标，具体如下。

(1) 生态结构。 本文在借鉴邵全琴等定义的土地覆被类型生态级别和孙传谆等构建的生态系统类型的生态级别基础上，选取了自然生态系统宏观结构作为评价区域生态系统结构的二级指标，通过专家评分法赋予不同自然生态系统以不同的等级与分值，分为 1～4 级，1 级对应 100 分，2 级对应 80 分，3 级对应 60 分，4 级对应 40 分。

(2) 生态质量。 生态系统的质量由临近的人类土地利用及其强度共同决定，质量会随着土地利用强度的增加而降低（吴健生等，2013）。因此，本文选取生境质量作为二级指标并利用 InVEST 模型中栖息地质量模块来评估研究区域的生态质量。

（3）生态服务。生态系统服务类型包括供给服务（食物和原材料生产、水资源供给）、支持服务（生物多样性、土壤保持、维持养分循环）、调节服务（气体、气候和水文调节、净化环境）、文化服务（美学景观服务）四大类（谢高地等，2015），本文在考虑研究区域自然和社会经济发展的基础上，从以上服务类型中选取典型服务类型，包括水资源供给、净化环境和土壤保持三大服务，并确定生态服务二级指标。其中，水资源供给服务对应产水量指标，净化环境对应净化环境指标，土壤保持服务对应土壤保持指标。

（4）景观格局。景观格局是指多种不同景观要素所占比重的差异性和在空间上的排列规律，而自然景观连通度能够表征自然用地的连通程度，从而体现区域在景观尺度上的整体性和连通性程度。因此，本文选取自然景观连通度作为评价区域景观格局的二级指标。

（5）人类胁迫。人口密度决定了一个地区建设活动的强度和经济社会发展的情况，一定程度上反映了人类活动对于生态环境的影响和胁迫程度，且该指标具有综合性。因此本文选取人口密度作为评价区域人类胁迫的二级指标。

表 1　一级分区指标体系

类型	指标名称	指标方向	权重	指标计算方法
生态结构	自然生态系统宏观结构	＋	0.045	采用生态系统结构级别计算得分
生态质量	生境质量	＋	0.021	采用 InVEST 模型中栖息地质量模块的计算
生态服务	净化环境	＋	0.019	用植被净初级生产力的结果表征
	土壤保持	＋	0.214	采用 InVEST 模型土壤保持模块计算
	产水量	＋	0.019	采用 InVEST 模型产水量模块计算
景观格局	自然景观连通度	＋	0.111	采用 Conefor 景观分析软件计算
人类胁迫	人口密度	－	0.569	—

注：＋表示指标正效应，－表示指标负效应。

3.4.2　生态修复二级分区指标

由于二级分区是在一级分区的边界限制前提下在其内部进行划分的，且二级分区研究的是从生态变化角度反映的区域生态问题。因此，在生态保护一级分区指标体系的基础上，构建包含生态结构变化、生态质量变化、生态服务变化、景观格局变化和人类胁迫变化这五大一级指标在内的生态修复二级分区指标体系，二级指标则包括自然生态系统宏观结构变化、生境质量变化、净化环境变化、土壤保持变化、产水量变化、自然景观连通度变化和人口密度变化（表 2）。

表 2 二级分区指标体系

类型	指标名称	权重	指标计算方法
生态结构变化	自然生态系统宏观结构变化	0.182	采用生态系统结构级别计算得分
生态质量变化	生境质量变化	0.043	采用 InVEST 模型中栖息地质量模块的计算
生态服务变化	净化环境变化	0.180	植被净初级生产力多年变化斜率
	土壤保持变化	0.151	采用 InVEST 模型土壤保持模块计算
	产水量变化	0.271	采用 InVEST 模型产水量模块计算
景观格局变化	自然景观连通度变化	0.124	采用 Conefor 景观分析软件计算
人类胁迫变化	人口密度变化	0.049	—

由于本文二级分区是从退化反映出问题的角度进行修复分区，因此仅考虑基本单元内部生态退化部分的特征，暂不考虑生态系统提升和不变部分。指标数据采用栅格计算器计算 2020 年与 2010 年的差值，并提取其中负值区域来表征生态退化情况，其中植被净初级生产力指标采用多年变化斜率的负值区域。指标的变化时间段为近 10 年，但是少数指标因数据获取问题，年份选择会有一些偏差。

3.5 分区单元划分

本文在广东省 1 千米分辨率的 DEM 数据基础上，利用 ArcGIS 软件的水文分析模块，按照填洼处理、流向分析、流量分析、河网提取、河流链接、分水岭分析，即子流域分割等步骤，确定集水区的位置，并与实际河流水系进行对比，最终对细碎零散的海岛和较小面积的流域进行合并整理，获取到 259 个小流域，以其作为广东省国土空间生态保护与修复分区的基本单元。

3.5.1 确定汇流累积量阈值

河网的提取是子流域划分的前提条件，而阈值确定是河网提取的基础。在区域汇流累积量数据的基础上，通过设置合理的阈值，提取出能够产生地表径流的网格，从而实现区域河网的提取。河网提取与阈值设置有关，阈值越大，提取出的河网密度越小，流域数量越少。本文选取 100～1 500 阈值的汇流累积量栅格数据，计算所对应的河网长度与流域数量，并作出集流阈值与流域数量的关系，如表3、图2所示。

表3 不同阈值的流域数量计算结果

集流阈值	河网长度（千米）	河网密度（千米/千米²）	小流域数量（个）
100	12 045.850 520	0.067 182 658	1 100
200	8 103.505 932	0.045 195 237	507
300	6 502.968 715	0.036 268 649	317
400	5 542.339 206	0.030 910 983	229
500	4 975.814 78	0.027 751 337	185
600	4 548.319 096	0.025 367 089	168
700	4 170.043 904	0.023 257 356	147
800	3 803.421 324	0.021 212 612	124
900	3 557.346 479	0.019 840 192	103
1000	3 353.518 901	0.018 703 396	100
1100	3 153.910 902	0.017 590 133	89
1200	3 021.634 132	0.016 852 393	84
1300	2 906.058 318	0.016 207 799	80
1400	2 738.273 712	0.015 272 023	70
1500	2 590.813 379	0.014 449 601	61

从图2可以看出，在阈值为300之前，集流阈值变化率 Δx 小于流域数量变化率 Δy，而在阈值300之后，集流阈值变化率 Δx 大于流域数量变化率 Δy。因此阈值300为流域数量随集流阈值变化关系中的稳定点即拐点，最终选择阈值300进行河网的提取操作。

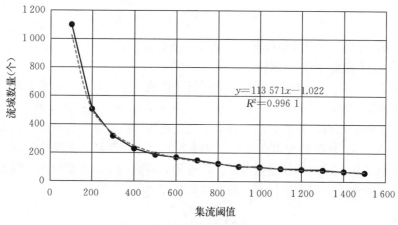

图2 集流阈值与流域数量关系

3.5.2 分区单元划分结果

根据河网提取结果，采用分水岭工具将广东省分为 317 个汇流区域。在此基础上，结合实际水系分布特点，将面积较小的汇流区域与邻近的大面积区域合并在一起，最终将广东省划分出 259 个子流域单元。

3.6 生态保护与修复指数

本文采用线性加权函数法构建评价区域生态现状的生态保护指数和评价区域生态退化情况的生态修复指数，保护指数反映的是静态本底特征，而修复指数反映的是动态退化特征。

3.6.1 生态保护指数（EPI）

本文参考宋伟等构建的生态修复指数，构建本研究生态保护指数（宋伟等，2019）。具体步骤如下。

第一，采用归一化的无量纲方式对基础数据进行处理，确保各指标数值在[0，1]，公式如下。

$$正向指标：X_{ij}^{sco} = \frac{X_{ij} - X_j^{min}}{X_j^{max} - X_j^{min}}$$

$$负向指标：X_{ij}^{sco} = \frac{X_j^{max} - X_{ij}}{X_j^{max} - X_j^{min}}$$

第二，导出归一化后的各指标基础数据，利用 SPSSPRO 软件采用熵权法确定各指标的权重。

第三，根据归一化的基础数据及其对应的权重构建线性加权的生态保护指数，指数通过 ArcGIS 软件的栅格计算器工具输入公式进行计算。该指数反映了区域生态本底质量综合状况。生态保护指数越大，代表区域生态质量越好，越是生态安全重点保护区域。指数计算公式如下。

$$EPI = \sum_{j=1}^{m} w_j x_i$$

式中，w_j 为第 j 项指标的权重，x_i 为第 i 项指标的值。

3.6.2 生态修复指数（ERI）

对 2010 年与 2020 年指标数据进行归一化处理后进行叠加分析，通过栅格计算器计算 2020 年与 2010 年代差值并选取负值区域，得出从 2010—2020 年区域生态系统的退化特征。基于各指标退化值构建线性加权生态修复指数，指数通过 ArcGIS 软件的栅格计算器工具输入公式进行计算。该指数反映了区域生态系统退化区域范围和退化程度。生态修复指数越小，代表生态系统退化程度越大，越需要加强生态修复。指数计算公式如下。

$$ERI = \sum_{j=1}^{m} w_j x_i$$

式中，w_j 为第 j 项指标的权重，x_i 为第 i 项指标的值。

3.7 分区命名

生态保护一级分区的命名由"一级编号＋主导现状因素＋保护（或胁迫）区"构成，例如：Ⅰ生境质量保护区。生态修复二级分区的命名由"二级编号＋主导退化因素＋提升区（或改善区、修复区等）"，例如：Ⅰ-1 生境质量提升区。

4 国土空间生态分区结果分析

4.1 生态保护一级分区

4.1.1 生态保护指数空间分布分析

本文以广东省 259 个子流域为基本单元，综合考虑流域内自然生态系统宏观结构、生境质量、净化环境、土壤保持、产水量、自然景观连通度、人口密度 7 个指标因素，通过线性加权函数法测算出广东省各流域的生态保护指数。统计结果表明，2020 年广东省各流域生态保护指数介于 0.016 7～0.958 8，生态保护指数平均值为 0.737 5。总体而言，各流域生态保护指数空间分异规律较为明显，空间上呈现出北高南低、中部低外部高的分异特征，反映出生态本底优势差异明显。其中生态保护指数值较高的区域主要分布在粤北的清远市、韶关市和肇庆市；生态保护指数值中等的区域主要分布在粤东的梅州市、河源市、汕尾市和粤西的云浮市、阳江市、茂名市以及珠三角地区的江门市、惠州市；生态保护指数值较低的区域主要分布在珠三角地区的广州市、深圳市、东莞市、佛山市、珠海市和中山市以及粤东地区的汕头市、潮州市、揭阳市和粤西地区的湛江市，特别是粤港澳大湾区低值明显。

4.1.2 一级分区及其特征

由于各个子流域保护指数空间上异质性较强，无法直接进行保护分区的划分，因此采用 ArcGIS 软件的分组分析工具对指数测算结果进行空间聚类和分组分析。结果显示，分区为 2 组 F 值最大（$F=104.538\ 7$），表明 2 组时聚类效果最好。但考虑到两个组面积差异太大，且分区数量不足，难以满足生态管理需求。因此本文选用了 F 值下降的拐点处（第 7 组，$F=82.746\ 0$）作为较优组数，将广东省分为 7 类空间上连续的生态保护一级分区（表 4，图 3）。根据主导生态优势因素原则，依据分组分析的箱线图结果，选择在 7 个指标因素中较为突出的主导因素，将 7 个类型区分别命名为Ⅰ人口密度控制区与土壤保持保护区、Ⅱ产水与生物多样性综合保护区、Ⅲ生物多样性与生境质量综合保护区、Ⅳ生境质量与产水综合保护区、Ⅴ高产水与生物多样性综合保护区、Ⅵ

生境质量与自然景观连通综合保护区和Ⅶ土壤保持与生态系统宏观结构综合保护区。其中Ⅶ土壤保持与生态系统宏观结构综合保护区包含的子流域最多，共77个；且其保护指数最大，为 0.834 7。Ⅰ人口密度控制区与土壤保持保护区平均生态保护指数最小，为 0.421 9，生态系统质量较低。Ⅴ高产水与生物多样性综合保护区有较多生态系统正向指标值高于全省平均水平。

表4　生态保护一级分区及其特征

一级区编号	分区名称	主导生态系统质量因素	子流域数量	平均生态保护指数	面积（千米²）
Ⅰ	人口密度控制区与土壤保持保护区	人口密度 土壤保持	19	0.421 9	13 111.04
Ⅱ	产水与生物多样性综合保护区	产水量 植被净初级生产力	13	0.643 0	10 264.11
Ⅲ	生物多样性与生境质量综合保护区	植被净初级生产力 生境质量	28	0.596 3	13 002.07
Ⅳ	生境质量与产水综合保护区	生境质量 产水量	30	0.800 1	20 695.00
Ⅴ	高产水与生物多样性综合保护区	产水量 植被净初级生产力 自然生态系统宏观结构	55	0.789 4	40 866.81
Ⅵ	生境质量与自然景观连通综合保护区	生境质量 自然景观连通度	38	0.701 6	26 050.41
Ⅶ	土壤保持与生态系统宏观结构综合保护区	土壤保持 自然生态系统宏观结构	77	0.834 7	54 546.04

Ⅰ人口密度控制区与土壤保持保护区主要包括东莞市、中山市、珠海市、佛山市中部和东部地区以及深圳市西部、广州市南部地区，涵盖 19 个子流域，总面积为 13 111.04 千米²，平均生态保护指数为 0.421 9，生态保护指数值最小，生态系统现状在 7 个分区中处于最低水平。该区除了自然景观连通度指标优于Ⅲ之外，其余指标均低于其他分区。其中土壤保持指标优于其他 6 个指标，因此选取其作为该区域的主导因素，需要对其进行保护。另外，该区的人类胁迫强度高于其他区域，反映出人类活动对该分区的影响最大，因此需要对其进行控制。

Ⅱ产水与生物多样性综合保护区主要包括汕头市、揭阳市和汕尾市，涵盖13 个子流域，总面积为 10 264.11 千米²，面积最小，平均生态保护指数为0.643 0，生态系统现状处于中等水平。该区产水量和植被净初级生产力略高

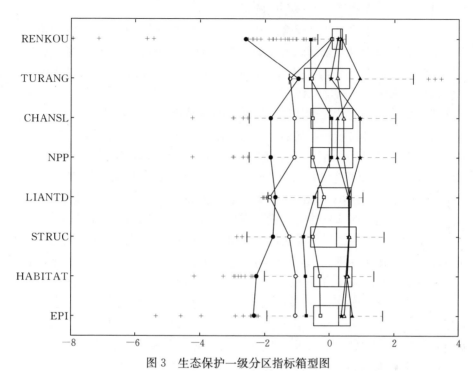

图 3　生态保护一级分区指标箱型图

注：①TURANG：土壤保持指标；CHANSL：产水量指标；NPP：生物多样性指标；LIANTD：自然景观连通度指标；STRUC：自然生态系统宏观结构指标；HABITAT：生境质量指标；EPI：生态保护指数；RENKOU：人口密度指标。②不同颜色表示各类型分区，其中蓝色代表分区Ⅰ、红色代表分区Ⅱ、绿色代表分区Ⅲ、黄色代表分区Ⅳ、紫色代表分区Ⅴ、棕色代表分区Ⅵ、粉色代表分区Ⅶ，圆点代表该指标平均值处于箱线图中的位置。

于平均水平，因此选取其作为该区域的主导因素，需要进行这两个方面的综合保护。另外，该区的人类胁迫强度高于分区Ⅲ、Ⅳ、Ⅴ、Ⅵ、Ⅶ，反映出人类活动对该分区的影响较大。

　　Ⅲ生物多样性与生境质量综合保护区主要包括湛江市和茂名市南部，涵盖 28 个子流域，总面积为 13 002.07 千米²，平均生态保护指数为 0.596 3，生态系统现状处于较低水平。该区植被净初级生产力和生境质量优于其他 5 个指标，因此选取其作为该区域的主导因素，需要进行这两个方面的综合保护。

　　Ⅳ生境质量与产水综合保护区主要包括肇庆市西南部、茂名市东北部、阳江市西北部和云浮市，涵盖 30 个子流域，总面积为 20 695 千米²，平均生态保护指数为 0.800 1，生态系统现状处于较高水平。该区生境质量和产水量均高于平均水平且优于其他 5 个指标，因此选取其作为该区域的主导因素，需要进行这两个方面的综合保护。另外，该区的人类胁迫强度低于分区Ⅰ、Ⅱ、Ⅲ、

Ⅴ、Ⅵ，反映出人类活动对该分区的影响较小。

Ⅴ高产水与生物多样性综合保护区主要包括潮州市、梅州市、河源市中部和东部、惠州市中部和东部以及深圳市东部地区，涵盖 55 个子流域，总面积为 40 866.81 千米^2，平均生态保护指数为 0.789 4，生态系统现状处于较高水平。该区产水量、植被净初级生产力和自然生态系统宏观结构均高于平均水平且优于其他分区，因此选取其作为该区域的主导因素，需要对其综合保护。

Ⅵ生境质量与自然景观连通综合保护区主要包括清远市南部、肇庆市东南部、广州市西部、佛山市西部、江门市、阳江市东南部和茂名市南部，涵盖 38 个子流域，总面积为 26 050.41 千米^2，平均生态保护指数为 0.701 6，生态系统现状处于中等水平。该区生境质量和自然景观连通度优于其他 5 个指标，因此选取其作为该区域的主导因素，需要进行这两个方面的综合保护。

Ⅶ土壤保持与生态系统宏观结构综合保护区主要包括韶关市、清远市、肇庆市北部、河源市西部、惠州市西部和广州市北部，涵盖 77 个子流域，总面积为 54 546.04 千米^2，子流域数量最多且总面积最大，平均生态保护指数为 0.834 7，生态系统现状处于最高水平。该区土壤保持指标和自然生态系统宏观结构优于其他分区且高于平均水平，因此选取其作为该区域的主导因素，需要进行这两个方面的综合保护。另外，该区的人类胁迫强度低于其他六个分区，反映出人类活动对该分区的影响最小。

4.2 生态修复二级分区

4.2.1 生态修复指数空间分布分析

本文以广东省 259 个子流域为基本单元，综合考虑流域内自然生态系统宏观结构变化、生境质量变化、净化环境变化、土壤保持变化、产水量变化、自然景观连通度变化、人口密度变化 7 个指标因素，由于本文二级区划分研究的是区域退化情况，因此在指标变化中选择退化部分展开分析，并通过线性加权函数法测算出广东省各流域的生态修复指数。统计结果表明，2020 年广东省各流域生态修复指数介于 -0.607 0～-0.106 9，生态修复指数平均值为 -0.280 2。总体而言，各流域生态修复指数空间分异规律较为明显，空间上呈现出北高南低、东高西低的分异特征。其中生态修复指数值较高的区域主要分布在粤北地区的清远市、韶关市和肇庆市，粤东地区的梅州市、河源市、潮州市、汕头市和揭阳市以及珠三角地区的佛山市；生态修复指数值较低的区域主要分布在珠三角地区的深圳市、东莞市、珠海市、中山市、惠州市和江门市以及粤西地区的湛江市、茂名市和阳江市。

4.2.2 二级分区及其特征

本文所划分的二级分区是在一级分区的边界限制前提下在其内部进行划分

的，是自上而下的关系。因此本文将生态保护一级分区作为空间约束因素，采用 ArcGIS 软件的分割工具，将 7 个生态保护一级分区分割成 19 个生态修复二级分区。根据每个分区共同的主导生态系统退化因素，将这 19 个二级分区归类为 7 个类型区，分别命名为产水量提升区、生物多样性修复区、人口密度与土壤保持综合改善区、景观连通度与土壤保持综合修复区、生境质量与生态系统宏观结构综合修复区、景观连通度与生境质量综合修复区、景观连通度与生态系统宏观结构综合修复区（表 5）。

表 5　生态修复二级分区及其特征

二级区编号	分区名称	主导生态系统退化因素	子流域数量	平均生态修复指数	面积（千米²）
Ⅰ-1			2	−0.354 4	651.57
Ⅰ-2			1	−0.129 2	481.57
Ⅱ-2			10	−0.267 2	8 314.66
Ⅳ-1	产水量提升区	产水量	8	−0.251 7	5 167.70
Ⅴ-2			20	−0.254 6	12 930.82
Ⅴ-4			1	−0.231 5	837.16
Ⅵ-1			11	−0.199 7	6 851.69
Ⅶ-1			77	−0.234 3	54 546.04
Ⅱ-1	生物多样性修复区	植被净初级生产力	3	−0.203 0	1 949.45
Ⅴ-1			29	−0.178 0	22 978.88
Ⅰ-3			2	−0.250 6	1 176.59
Ⅲ-1	人口密度与土壤保持综合改善区	人口密度、土壤保持	6	−0.407 5	3 490.91
Ⅳ-2			16	−0.327 4	11 731.74
Ⅵ-2			27	−0.426 6	19 198.72
Ⅲ-2	景观连通度与土壤保持综合修复区	自然景观连通度、土壤保持	22	−0.338 3	9 511.16
Ⅳ-3	生境质量与生态系统宏观结构综合修复区	生境质量、自然生态系统宏观结构	6	−0.474 0	3 327.67
Ⅰ-4	景观连通度与生态系统宏观结构综合修复区	自然景观连通度、自然生态系统宏观结构	12	−0.255 6	9 431.59
Ⅰ-5	景观连通度与生境质量综合修复区	自然景观连通度、生境质量	1	−0.498 0	1 369.71
Ⅴ-3			5	−0.434 2	4 119.95

根据图表归类结果可知，生态保护一级分区Ⅰ包含Ⅰ-1产水量提升区、Ⅰ-2产水量提升区、Ⅰ-3人口密度与土壤保持综合改善区、Ⅰ-4景观连通

度与生态系统宏观结构综合修复区、Ⅰ-5景观连通度与生境质量综合修复区4类5个二级分区，其中退化程度最大的分区是Ⅰ-5，生态修复指数值为－0.4980；生态保护一级分区Ⅱ包含Ⅱ-1生物多样性修复区、Ⅱ-2产水量提升区2类2个二级分区，其中退化程度最大的分区是Ⅱ-2，生态修复指数值为－0.2672；生态保护一级分区Ⅲ包含Ⅲ-1人口密度与土壤保持综合改善区、Ⅲ-2景观连通度与土壤保持综合修复区2类2个二级分区，其中退化程度最大的分区是Ⅲ-1，生态修复指数值为－0.4075；生态保护一级分区Ⅳ包含Ⅳ-1产水量提升区、Ⅳ-2人口密度与土壤保持综合改善区、Ⅳ-3生境质量与生态系统宏观结构综合修复区3类3个二级分区，其中退化程度最大的分区是Ⅳ-3，生态修复指数值为－0.4740；生态保护一级分区Ⅴ包含Ⅴ-1生物多样性修复区、Ⅴ-2产水量提升区、Ⅴ-3景观连通度与生境质量综合修复区、Ⅴ-4产水量提升区3类4个二级分区，其中退化程度最大的分区是Ⅴ-3，生态修复指数值为－0.4342；生态保护一级分区Ⅵ包含Ⅵ-1产水量提升区、Ⅵ-2人口密度与土壤保持综合改善区2类2个二级分区，其中退化程度最大的分区是Ⅵ-2，生态修复指数值为－0.4266；生态保护一级分区Ⅶ包含Ⅶ-1产水量提升区1类1个二级分区。

在19个二级分区中，退化程度最高的是Ⅰ-5景观连通度与生境质量综合修复区，生态修复指数值为－0.4980，主要包括深圳市的东南部和香港地区；退化程度最低的是Ⅰ-2产水量提升区，生态修复指数值为－0.1292。

5 分区保护与修复对策

5.1 分区保护对策

生态保护一级分区是基于广东省生态系统现状特征进行划分的，因此生态保护一级分区的重点为保护现有生态优势本底。通过各个分区主导优势指标因素的识别，实现对主导正向指标的保护与提升，对负向指标即人类胁迫进行控制。

Ⅰ人口密度控制区与土壤保持保护区的生态修复指数值在七个分区中最小，生态现状质量最差，主要原因在于该分区主要包括珠三角经济发达地区，经济发展迅速，人口密度高，人类建设活动频繁，给生态系统产生了不可估量的影响。该区需合理规划人类建设活动，划定生态保护红线，严格禁止在红线内进行开发建设，充分尊重自然规律；同时要加强土地的集约节约利用，盘活低效的建设用地，在保证经济建设用地需求的同时促进人与自然和谐共生。另外，该区土壤保持指标优于其他生态指标，可以采用工程、生物等措施提高土壤保持水平，实现数量、质量同步提升。

Ⅱ产水与生物多样性综合保护区的生态现状质量处于中等水平，其中产水量和植被净初级生产力指标处于较高水平，反映出该区具有较高的林草覆盖率和较强的水源涵养能力，可以通过划定植被保护区和水源涵养区，设定管控保护机制，加强对优势自然生态资源的保护力度，促进该地区生态系统质量长久保持、稳步提升。另外，该区人类胁迫强度较高，主要原因是该区处于粤东沿海经济带，内外贸易活跃加之较高的人口密度，使建设活动对生态系统产生了较大的破坏，因此该区还需加强对相关行业领域经济建设活动的规范、引导和限制，完善相关法律法规，让现有的生态优质资源不再遭受损坏。

Ⅲ生物多样性与生境质量综合保护区的主导指标因素为植被净初级生产力和生境质量，反映出该区具有较高的植被覆盖率和生物栖息地适宜性。该区可以通过划定植被保护区加强对森林资源的管控，通过合理调整土地利用结构，改善不合理的土地利用方式，避免低效率、低密度的零散式建设用地扩张，以保护现有的生境质量免受威胁源的影响。

Ⅳ生境质量与产水综合保护区的生态现状质量水平较高，其中生境质量和产水量指标处于较高水平。该区的保护重点是加强对区域生态系统质量较高的湿地、湖泊水面等保护，进一步提升产水水平；通过控制建设用地的扩张，保护现有的完整生境质量以防止生境质量破碎化。

Ⅴ高产水与生物多样性综合保护区的生态现状综合质量较高，其中产水量、植被净初级生产力和自然生态系统宏观结构均处于较高水平。该区的保护重点是加强对水源涵养区的管控和植被保护，通过加强生态廊道建设和自然保护区的规范化管理，进一步提升区域的生物多样性和维持高质量的生态系统宏观结构。

Ⅵ生境质量与自然景观连通综合保护区的生态现状质量处于中等水平，其中生境质量和自然景观连通度处于较高水平。该区的保护重点是识别生态系统敏感区，构建生态安全监测体系和保护体系以实现对物种栖息地，特别是湿地、森林生态系统的重点保护；通过修建生态廊道、设置生态结点等方式巩固和提升自然斑块的连通度。

Ⅶ土壤保持与生态系统宏观结构综合保护区的大部分区域位于广东省的粤北地区，该区域生态现状综合质量水平最高，生态本底优势优越，需要实施综合保护措施。该区需构建山水林田湖草的生态共同体，建立实时监测、管控机制，对区域内的生态要素实行全要素管控、全流程治理，形成横向联动、点线面相结合的保护模式，构建广东省北部的生态屏障。其中重点保护对象是土壤保持和自然生态系统宏观结构，可以通过加强区域内的土地整治、实施坡耕地整治、保护天然林、植树造林等方式促进水土保持；落实宜林则林、宜湿则湿、宜草则草，建立与森林、草原、湿地等生态系统共荣共生的生物多样性保护区，提升区域生态系统宏观结构水平。

5.2 分区修复对策

　　生态保护二级分区是基于广东省生态系统退化特征进行划分的，因此生态保护二级分区的重点为修复生态退化指标。通过各个分区主导退化指标因素的识别，实现对退化指标的改善、修复和提升，控制增强的人类胁迫强度。

　　Ⅰ-1、Ⅰ-2、Ⅱ-2、Ⅳ-1、Ⅴ-2、Ⅴ-4、Ⅵ-1、Ⅶ-1产水量提升区的大部分区域位于广东省粤北山区和粤东沿海地区，该修复类型区在产水量指标上有所下降，反映出该地区地表产水量减少，水资源供给服务减弱，主要原因在于部分水体被改造为建设用地或其他土地利用类型，使得集水流域面积减少；另一个原因在于该地区的森林覆盖率较高，植被蒸散作用较强，研究也表明林地面积的扩张会显著减少河流径流量。因此，该类型区的修复重点是在保护现有森林资源的前提下，通过制定合理的土地利用规划来实现更优化发展，对农田、林地和草地等进行合理配置。一方面可以因地制宜，在合适的区域改造利用部分林地；另一方面，通过对重要水域的保护来保证水质，从而实现水资源供给服务与水土保持服务之间的协同发展（李屹峰等，2013）。

　　Ⅱ-1、Ⅴ-1生物多样性修复区在植被净初级生产力指标上有所下降，主要原因是土地覆被的变化，逐渐增多的人类建设活动破坏了林地、湿地、草地等生态资源，影响了不同生态系统的净生产总量。因此该区的修复重点是严格控制建设活动对林地等的占用，宜林则林、宜草则草，继续实施植树造林、还绿还林、退耕还林还草，同时修复受损植被，进一步提升区域植被覆盖率。

　　Ⅰ-3、Ⅲ-1、Ⅳ-2、Ⅵ-2人口密度与土壤保持综合改善区在土壤保持指标上有所下降，而人类胁迫强度有所增强。该类型区的修复重点是一方面调控人口规模适度增长，设置相应监管机制以防发展迅速的人类活动给生态系统造成难以修复的影响；另一方面要加快实施土地整治工程，包括农田水利建设、土地平整、土壤改良等，同时推进植被覆盖工程以修复裸露的土层。

　　Ⅲ-2景观连通度与土壤保持综合修复区在自然景观连通度和土壤保持指标上有所下降，主要原因在于人类活动的加剧导致林地等景观资源的破碎程度增加以及土层破坏。因此该类型区的修复重点是使用生态技术、工程技术、生物技术实施土地综合整治以及控制建设用地扩张对优质生态系统类型的占用，以减轻生境破碎化程度，从而逐步提高自然斑块的连通水平。

　　Ⅳ-3生境质量与生态系统宏观结构综合修复区在生境质量和自然生态系统宏观结构指标上有所下降，该类型区的修复重点是调整不合理的土地利用结构，加快修复受损生境以提高区域的生境质量，并改善生态系统的地貌、植被、土质和景观，着力加大湿地、林地、草地等自然生态系统的综合治理力度。

Ⅰ-4景观连通度与生态系统宏观结构综合修复区主要位于粤港澳大湾区，在自然景观连通度和自然生态系统宏观结构指标上有所下降，主要原因在于粤港澳大湾区是广东省经济发展的领头羊，各类建设活动发展迅速，对内对外贸易活跃，人口、产业、资源等聚集于此，建设用地的需求高，造成自然斑块破碎化、面积减少、数量增加、稳定性和连通性下降以及自然生态系统宏观结构水平的下降等问题。因此，该类型区的修复重点是一方面要建立长期有效的生态建设和恢复机制，对于退化严重的生态系统采用工程措施加以修复，并设置管控区防止重新出现退化趋势；另一方面，在不破坏现有生态景观的前提下实现建设活动有规律的集中式发展，避免零散式的建设扩张对景观板块进一步割裂。另外，可以通过构建连续的生态廊道、踏脚石廊道等关键生态用地来增强区域的生态系统连通性和功能，从而实现区域生态稳定性的稳步提升。

Ⅰ-5、Ⅴ-3景观连通度与生境质量综合修复区主要包括深圳市东部、惠州市南部和汕尾市西南部沿海地区以及生态退化程度最高的香港地区，该区在自然景观连通度和生境质量指标上有所下降，修复重点是利用连通度指数开展区域重要生态空间连通度评价，识别出破碎化严重的地区并采取综合治理措施；沿海地区要加强海岸线修复，特别是修复退化红树林等植被生态系统以及整治滩涂围垦区土壤；同时要优化国土空间的用地布局，对于闲置建设用地要进行盘活提升，对于规划内的建设活动要规定开发边界，以防止对生境进一步破坏。

6 结论与讨论

6.1 结论

本文基于259个子流域，通过构建生态保护指数和修复指数，从生态分区的角度出发探讨了2020年广东省生态现状和退化特征，并提出了相应的保护与修复对策，主要结论如下。

(1) 2020年广东省各流域生态保护指数介于0.0167~0.9588，生态保护指数平均值为0.7375。各流域生态保护指数空间分异规律较为明显，空间上呈现出北高南低、中部低外部高的分异特征。基于保护指数，可以将广东省分为7类空间上连续的生态保护一级分区，分别为人口密度控制区与土壤保持保护区、产水与生物多样性综合保护区、生物多样性与生境质量综合保护区、生境质量与产水综合保护区、高产水与生物多样性综合保护区、生境质量与自然景观连通综合保护区和土壤保持与生态系统宏观结构综合保护区。其中，Ⅰ人口密度控制区与土壤保持保护区平均生态保护指数最小，为0.4219；Ⅶ土壤保持与生态系统宏观结构综合保护区平均生态保护指数最大，为0.8347。

（2）2020 年广东省各流域生态修复指数介于－0.607 0～－0.106 9，生态修复指数平均值为－0.280 2。总体而言，各流域生态修复指数空间分异规律较为明显，空间上呈现出北高南低、东高西低的分异特征。基于修复指数，可以将 7 个生态保护一级分区分割成 19 个生态修复二级分区，分别为产水量提升区、生物多样性修复区、人口密度与土壤保持综合改善区、景观连通度与土壤保持综合修复区、生境质量与生态系统宏观结构综合修复区、景观连通度与生境质量综合修复区、景观连通度与生态系统宏观结构综合修复区。其中，Ⅰ-5 景观连通度与生境质量综合修复区退化程度最高，生态修复指数值为－0.498 0；Ⅰ-2 产水量提升区退化程度最低，生态修复指数值为－0.129 2。

6.2 讨论本研究分区方法与其他相关研究的异同性

目前国内其他学者在生态分区上的研究大都采用指标构建-因子叠加-构建并计算综合指数的研究路径来划分保护区或修复区，空间聚类也常用于多级区的划分。本研究也同样采用分区指标的因子叠加，并构建保护与修复指数进行空间聚类分析，从而划分出二级分区。但在具体指标和分区方式上本研究与其他研究存在以下两个不同点。

（1）一、二级指标体系存在关联性。 本研究的二级指标体系在延续一级体系的指标类型基础上研究指标 10 年间的变化特征，使得一二级分区结果具有内在联系性。

（2）生态保护与生态修复两级分区间存在关联性。 在划分二级修复分区时，考虑了一级分区的空间约束，利用 ArcGIS 软件的分割工具，用分组后的修复指数分区结果分割生态保护一级分区，从而在一级分区内部实现二级修复分区的划分，从而将生态保护与生态修复联系起来，能够更加直观地看出生态系统存在的问题和修复的方向。

6.3 研究不足和展望

6.3.1 研究不足

本文所采用的数据均为 1 千米精度的栅格和矢量数据，数据精度较低，在分析过程中可能导致个别数据未能进行精确计算，从而使得最终的结果欠缺精准性。同时，本文指标体系的构建是在参考相关学者研究成果的基础上进行，所选取的指标可能出现未能全面反映区域生态现状和退化特征的情况，从而影响最终的生态保护和修复指数计算结果的完整性。另外，本文以广东省 259 个子流域作为基本单元进行保护与修复分区的划分，对于生态系统的完整性研究具有一定的科学性，但在实际情况中会出现与行政界线、生态保护红线等界线有所差别、甚至不对应的情况，从而导致分区结果缺少实操性或有效性。

6.3.2 研究展望

　　未来在生态分区研究上，可以通过多渠道、多方式获取更高精度和更全面的基础数据，选择更具有综合表征意义的指标，进一步提高研究结果的精准性和指标体系的完整性和全面性，以划分出更加具有实践意义的分区结果。同时，针对分区界线与实际已有界线不符的情况，可以通过与现有的行政区界线、生态保护红线、生态保护与修复工程的实施范围等进行叠加分析，从而获得在已有界线内的分区结果，可以更好地为广东省国土空间生态保护与修复提供借鉴。

参 考 文 献

白中科，周伟，王金满，等，2019. 试论国土空间整体保护、系统修复与综合治理［J］. 中国土地科学，33（2）：1-11.

蔡佳亮，殷贺，黄艺，2010. 生态功能区划理论研究进展［J］. 生态学报，30（11）：3018-3027.

陈妍，乔飞，江磊，2016. 基于 In VEST 模型的土地利用格局变化对区域尺度生境质量的影响研究——以北京为例［J］. 北京大学学报（自然科学版），52（3）：553-562.

曹宇，王嘉怡，李国煜，2019. 国土空间生态修复：概念思辨与理论认知［J］. 中国土地科学，33（7）：1-10.

傅伯杰，陈利顶，刘国华，1999. 中国生态区划的目的、任务及特点［J］. 生态学报，19（5）：3-7.

傅伯杰，刘国华，陈利顶，等，2001. 中国生态区划方案［J］. 生态学报，21（1）：1-6.

冯伟林，李树苗，李聪，2013. 生态系统服务与人类福祉——文献综述与分析框架［J］. 资源科学，35（7）：1482-1489.

付战勇，马一丁，罗明，等，2019. 生态保护与修复理论和技术国外研究进展［J］. 生态学报，39（23）：9008-9021.

高世昌，苗利梅，肖文，2018. 国土空间生态修复工程的技术创新问题［J］. 中国土地（8）：32-34.

孔令桥，郑华，欧阳志云，2019. 基于生态系统服务视角的山水林田湖草生态保护与修复——以洞庭湖流域为例［J］. 生态学报，39（23）：8903-8910.

刘国华，傅伯杰，1998. 生态区划的原则及其特征［J］. 环境科学进展（6）：68-73.

李海东，高媛赟，燕守广，2018. 生态保护红线区废弃矿山生态修复监管［J］. 生态与农村环境学报，34（8）：673-677.

罗明，周妍，鞠正山，等，2019. 粤北南岭典型矿山生态修复工程技术模式与效益预评估——基于广东省山水林田湖草生态保护修复试点框架［J］. 生态学报，39（23）：8911-8919.

李屹峰，罗跃初，刘纲，等，2013. 土地利用变化对生态系统服务功能的影响——以密云水库流域为例［J］. 生态学报，33（3）：726-736.

李雪梅，邓小文，2011. 基于景观指数的滨海新区景观格局变化分析 [J]. 环境保护与循环经济，31（7）：38-40，55.

欧阳志云，2007. 中国生态功能区划 [J]. 中国勘察设计（3）：70.

彭建，吕丹娜，张甜，等，2019. 山水林田湖草生态保护修复的系统性认知 [J]. 生态学报，39（23）：8755-8762.

苏冲，董建权，马志刚，等，2019. 基于生态安全格局的山水林田湖草生态保护修复优先区识别——以四川省华蓥山区为例 [J]. 生态学报，39（23）：8948-8956.

孙传谆，甄霖，王超，等，2017. 天然林资源保护一期工程生态成效评估——以甘肃小陇山地区为例 [J]. 地理科学进展，36（6）：732-740.

邵全琴，赵志平，刘纪远，等，2010. 近30年来三江源地区土地覆被与宏观生态变化特征 [J]. 地理研究，29（8）：1439-1451.

孙然好，李卓，陈利顶，2018. 中国生态区划研究进展：从格局、功能到服务 [J]. 生态学报，38（15）：5271-5278.

宋伟，韩赜，刘琳，2019. 山水林田湖草生态问题系统诊断与保护修复综合分区研究——以陕西省为例 [J]. 生态学报，39（23）：8975-8989.

王传胜，范振军，董锁成，等，2005. 生态经济区划研究——以西北6省为例 [J]. 生态学报，25（7）：1804-1810.

吴钢，赵萌，王辰星，2019. 山水林田湖草生态保护修复的理论支撑体系研究 [J]. 生态学报，39（23）：8685-8691.

吴健生，张理卿，彭建，等，2013. 深圳市景观生态安全格局源地综合识别 [J]. 生态学报，33（13）：4125-4133.

王军，钟莉娜，2019. 生态系统服务理论与山水林田湖草生态保护修复的应用 [J]. 生态学报，39（23）：8702-8708.

杨力，刘程程，宋利，等，2013. 基于熵权法的煤矿应急救援能力评价 [J]. 中国软科学（11）：185-192.

湛东升，张文忠，孟斌，等，2017. 北京城市居住和就业空间类型区分析 [J]. 地理科学，37（3）：356-366.

钟莉娜，王军，2017. 基于InVEST模型评估土地整治对生境质量的影响 [J]. 农业工程学报，33（1）：250-255.

章穗，张梅，迟国泰，2010. 基于熵权法的科学技术评价模型及其实证研究 [J]. 管理学报，7（1）：34-42.

C A，ROBERTSON J，2007. Marine ecoregions of the world：a bioregionalization of coastal and shelf areas [J]. BioScience，57（7）：573-583.

DASMANN RF，1972. Towards a system for classifying natural regions of the world and their representation by national parks and reserves [J]. Biological Conservation，4（4）：247-255.

GELDMANN J，JOPPA L N，Burgess N D，2014. Mapping change in human pressure globally on land and within protected areas [J]. Conservation Biology，28（6）：1604-1616.

LISA FREUDENBERGER PETER R. Hobson, Martin Schluck, et al., 2012. A global map of the functionality of terrestrial ecosystems [J]. Ecological Complexity, 12: 13 - 22.

OLSON D M, DINERSTEIN E, 1998. The global 200: a representation approach to conserving the earth′s most biologically valuable ecoregions [J]. Conservation Biology, 12 (3): 502 - 515.

OLSON D M, DINERSTEIN E, 2002. The global 200: priority ecoregions for global conservation [J]. Annals of the Missouri Botanical Garden, 89 (2): 199 - 224.

SANTIAGO SAURA, JOSEP TORNÉ, 2008. Conefor Sensinode 2. 2: A software package for quantifying the importance of habitat patches for landscape connectivity [J]. Environmental Modelling and Software, 24 (1): 135 - 139.

SPALDING M D, FOX H E, ALLEN G R, et al., 2008. Putting people in the map: anthropogenic biomes of the world [J]. Frontiers in Ecology and the Environment, 6 (8): 439 - 447.

WICKHAM JAMES, RIITTERS KURT, VOGT PETER, et al., 2017. An inventory of continental U. S. terrestrial candidate ecological restoration areas based on landscape context [J]. Restoration ecology, 25 (6): 894 - 902.

XU J Y, CHEN J X, LIU Y X, et al., 2017. Identification of the geographical factors influencing the relationships between ecosystem services in the Belt and Road region from 2010 to 2030 [J]. Journal of Cleaner Production, 275: 124153.

"两栖"与非"两栖"农户宅基地
流转意愿对比研究

吴贵凤　袁中友

1　绪论

1.1　研究背景及意义

1.1.1　研究背景

　　法律规定，农村以户为单位分配农村宅基地，村民一户一宅，宅基地本身不得单独流转。然而随着城镇化的日益发展，越来越多的农村村民为了追求更高品质的生活，不断地涌向城镇，许多进城农户脱离了农业生产，倾向从事城镇的工业和服务业，农户进而有较强意愿留在城镇生活。这一方面打破原来城镇用地的供需平衡机制，造成较严重的土地资源利用压力；另一方面，农村居民的宅基地被闲置，农村变成了空心村。这一现象早已引起各个领域的关注，尽管《土地管理法》或将进行必要的改革，但在缺乏宅基地流转机制和流转补偿机制的情况下，几乎所有农户都宁愿闲置宅基地，也不会主动进行流转。可见，寻求城镇用地的补给和农村宅基地闲置之间的平衡和探索宅基地流转制度及补偿制度迫在眉睫。

1.1.2　研究目的和意义

　　(1) 研究目的。根据研究结果提出宅基地流转的可行性建议。本文从"两栖"农户与非"两栖"农户两个群体出发，分析两者的异同点，进而根据对"两栖"农户与非"两栖"农户宅基地流转意愿的对比分析，找出影响不同农户宅基地流转意愿的因素，为完善流转制度提供可能的建议。

　　(2) 研究意义。本文的研究意义在于通过研究得出农村宅基地流转制度的建议，为我国加快完善宅基地的流转、更合理地利用土地资源和配置提供可能。目前我国城镇化的进程越来越快，进城人口生活问题越来越严重，对土地的依赖性也越来越强。在城镇土地供应严重不足，而农村宅基地却不断闲置的情况下，如何能将农村宅基地向城镇用地转化成了最大的争议，本研究不仅能有助于合理协调土地资源、加快城镇化的发展，而且通过将原本保障性的宅基地转变为更有产权性质的财产，能更好地适应新时代、新农村、新农户对美好生活的向往，加快实现我国农村小康社会的建设。

1.2 文献综述

1.2.1 国内外研究现状

(1) 宅基地流转现状。国外的土地制度与我国的土地制度不尽相同，多实行私有制，农村宅基地属于私人所有。即使各国的土地制度不同，国外对宅基地方面的研究成果也依然对本文有很大的参考价值。Brandit Loren 等（2002）指出，基层民主是影响农村集体土地产权的重要因素之一，政府不应该限制农村宅基地流转。Roy Prosterman（1996）指出我国土地产权归属的不明确是影响我国土地流转的重要因素。Yao 等（2010）的研究表示土地产权制度的不完善导致频繁的政策变更，农户因此受到众多限制，其投资积极性大幅度降低。

虽然我国 2015 年修改前的《土地管理法》不允许宅基地进行流转，但很多学者已经意识到法律需要适应时代发展的需求，王健（2018）通过对两个村庄的实地调查和访谈，发现农村宅基地在流转中存在农户私下流转严重、房屋拆迁宅基地引起权益争端等问题，提出坚持政府主导、保障农民利益的新型流转模式；左珠琳（2015）从法律的角度归纳宅基地流转有流转的自发性、行为主体的多元化、流转方式的多样性等特征，认为宅基地问题不只是一个能否流转的问题，还涉及其中相关主体的利害关系以及社会稳定性等方面，严格限制和完全放开的立法政策都存在弊端，最佳的选择就是具体问题具体分析。林敏佳（2018）对广州市某区宅基地的隐性流转进行研究，发现隐性流转宅基地不仅让村民隐性流转行为不受法律保护，而且会导致城市挤占耕地保有量、加剧城乡二元分割等方面的影响。张超（2015）发现宅基地流转隐形市场的出现，且规模庞大和乱占乱建现象严重，提出宅基地使用权的流转使得农民的土地财产财富增加，客观上实现耕地保护目标，有利于农村经济发展。

(2) 宅基地流转意愿的研究。张文方等（2017）基于宅基地功能演变视角，得出宅基地居住功能与资产功能对农户宅基地流转意愿影响较大，而社会保障功能与生产功能的影响弱化。张晓娜（2018）认为需要先解决农户就业问题，完善社会保障制度，解决农户后顾之忧才能有力推进宅基地退出。张昺等（2018）剖析不同文化背景的农民宅基地流转意愿，得出流转主体人群特征不同和对于宅基地认知不同对宅基地流转的反应不一样。赵敏宁等（2019）从农户视角对其流转意愿进行调研，发现影响农户流转宅基地的最大因素是社保体系、流转收益、安置方式以及生活保障。李宏伟（2017）运用 Logistic 回归模型对农村宅基地流转意愿影响因素进行了定量研究，得出农户收入和家庭在外人口数是影响宅基地流转的重要因素。

(3) 宅基地使用权流转的合理性。学术界对宅基地流转的争议形成了两大对立派，以贺雪峰（2014）为代表的学者反对放开宅基地流转，该派学者认为宅基地是国家赋予农民的一种福利，因其无偿取得，所以不能有偿转让；以周其仁（2014）

为代表的学者支持宅基地依法流转，呼吁赋予农民更多的土地使用权，越来越多的学者倾向支持宅基地的流转，宅基地虽然具有较强的社会保障性，但这不应该成为其被禁止流转的理由，宅基地使用权是用益物权的一种，应当具有可收益性。

1.2.2 简要述评

国内外很多学者就宅基地流转问题进行了深入研究，甚至形成了两大对立派，各派学者从不同的角度进行深入剖析，为我国的宅基地流转和退出提供了理论基础和启发。

本文选取笔者较熟悉且属于典型农村的样本区域，运用定量和定性相结合的研究方法，分析广东省化州市农村宅基地流转的影响因素，为促进农村宅基地使用权流转提出了相应的建议。另外，由于目前较少学者从"两栖"与非"两栖"农户的区别进行分析研究，因此，本文的研究角度具有一定的新颖性。

1.3 研究方法与技术路线

1.3.1 研究方法

(1) 文献研究法。本文充分学习国内外宅基地流转的研究文献，借鉴其他研究者的成果，为本文的研究奠定了坚实的理论基础。再结合化州市"两栖"与非"两栖"农户宅基地流转意愿的情况，提出具有可行性和适用性的政策建议。

(2) 问卷调查法。本文采用调查问卷的方式，获得样本区域的一手资料，确保数据的真实性和可靠性。

(3) 定性和定量结合。通过问卷调查获取数据并进行处理，运用描述性统计来了解化州市农户对宅基地使用权流转的真实意愿，再运用二元 Logistic 回归分析进一步分析影响化州市农村宅基地使用权流转的显著性因素。

1.3.2 技术路线

本研究的技术路线如图 1 所示。

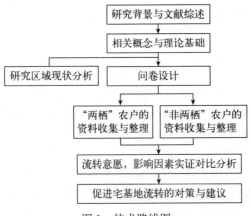

图 1　技术路线图

2 相关概念界定

2.1 "两栖"农户与非"两栖"农户

"两栖"农户指在农村拥有宅基地，同时在城镇购买商品房，在农村和城镇之间都拥有土地使用权的农民群体。非"两栖"农户是相对而言，即只在农村拥有宅基地及其附着物，没有在城镇购买商品房的农民群体。

2.2 农村宅基地

农村宅基地指本集体经济组织内的农民向集体组织申请，免费获得无期限使用权的土地。

2.3 农村宅基地使用权

宅基地使用权指农村集体组织内的农民对集体组织提供的宅基地享有的使用权。

2.4 农村宅基地使用权流转

宅基地使用权流转指农户通过转让、出租等方式对宅基地进行流转，致使宅基地使用权人发生变化的过程。

3 研究区域农村宅基地使用权流转的现状分析

3.1 化州市概况

化州市位于广东省粤西地区，属茂名市下辖县级市。全市土地总面积 2 356.44 千米²，农业用地 2 027.78 千米²，其中耕地面积 687.88 千米²；建设用地 241.16 千米²，未利用土地 88.41 千米²。土地资源利用的总体特点是农业用地量多，占土地总面积的 86.1%，但人均耕地少，只有 0.057 公顷。

3.2 目前化州市农村宅基地使用权流转问题

3.2.1 化州市宅基地利用现状

化州市宅基地利用现状主要分四种情况，第一种情况是"一户多宅"。根据实地调研，发现 90% 以上的农户拥有 1 处以上的宅基地，"一户多宅"现象严重，这既有历史原因，也有当前宅基地管理不到位的问题。法律规定，一户农民拥有一户宅基地，但农村大都奉行"减人不减地"原则，农户认为宅基地是祖辈留下来的，属于家族和个人所有，村集体无权干涉，导致村委难以对宅基地进行很好管理。

第二种情况是宅基地大量闲置。虽然化州市农村的家庭结构普遍是祖孙三辈共同生活，但几乎每户家庭的人口数量都不超过 10 人，加上农民在宅基地上建房一般会建 3～4 层半的高度，完全能够满足家庭所有人口的生活居住需要。在"一户多宅"的情况下，多出的宅基地多半处于闲置状态。另外，只有不到20％的农民会进行农业生产，且多数为留守在村、身体尚健康的老年人，其他人除了进城务工，余下的留在农村进行非农生产。据不完全统计，每户至少一半以上的人每年在农村房屋居住时间不到 2 个月，导致已建好房屋的宅基地二次闲置。

第三种情况是建新不拆旧。随着生活基础设施的建设发展，道路的修建以及上下辈对房屋的追求不同，化州市农村也存在一定的村内部迁移，比如 W村，原本农户建房较多集中在村庄北向，但由于近年南向修路，北向住户会逐渐将房屋建在南向沿路的宅基地上。再者，上一辈的房屋由于年久失修需要新建，在有多处宅基地的条件下，下一辈几乎不会考虑在原住处拆旧新建，而是选择另处宅基地建新房，因为拆除旧房不仅需要一笔不菲的资金，而且拆除和清理也需要不短的时间，在没有任何鼓励和奖励的政策下，农户不愿意多花费精力、财力和时间，这样就会造成旧房占用着宅基地且不被利用而闲置、荒废。

第四种情况是农户宅基地利用不考虑规整和规划。农户会完全根据宅基地的形状进行房屋建造，而不去考虑规整和规划。譬如有相邻但并不整齐平行的两户宅基地，如果完全按照宅基地形状建房，会严重影响日常通行，但农户基本上不会考虑主动退让，依然会按照自己所占有的宅基地面积建房，这样造成住宅与住宅之间的通道有大有小，不仅不规整、不美观，而且也不符合国家美丽乡村的建设要求。这种现象展现了农民对宅基地的矛盾态度，农户一边闲置宅基地，一边又异常珍惜宅基地，究其原因，是化州市农户占有宅基地数量多，想要流转自家宅基地却没有合法的途径。农民对土地的情感始终是热爱的，闲置是因为日常使用有余又无法转为可移动财产。

3.2.2　化州市宅基地流转交易的形式和问题

本文宅基地流转形式为宅基地转让、出租、抵押、入股联营和房屋联建，而化州市的宅基地流转多数以转让的形式进行。

2015 年以前，我国一直严格限制宅基地的流转，即使近几年提出"三权分置"鼓励流转，化州市宅基地的流转也多数采取私下交易模式，且大部分流转是在本村集体成员中进行，由于村内人知根知底，处于一个熟人社会，大家相互认识，容易形成舆论监督和道德监督，所以一般的宅基地流转都是双方口头许诺，然后向村委会报备，流转就完成了。这种无公证人、无法定程序的流转极易造成宅基地产权不明的纠纷，因为私下转让行为只有转让双方了解具体转让事项，但有的宅基地可能会经过多次转让，最后当涉及利益时，产权纠纷将是不可避免的难题。

4 研究设计

4.1 问卷设计与信度检验

4.1.1 问卷设计

按照社会调查方法的要求，调查问卷的设计应尽量具备完整性、穷尽性和明确性，本文调查问卷在保证要求的前提下分为五部分：第一部分，农村宅基地基本情况；第二部分，城镇房屋基本情况，这是区分"两栖"与非"两栖"农户的部分；第三部分，市民化能力调查；第四部分，宅基地流转意愿调查；第五部分，受访者基本情况。

在发放问卷时，采用温和的语气跟受访者沟通，以降低受访者的抵触心理，同时，在保证收集本文研究需要的完整数据前提下，问卷内容的设置较简单且通俗易懂，不干涉受访者填写，以保证问卷的真实性。本文共发放 200 份问卷，回收 192 份调查问卷，调查问卷的回收率为 96%，由于本文研究的目标群体有两个，分别是"两栖"农户与非"两栖"农户，故在收集问卷时，为了保证数据比例的合理，针对性地选择受访者，因此在 192 份问卷中，"两栖"有 93 份，占 48.4%；非"两栖"有 99 份，占 51.6%。

4.1.2 信度检验

调查问卷中，除城镇是否有房、城镇房屋用途和受访者的性别外，其他问题均采用里克特量五级量表，将每道题的选项分为 5 个有序分类选项，故可以对调查问卷进行信度检验。利用 SPSS 软件对调查问卷的相关变量采用 Alpha 模型进行信度检验，得到克隆巴赫 Alpha 值＝0.801，说明本文的调查问卷信度达到标准（表 1）。

表 1　可靠性统计

克隆巴赫 Alpha 值	项数
0.801	18

4.2 样本调查结果的描述性统计

4.2.1 受访者基本情况

受访者基本情况如表 2 所示。性别方面，男性 102 位，占比 53.1%；女性 90 位，占比 46.9%，性别比相对分布均匀。年龄分布以中老年为主，40 岁以上有 149 位，占 77.6%。文化程度方面，呈现偏正态分布，主要集中在初高中，共 163 位，占比 84.9%。由于本文研究的目标群体有两个，分别是"两栖"农户与非"两栖"农户，故在收集问卷时，为了保证数据的均匀，针对性地选择受访者，因此在受访者中，城镇有房的人有 93 位，占 48.4%；城镇没有住房的人有 99 位，占 51.6%。

表 2　受访者基本情况表

项目	指标	频数	频率（%）
性别	男	102	53.1
	女	90	46.9
年龄	30 岁以下	12	6.3
	30～40 岁	31	16.1
	41～50 岁	92	47.9
	51～60 岁	55	28.6
	60 岁以上	2	1.0
文化程度	本科及以上	4	2.1
	专科	23	12.0
	高中	69	35.9
	初中	94	49.0
	小学及以下	2	1.0
城镇是否有房	是	93	48.4
	否	99	51.6

4.2.2　宅基地情况

受访者宅基地情况如表 3 所示。宅基地数量只有 1 处的有 11 位，占比 5.7%；2 处以上的有 181 位，占 94.3%。进而调查农户每年在农村房屋居住时长，概括来说，居住时间在 3 个月以下的有 109 位，占 56.7%；4～6 个月有 36 位，占 18.8%；半年以上的有 47 位，占 24.5%。宅基地占家庭年收益的比例中，没有收益有 131 位，占 68.2%；收益占 1%～50% 有 52 位，占比 27.1%；收益达 50% 以上的有 9 位，占 4.7%。农村房屋满意度方面，持一般态度的有 82 位，占 42.7%；没有非常满意的案例。

表 3　受访者宅基地情况

项目	指标	频数	频率（%）
宅基地数量	4 处以上	7	3.6
	4 处	26	13.5
	3 处	22	11.5
	2 处	126	65.6
	1 处	11	5.7

（续）

项目	指标	频数	频率（%）
每年居住时长	1 个月以下	21	10.9
	1～3 个月	88	45.8
	4～6 个月	36	18.8
	7～9 个月	15	7.8
	9 个月以上	32	16.7
宅基地占家庭年收益	50%以上	9	4.7
	31%～50%	9	4.7
	11%～30%	7	3.6
	10%及以下	36	18.8
	没有收益	131	68.2
农村房屋满意度	非常不满意	6	3.1
	不满意	56	29.2
	一般	82	42.7
	比较满意	48	25.0
	非常满意	0	0.0

4.2.3 生活保障因素

本文将农户收入稳定性、非农谋生技能、办理的社保项目以及"两栖"农户的城镇房屋情况归入生活保障方面，前三者认为是市民化能力，即农户在城市定居和生活的能力，受访者市民化能力情况如表 4 所示。在收入稳定性方面，稳定的有 113 位，占 58.8%；一般的有 65 位，占 33.9%；不稳定的有 14 位，占 7.3%。非农谋生技能方面，技能强的有 104 位，占 54.1%；一般的有 69 位，占 35.9%；技能弱的有 19 位，占 9.9%。在办理社保项目方面，办理五险的有 73 位，占 38.0%；办理三险的有 8 位，占 4.2%；办理两险的有 82 位，占 42.7%；只办理医疗的有 27 位，占 14.1%，没有办理的有 2 位，占 1.0%。

表 4　市民化能力情况表

项目	指标	频数	频率（%）
收入稳定性	非常稳定	7	3.6
	稳定	106	55.2
	一般	65	33.9
	不稳定	14	7.3
	非常不稳定	0	0.0

（续）

项目	指标	频数	频率（%）
非农谋生技能	很强	25	13.0
	较强	79	41.1
	一般	69	35.9
	较弱	19	9.9
	很弱	0	0.0
办理的社保项目	五险	73	38.0
	医疗＋养老＋失业	8	4.2
	医疗＋养老	82	42.7
	医疗	27	14.1
	没有	2	1.0

"两栖"农户的城镇房屋基本情况如表5所示。房屋用途以自己居住为主，有78位，占83.8%；出租的有5位，占5.4%；投资的有10位，占10.8%。城镇房屋位置满意度方面，满意的样本最多，有51位，占54.8%。城镇房屋交通满意度方面，满意的样本有57位，占61.3%。城镇房屋生活便利程度方面，主要是比较满意和一般态度的，分别有59位，占63.4%、28位，占30.1%。城镇房屋环境满意度方面，满意的样本量最大，有60位，占64.5%。

表5　城镇房屋基本情况

基本情况	指标	频数	频率（%）
城镇房屋用途	自己居住	78	83.8
	出租	5	5.4
	投资	10	10.8
城镇房屋位置满意度	非常满意	8	8.6
	满意	43	46.2
	一般	30	32.2
	不满意	12	13.0
	非常不满意	0	0.0
城镇房屋交通满意度	非常满意	1	1.0
	比较满意	56	60.3
	一般	25	26.8
	不满意	11	11.9
	非常不满意	0	0.0

（续）

基本情况	指标	频数	频率（%）
	非常满意	0	0.0
	比较满意	59	63.4
城镇房屋生活便利程度	一般	28	30.1
	不满意	6	6.5
	非常不满意	0	0.0
	非常满意	13	14.0
	比较满意	47	50.5
城镇房屋环境满意度	一般	26	28.0
	不满意	7	7.5
	非常不满意	0	0.0

4.2.4 认知程度和流转意愿

受访者对农村宅基地流转政策的了解程度如表6所示。没有受访者对宅基地流转政策非常了解，了解的有 39 位，占 20.3%；一般了解的有 84 位，占 43.8%；不了解的有 61 位，占 31.8%；非常不了解的有 8 位，占 4.2%。

表6　受访者对政策的了解程度情况表

政策了解程度	频数	频率（%）
非常了解	0	0.0
了解	39	20.3
一般	84	43.8
不了解	61	31.8
非常不了解	8	4.2

在流转意愿调查中（表7），愿意流转农村宅基地的有 132 位，占 68.8%，不愿意流转的有 60 位，占 31.2%。

表7　受访者宅基地流转意愿情况表

流转意愿	频数	频率（%）
愿意	132	68.8
不愿意	60	31.2

在对流转意愿的进一步调查中发现（表8、图2），没有受访者愿意在没有任何补偿和奖励的情况下流转自家的宅基地，即不管何种流转方式，怎样都愿

意流转的情况为 0。表 8 表示，愿意以转让方式流转的有 114 位，占 59.4%；不愿意的有 78 位，占 40.6%。愿意以出租方式流转的有 171 位，占 89.1%；不愿意的有 21 位，占 10.9%。愿意以抵押方式流转的有 129 位，占 67.2%；不愿意的有 63 位，占 32.8%。愿意以入股联营方式流转的有 146 位，占 76.0%；不愿意的有 46 位，占 24.0%。愿意以房屋联建方式流转的有 114 位，占 59.4%；不愿意的有 78 位，占 40.6%。

表 8 受访者宅基地流转方式意愿情况表

流转方式	指标	频数	频率（%）
转让	怎样都愿意	0	0.0
	有钱赚	8	4.2
	急用钱	78	40.6
	走投无路	28	14.6
	怎样都不愿意	78	40.6
出租	怎样都愿意	0	0.0
	有钱赚	95	49.5
	急用钱	75	39.1
	走投无路	1	0.5
	怎样都不愿意	21	10.9
抵押	怎样都愿意	0	0.0
	有钱赚	21	10.9
	急用钱	36	18.8
	走投无路	72	37.5
	怎样都不愿意	63	32.8
入股联营	怎样都愿意	0	0.0
	有钱赚	106	55.2
	急用钱	28	14.6
	走投无路	12	6.3
	怎样都不愿意	46	24.0
房屋联建	怎样都愿意	0	0.0
	有钱赚	70	36.5
	急用钱	32	16.7
	走投无路	12	6.3
	怎样都不愿意	78	40.6

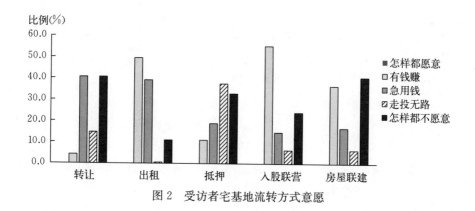

图 2　受访者宅基地流转方式意愿

5　化州市农村宅基地使用权流转影响因素研究

5.1　变量的选择与定义

5.1.1　变量的选择

参考过往研究者成果，本文将化州市宅基地流转的影响因素分为五部分（表9）：第一部分，农村宅基地基本情况，包括宅基地数量、农村房屋居住时长、宅基地收益占家庭年收益的比例、农村房屋居住条件；第二部分，城镇房屋基本情况，包括城镇房屋用途、城镇房屋位置、城镇房屋周边交通状况、城镇房屋生活便利程度、城镇房屋环境；第三部分，市民化能力调查，包括收入稳定性、非农谋生技能、办理社保项目；第四部分，政策了解与意愿调查，包括宅基地流转政策了解程度和宅基地流转意愿；第五部分，受访者基本情况，包括性别、年龄、文化程度。

表 9　变量定义表

农户类型		变量	定义	赋值
"两栖"农户	非"两栖"农户	流转意愿	Y	愿意＝1，不愿意＝2
		宅基地数量	X_1	4 处以上＝1，4 处＝2，3 处＝3，2 处＝4，1 处＝5
		每年农村房屋居住时长	X_2	1 个月以下＝1，1～3 月＝2，4～6 月＝3，7～9 月＝4，9 个月以上＝5
		宅基地收益占家庭年收益的比例	X_3	50%以上＝1，31％～50％＝2，11％～30％＝3，10%及以下＝4，没有收益＝5
		农村房屋居住条件	X_4	非常不满意＝1，不满意＝2，一般＝3，比较满意＝4，非常满意＝5

（续）

农户类型		变量	定义	赋值
"两栖"农户	非"两栖"农户	收入稳定性	X_5	非常稳定＝1，稳定＝2，一般＝3，不稳定＝4，非常不稳定＝5
		非农谋生技能	X_6	很强＝1，较强＝2，一般＝3，较弱＝4，很弱＝5
		办理社保项目	X_7	五险＝1，医疗＋养老＋失业＝2，医疗＋养老＝3，医疗＝4，没有＝5
		农户对政策的了解程度	X_8	非常了解＝1，了解＝2，一般＝3，不了解＝4，非常不了解＝5
		性别	X_9	男＝1，女＝2
		年龄	X_{10}	30岁以下＝1，30～39岁＝2，40～49岁＝3，50～59岁＝4，60岁及以上＝5
		文化程度	X_{11}	本科及以上＝1，专科＝2，高中＝3，初中＝4，小学及以下＝5
		城镇房屋用途	X_{12}	自己居住＝1，出租＝2，投资＝3
		城镇房屋位置	X_{13}	非常满意＝1，满意＝2，一般＝3，不满意＝4，非常不满意＝5
		城镇房屋周边交通状况	X_{14}	非常满意＝1，满意＝2，一般＝3，不满意＝4，非常不满意＝5
		城镇房屋生活便利程度	X_{15}	非常满意＝1，满意＝2，一般＝3，不满意＝4，非常不满意＝5
		城镇房屋环境	X_{16}	非常满意＝1，满意＝2，一般＝3，不满意＝4，非常不满意＝5

5.1.2 变量的定义

本文定义的因变量为宅基地使用权流转意愿，分"愿意"及"不愿意"二元变量。针对"两栖"农户定义的自变量为宅基地数量、每年农村房屋居住时长、宅基地收益占家庭年收益的比例、农村房屋居住条件、收入稳定性、非农谋生技能、办理社保项目、农户对政策的了解程度、性别、年龄、文化程度、城镇房屋用途、城镇房屋位置、城镇房屋周边交通状况、城镇房屋生活便利程度、城镇房屋环境。针对非"两栖"农户定义的自变量为宅基地数量、每年农村房屋居住时长、宅基地收益占家庭年收益的比例、农村房屋居住条件、收入稳定性、非农谋生技能、办理社保项目、农户对政策的了解程度、性别、年龄、文化程度。

5.1.3 自变量与因变量的相关性检验

采用SPSS 23.0对各个自变量与因变量之间的相关性进行检验，由于本文的问卷都是分类变量，采用斯皮尔曼模型进行相关性检验，得到结果如下。根据相关系数进行相关性的判断，此外，本文在数据处理时勾选标注显著性，即"＊"表示自变量与因变量具有显著相关性。据表10可知，是否为"两栖"农户对流转意愿的相关性显著，相关系数为－0.339，属于中相关。X_1、X_2、X_3、X_4、X_5、X_6、X_7、X_8、X_{11}、X_{13}、X_{14}、X_{15}、X_{16}的相关性显著，相关系数绝对值大于0.3，表示其与因变量较相关，可做进一步的研究；X_9、X_{10}、X_{12}不显著相关，将剔除不再做进一步的分析。

表10　自变量与因变量的相关性系数表

X	Y
是否两栖	-0.339^*
X_1	0.464^{**}
X_2	0.791^{**}
X_3	-0.849^{**}
X_4	0.680^{**}
X_5	0.763^{**}
X_6	0.658^{**}
X_7	0.628^{**}
X_8	0.596^{**}
X_9	0.065
X_{10}	0.126
X_{11}	0.383^{**}
X_{12}	-0.039
X_{13}	0.455^{**}
X_{14}	0.529^{**}
X_{15}	0.568^{**}
X_{16}	0.548^{**}

注：＊、＊＊分别表示 $P<0.05$、$P<0.01$。

5.2　农村宅基地使用权流转的影响因素实证分析

5.2.1　模型选择

在进一步的研究中，需要分析自变量对因变量的作用效果和影响程度，因此将进行回归分析。本文的因变量属于二分变量，即流转意愿分为"愿意"与"不愿意"，自变量均为分类变量，非常适合采用二元 Logistic 回归分析模型，故本文将用 SPSS 23.0 对变量作二元 Logistic 回归分析。为避免自变量之间存在共线性导致模型失真，先对数据进行共线性检验，结果如表 11 所示。

表 11　共线性检验系数*

模型	变量	共线性统计	
		容差	方差膨胀系数
1	每年农村房屋居住时长	0.252	3.970
	宅基地收益	0.327	3.055
	农村房屋居住条件	0.549	1.823
	村内买卖房屋情况	0.368	2.715
	村内发生流转情况	0.338	2.962
	城镇房屋用途	0.234	4.272
	城镇房屋位置	0.299	3.347
	城镇房屋交通	0.322	3.106
	城镇房屋生活便利	0.227	4.398
	城镇房屋环境	0.275	3.641
	收入稳定性	0.282	3.544
	非农谋生技能	0.332	3.008
	办理的社保项目	0.390	2.566
	政策了解程度	0.446	2.243
	文化程度	0.291	3.440

注：*因变量：宅基地数量。

　　一般认为容差≤0.1 或方差膨胀系数≥10，则说明自变量间存在严重共线性情况，因此本文数据自变量之间不存在严重共线性，可进行二元回归分析。

5.2.2　二分变量 Logistic 回归结果

　　本文研究的目标群体有两个，分别是"两栖"农户与非"两栖"农户，在进行二元 Logistic 回归分析时将分别进行分析。

　　(1)"两栖"农户。在进行"两栖"农户的回归分析时，剔除了不显著相关的 X_9、X_{10}、X_{12}，在此基础上先进行霍斯默-莱梅肖检验，验证模型的选择是否合适，结果如表 12 所示。

表 12　"两栖"农户霍斯默-莱梅肖检验

步骤	卡方	自由度	显著性
1	0.184	2	0.912

一般认为霍斯默-莱梅肖检验显著性 $P>0.05$ 说明模型与观测值能较好拟合，研究中的 $P=0.912>0.05$，说明模型选择合适。

根据选定的"两栖"农户的分类表（表 13）数据显示，预测正确百分比为 $84.9\%>60\%$，同样说明模型选择较好。

表 13　分类表

实测	预测		
	流转愿意	流转不愿意	正确百分比
流转愿意	78	1	98.7%
流转不愿意	13	1	7.1%
总体百分比			84.9%

验证模型选择的合理性之后，进行二元 Logistic 回归分析，得到结果如表 14 所示。

表 14　"两栖"农户二元 Logistic 回归结果

	X_1	X_2	X_3	X_4	X_5	X_6	X_7	X_8	X_{11}	X_{13}	X_{14}	X_{15}	X_{16}
显著性	0.063	0.000	0.996	0.001	0.996	0.000	0.000	0.002	0.054	0.000	0.000	0.000	0.000
(B)		2.637		2.483		1.558	2.084	1.905		1.739	1.931	3.612	3.557
$Exp(B)$		8.242		12.552		4.750	8.035	6.717		5.690	6.899	37.049	35.045

表 14 显示，宅基地数量（X_1）、宅基地收益占家庭年收益的比例（X_3）、收入稳定性（X_5）和文化程度（X_{11}）的显著性大于 0.05，即宅基地数量、宅基地收益占家庭年收益的比例、收入稳定性和文化程度不显著影响"两栖"农户宅基地流转的意愿。

在 5% 的置信水平下，每年农村房屋居住时长（X_2）显著性小于 0.05，$B=2.637>0$，表示每年居住时长对"两栖"农户宅基地流转意愿有显著正向影响，即每年农村房屋居住时间越短，越愿意流转。$Exp(B)=8.242$，表示每年农村房屋居住时长变化一个单位，流转意愿变化 8.242 倍。

农村房屋居住条件（X_4）显著性小于 0.05，$B=2.483>0$，表示农村房屋居住条件对"两栖"农户宅基地流转意愿有显著正向影响；$Exp(B)=12.552$，表示农村房屋条件变化一个单位，流转意愿变化 12.552 倍，即影响程度较高。

非农谋生技能（X_6）显著性小于 0.05，$B=1.558>0$，表示非农谋生技能对"两栖"农户宅基地流转意愿有显著正向影响；$Exp(B)=4.750$，表示非农谋生技能变化一个单位，流转意愿变化 4.750 倍，即影响程度一般。

办理社保项目（X_7）显著性小于 0.05，$B=2.084>0$，表示办理社保项目对"两栖"农户宅基地流转意愿有显著正向影响；$Exp(B)=8.035$，表示办理社保项目变化一个单位，流转意愿变化 8.035 倍，即影响程度一般。

农户对政策了解程度（X_8）显著性小于 0.05，$B=1.905>0$，表示政策了解程度对"两栖"农户宅基地流转意愿有显著正向影响；$Exp(B)=6.717$，表示政策了解程度变化一个单位，流转意愿变化 6.717 倍，即影响程度一般。

城镇房屋位置（X_{13}）显著性小于 0.05，$B=1.739>0$，表示城镇房屋位置对"两栖"农户宅基地流转意愿有显著正向影响；$Exp(B)=5.690$，表示城镇房屋位置变化一个单位，流转意愿变化 5.690 倍，即影响程度一般。

城镇房屋周边交通状况（X_{14}）显著性小于 0.05，$B=1.931>0$，表示城镇房屋周边交通状况对"两栖"农户宅基地流转意愿有显著正向影响；$Exp(B)=6.899$，表示城镇房屋周边交通状况变化一个单位，流转意愿变化 6.899 倍，即影响程度一般。

城镇房屋生活便利程度（X_{15}）显著性小于 0.05，$B=3.612>0$，表示城镇房屋生活便利对"两栖"农户宅基地流转意愿有显著正向影响；$Exp(B)=37.049$，表示城镇房屋生活便利变化一个单位，流转意愿变化 37.049 倍，即影响程度高。

城镇房屋环境（X_{16}）显著性小于 0.05，$B=3.557>0$，表示城镇房屋环境对"两栖"农户宅基地流转意愿有显著正向影响；$Exp(B)=35.045$，表示城镇房屋环境变化一个单位，流转意愿变化 35.045 倍，即影响程度高。

（2）非"两栖"农户。同样，在对非"两栖"农户进行回归分析前，先进行霍斯默-莱梅肖检验，得到霍斯默-莱梅肖检验显著性 $P=0.879>0.05$，分类表的正确百分比为 73.7%>60%，说明模型选择正确。剔除 X_9、X_{10}、X_{12} 后，进行二元 Logistic 回归，结果见表 15。

表 15　非"两栖"农户二元 Logistic 回归结果

	X_1	X_2	X_3	X_4	X_5	X_6	X_7	X_8	X_{11}
显著性	0.001	0.000	0.995	0.000	0.000	0.997	0.000	0.996	0.016
B	3.518	2.327		3.013	3.853		4.103		1.571
$Exp(B)$	33.725	10.245		20.343	47.133		60.500		4.813

根据表 15 的结果，宅基地收益占家庭年收益的比例（X_3）、非农谋生技能（X_6）、农户对政策了解程度（X_8）的显著性大于 0.05，即宅基地收益占家庭年收益的比例、非农谋生技能、农户对政策了解程度不显著影响非"两栖"农户宅基地流转的意愿。

宅基地数量（X_1）显著性小于 0.05，$B=3.518>0$，表示宅基地数量对非"两栖"农户宅基地流转意愿有显著正向影响；$Exp(B)=33.725$，表示宅基地数量变化一个单位，流转意愿变化 33.725 倍，即影响程度很高。

每年农村房屋居住时长（X_2）显著性小于 0.05，$B=2.327>0$，表示每年农村房屋居住时长对非"两栖"农户宅基地流转意愿有显著正向影响；$Exp(B)=10.245$，表示每年农村房屋居住时长变化一个单位，流转意愿变化 10.245 倍，即影响程度较高。

农村房屋居住条件（X_4）显著性小于 0.05，$B=3.013>0$，表示农村房屋居住条件对非"两栖"农户宅基地流转意愿有显著正向影响；$Exp(B)=20.343$，表示农村房屋条件变化一个单位，流转意愿变化 20.343 倍。

收入稳定性（X_5）显著性小于 0.05，$B=3.853>0$，表示收入稳定性对非"两栖"农户宅基地流转意愿有显著正向影响；$Exp(B)=47.133$，表示收入稳定性变化一个单位，流转意愿变化 47.133 倍。

办理社保项目（X_7）显著性小于 0.05，$B=4.103>0$，表示办理社保项目对非"两栖"农户宅基地流转意愿有显著正向影响；$Exp(B)=60.500$，表示办理社保项目变化一个单位，流转意愿变化 60.500 倍。

文化程度（X_{11}）显著性小于 0.05，$B=1.571>0$，表示文化程度对非"两栖"农户宅基地流转意愿有显著正向影响；$Exp(B)=4.813$，表示文化程度变化一个单位，流转意愿变化 4.813 倍。

5.2.3　回归结果分析

（1）"两栖"农户。根据二元 Logistic 回归结果，对于"两栖"农户而言，影响其宅基地流转意愿的主要因素有每年农村房屋居住时长、农村房屋居住条件、非农谋生技能、办理社保项目情况、农户对政策了解程度以及城镇房屋情况，且都为正向影响。

每年农村房屋居住时间和农村房屋居住条件对"两栖"农户流转意愿有显著影响，说明"两栖"农户可能存在城镇、农村两处跑的情况，农村宅基地持续被"两栖"农户使用，不存在长期闲置的情况。那么，每年农村房屋居住时间越长，农户对农村房屋居住条件越满意，"两栖"农户越不愿意流转，因为此时农村宅基地有利用价值和财产价值。

非农谋生技能是"两栖"农户在城镇生活的前提保证，办理社保项目情况是"两栖"农户生活的基本保障。非农技能越强，就越容易摆脱农业生产，越能接受城镇生活；办理社保项目越齐全，农户就越不用担心农村宅基地流转后出现"流离失所"的情况，解决了后顾之忧，农户就越愿意流转自家农村宅基地。对宅基地流转政策的了解也是影响"两栖"农户流转意愿的因素之一，相对而言，"两栖"农户多是受过较高教育的人，看待问题相对更理性，他们对政策越了解，在不侵害自身利益的前提下，就越能从更高层面理解宅基地流转政策，从而越愿意支持宅基地流转。

"两栖"农户的城镇房屋情况包括城镇房屋位置、城镇房屋周边交通状况、城镇房屋生活便利、城镇房屋环境，这几个因素显著影响"两栖"农户的流转意愿。在城镇有房的农户一般会住在城镇，城镇房屋位置越好，交通越便利，生活越方便，居住环境越好，农户越倾向于留在城镇，这样农村宅基地将空闲出来，农村宅基地的利用价值将削弱，农户希望把农村宅基地流转出去来获得经济利益，提高宅基地财产价值，从而提高农户在城镇的生活水平，因而就越有意愿流转农村宅基地使用权。

(2) 非"两栖"农户。对于非"两栖"农户，宅基地数量会对其流转意愿有显著影响，非"两栖"农户不像"两栖"农户在城镇另有住房，非"两栖"农户只有农村宅基地和农村房屋，因而其宅基地的数量越多才更有可能有闲置的农村宅基地，因其闲置的农村宅基地没有保障功能的必要性，非"两栖"农户将希望通过流转宅基地获得财产性收益，提高个人的生活水平和质量。

每年农村房屋居住时间和农村房屋居住条件同样对非"两栖"农户流转意愿有显著影响，且相比"两栖"农户的影响程度要更大，说明对于"两栖"农户而言，宅基地以及附带的农村房屋依然发挥着生活生产的保障功能，农户在农村房屋居住时间越长，对农村宅基地的依赖性就越强，越不愿意进行宅基地的流转。

非"两栖"农户的收入稳定性对流转意愿影响程度非常高，收入水平越稳定的农户，越能承担一定的风险，在保证正常生活的需求外，对农村宅基地的财产性收益需求更强烈，更有意愿流转农村宅基地使用权。

办理社保项目显著影响非"两栖"农户的流转意愿，这一点与"两栖"农户的想法类似，社保作为农户生活的基本保障，办理的项目越多，农户对生活越放心，宅基地流转可能性越大。

农户的文化程度显著影响非"两栖"农户的流转意愿，农户文化程度越高，其对政策、经济形势的理解会更深刻，看待新事物、新理念和新政策更理性，因此更有意愿流转宅基地。

6 促进农村宅基地使用权流转的建议

6.1 宅基地流转的必要性

随着社会的发展、城镇化的推进，宅基地为农户提供基础生活保障功能越来越弱，农户更迫切希望能将位置固定的宅基地转化为更易流动的财产。在192个受访者中，有132个愿意流转农村宅基地，占68.8%，也就是说每10个人当中，就有6/7个人愿意流转宅基地，流转宅基地既是时代发展的需要，也是农户谋求自身发展的需要，因此，要明确支持宅基地流转的政策研究和制度出台。

6.2　宅基地流转要兼顾个人、集体、国家利益

根据表 8，没有受访者在没有任何补偿和奖励的情况下愿意流转自家的宅基地，在进行宅基地流转政策研究时，需要切实保证农户个人的权益。此外，农村宅基地的所有权人是集体，农户是无偿获得宅基地的使用权，故在流转时要考虑集体的所有权益不受侵害。为了满足社会的发展，解决城镇人口住房等生活问题，农村宅基地会存在被国家征收的情况，此时宅基地的流转可能不再是使用权流转，而是所有权的流转，由集体所有转向国家所有，所以宅基地流转并不只是农户个人的事情，也不仅仅是个人与集体的利益问题，而是涉及个人、集体和国家三方的利益关系，宅基地使用权流转的利益分配要遵循个人利益、集体利益与国家利益兼顾的原则，而且应该重视农户个人利益，这不仅有利于保护处于弱势位置的农户的合法利益，还在一定程度上有利于维护社会的和谐与稳定，保障国家的长治久安。

6.3　宅基地流转政策要有针对性

根据"两栖"与非"两栖"农户的不同需求，有针对性地鼓励宅基地流转，并给予相对应的补偿与保障。对于"两栖"农户，可对其进行非农谋生技能的培训，从而提高其非农谋生技能水平，加快适应城镇生活；为其提高优惠且齐全的社保项目，以解除后顾之忧。在鼓励宅基地流转时，政府需要提供实质性的帮助，以提高和改善农户在城镇的房屋条件，提高其在城镇生活的质量与水平。

针对非"两栖"农户，则倾向于改善其在农村房屋的条件，并在宅基地流转后为其提供合适的就业岗位或对其进行就业培训，以提高收入稳定性；同样，社保依然是很重要的保护措施，因此也需要为非"两栖"农户提供完善的社保项目，以社会保险来替代宅基地的保障性功能。

6.4　加强政策宣传力度，提高农户的认知程度

目前，我国农户的文化水平仍较低，对政府出台的相关法律法规不了解。因此我国相关部门应该大力宣传相关农村宅基地政策法规，特别是在改革试行期间，需要全方面地进行宣传和讲解，提高农户对政策的认知程度。这不仅有助于政策的顺利推行，也在一定程度上有助于长期保护好耕地资源以及促进农村宅基地使用权流转。

7　结论

本文对化州市"两栖"农户与非"两栖"农户流转自家农村宅基地的影响

因素进行研究，从两个群体出发，探究他们的流转意愿并深究其不同的影响因素。首先进行实际情况的资料收集与整理，并描述性分析，然后运用二元 Logistic 回归分析，分别得到影响"两栖"农户与非"两栖"农户流转意愿的显著因素，影响"两栖"农户宅基地流转意愿的因素有每年农村房屋居住时长、农村房屋居住条件、非农谋生技能、办理社保项目情况、农户对政策了解程度以及城镇房屋情况；影响"非两栖"农户宅基地流转意愿的因素有宅基地数量、每年农村房屋居住时长、农村房屋居住条件、收入稳定性、办理社保项目情况、文化程度，且都为正向影响，最后根据分析结果提出促进宅基地流转的建议。

首先，坚持宅基地进行流转的合理性，在制定宅基地流转政策时要充分考虑个人、集体与国家的三方利益，确保每一方的权益不受损害，为宅基地的流转提供前提保证。其次，根据"两栖"农户与非"两栖"农户的异同，合理有针对性地施行宅基地流转的鼓励政策。最后，要从观念层面提高农户的认知程度和对政策了解程度，这有助于促进农村宅基地使用权流转以及长期保护好耕地资源。

──────────── 参 考 文 献 ────────────

范建双，虞晓芬，2016. 浙江农村"三权"改革背景下农户宅基地空间置换意愿的影响因素 [J]. 经济地理，36（1）：135-142.

关江华，黄朝禧，胡银根，2013. 基于 Logistic 回归模型的农户宅基地流转意愿研究──以微观福利为视角 [J]. 经济地理，33（8）：128-133.

高玉兰，2018. 嘉善县农村宅基地退出后再利用方式的适宜性评价 [D]. 杭州：浙江大学.

郭茹，刘新平，原伟鹏，2019. 基于农户行为视角的农村宅基地流转意愿因素分析──以伊宁市及其周边 6 个乡镇为例 [J]. 湖北农业科学，58（20）：220-225.

贺雪峰，2014. 不应人为鼓励宅基地退出 [N]. 中国经济时报，2014-5-26.

胡振华，承露，2019. 中国现阶段农村宅基地流转探究 [J]. 温州大学学报（社会科学版），36（6）：28-35.

林敏佳，2018. 广州市 H 区宅基地隐性流转问题与对策研究 [D]. 广州：华南理工大学.

李宏伟，2017. 农户分层视角下农村宅基地流转意愿研究──以保定安国市为例 [D]. 石家庄：河北经贸大学.

刘逦，2016. 农户宅基地流转与退出的意愿调查与分析──以安徽省巢湖市太和村和太湖县安仓村为例 [D]. 昆明：云南财经大学.

李荣耀，叶兴庆，2019. 退出与流转：农民宅基地处置选择及影响因素 [J]. 农村经济（4）：10-20.

马爽，2014. 城镇化进程中农村宅基地使用权流转研究 [D]. 南京：南京工业大学.

孙秋鹏，2020. 农村宅基地流转问题研究述评 [J]. 西北民族大学学报（哲学社会科学版）

(1)：114 – 131.

王健，2018. 城镇化背景下城郊农村宅基地流转模式研究 [D]. 武汉：华中师范大学.

王昌顺，2017. 新型城镇化背景下我国农村宅基地使用权流转制度研究———基于保护农民权益的视角 [D]. 海口：海南大学.

吴东，2018. 嘉兴市农村宅基地使用权流转的影响因素研究 [D]. 成都：西南交通大学.

吴江，2010. 重庆新型城镇化推进路径研究 [D]. 重庆：西南大学.

张超，2015. 宅基地使用权转让现状调查研究———以郑州市"城中村"为例 [J]. 湖北函授大学学报，28 (10)：85 – 86.

张晓娜，2018. 不同区位农户宅基地退出决策行为及影响因素研究 [D]. 天津：天津工业大学.

张文方，李林，2017. 广州市宅基地流转意愿的影响因素———基于宅基地功能演变视角 [J]. 江苏农业科学，45 (3)：299 – 302.

张昴，杨威，段建南，等，2018. 基于不同文化背景的农民宅基地流转意愿分析 [J]. 湖北农业科学，57 (12)：140 – 144.

左珠琳，2015. 城中村宅基地使用权流转问题研究 [D]. 广州：广东财经大学.

郑沃林，郑荣宝，李爽，等，2017. 中国村镇建设用地低效现象的经济学观察———基于广州市天河区和白云区城中村的实证分析 [J]. 湖北农业科学报，56 (1)：191 – 195.

BRANDIT LOREN，JI KUN HUANG，GUO LI，et al. ，2002. Land Rights in Rural China：Facts，Fictions and Issues [J]. The China Journal，47 (47)：67 – 97.

FEDER，G. D. ，FEENEY，1993. The Theory of Land Tenure and Property Rights [J]. World Band Economic Review，5 (7)：135 – 153.

GALLENT N. TEWDWR – JONES M，2000. Rural second homes in Europe：examining housing supply and planning control [M]. Aldershot：Ashgate Publishing Ltd.

GUO LI，SCOTT ROZELLE，LOREN BRANDT，1998. Tenure，Land rights and farmer investment incentives in China [J]. Agricultural Economics，19 (1)：63 – 71.

KUNG JK，2002. Off – Farm labor markets and the emergence of land rental markets in rural China [J]. Journal of Comparative Economics，30 (2)：395 – 414.

KEEFER P，KNACK S，2002. Polarization，politics and property rights：Links between inequality and growth [J]. Public choice，111 (1 – 2)：127 – 154.

NELSON A C，1986. Towards a theory of the American rural residential land mark [J]. Journal of Rural Studies，2 (4)：309 – 319.

PROSTERMAN，HANSTAD，2003. Discussion of Agricultural land values，Government Payments，and Production [J]. Land Use Policy (8)：70 – 77.

ROY PROSTERMAN，1996. The Seal Operation of China Agriculture [J]. Observation of China Rural Areas (2)：17 – 29.

YAO Y，CARTER MR，1999. Specialization Without Regret：Transfer Rights，Agricultural Productivity，and Investment in an Industrializing Economy [J]. Policy Rese arch Working Paper.

征地拆迁补偿满意度研究

——以东莞西站洪梅单元土地整备项目为例

吴颖欣　高艳梅

1　前言

1.1　研究背景

土地征收是关系国民经济和人民生活的重大事件。一方面，在当前农村改革和发展的背景下，可以促进农村经济发展和农村基础设施建设，同时农村城镇化和农村振兴战略可以逐步实施；另一方面，农村土地征收涉及农村居民最基本的土地权利和财产权利。同时，随着社会经济的发展，目前的征地规模虽然没有过去那么大，但从公共利益的角度来看，仍然会有大量的征地活动。因此如何协调农村发展与村民利益是农村土地征收中亟待解决的重要问题。近年来，在农村土地征收过程中，由于无法有效协调二者之间的矛盾，引发了大量的土地征收纠纷，许多农村居民的土地权利和财产权利受到侵犯。农村土地征收争议的经常性事件和群体性上访事件导致了大量征地矛盾，并形成了一种不容忽视的社会问题。在政府征收农村土地的背景下，怎样提高村民的生活满意度、实现和谐社会一直是理论界和地方政府部门需要解决的重大问题。

加强政府土地资源的收集、管理、处置和保管服务，加强土地整备工作是提高城市发展能力的重要途径，是优化和恢复土地资源结构的坚实基础。2019年广东省东莞市政府发布了《东莞市人民政府关于拓展优化城市发展空间加快推动高质量发展的若干意见》，进一步加强政府引导土地收储整备，全面盘活土地资源；2019年东莞市人民政府发布关于印发《东莞市国有土地上房屋征收与补偿办法》的通知。目前，东莞市存在规划机制不完善、补偿标准不一致、运行不规范等问题，影响了土地征收、土地储备和土地服务的整体水平。为扩大城市发展空间，促进城市高质量发展，必须保证土地整备工作的顺利进行，提高村民对征地拆迁补偿的满意度，从而保证土地需求的"空间延伸"。

因此，本文以东莞西站洪梅单元丞涌村村民及居民群体为研究对象，通过建立村民征地满意度分析框架，并采用问卷形式和深度走访方式进行实地调查，剖析影响农户对征地满意的具体原因，并给出了关于改善村民征地满意度与征收政策改革的意见建议。

1.2　研究意义

研究东莞西站洪梅单元土地整备项目征地拆迁补偿满意度可以正确了解在拆迁补偿中产生问题的原因，这不仅有助于促进东莞西站洪梅单元的居民及村民们的自身发展，提高征地拆迁补偿满意度，也有助于提升中国的城市化质量，对促进我国社会经济的稳定发展具有一定的重要意义。

宅基地是广大农民的最基本生存基础和保证，而拆迁补偿又关乎着他们的切身利益，对农户征地拆迁及补偿满意度的调查研究可以提升农村拆迁工作服务质量，奠定相关工作理论基础与后续参考借鉴。一旦被征地村户对征地拆迁工作的整体评价不高，不但会损失公共利益，而且还会影响政府在下一阶段的征地整备建设工作。基于此，通过寻找影响征地拆迁补偿满意度的关键因素，对征地拆迁补偿满意度进行分析，一方面可以有效化解征地拆迁工作中的矛盾，维护社区平稳发展，另一方面对有效保证土地整备项目的顺利进行具有一定的意义。

本文基于东莞西站洪梅单元土地整备项目征地拆迁补偿等方面的调查数据，运用结构方程模型分析东莞西站洪梅单元土地整备项目征地拆迁补偿满意度，进而得出结论并提出改善建议，以提高现阶段土地整备项目征地拆迁补偿的满意度，对提高其他省份或城市的征地拆迁补偿问题也具有一定参考和借鉴意义，从而有效保障国家土地整备项目工作的顺利进行。

1.3　国内外研究现状

1.3.1　国内研究现状

关于城镇化过程中土地整备项目征地拆迁补偿满意度的研究，国内相关学者从不同角度开展了研究。

从征地拆迁补偿的研究来看，郑振源（2012）指出目前的征地政策存在如下问题：首先征地标准不清楚，征地农民范围太大；其次对征地农民的政策不当，没有保护失地农民的正当权益；最后是征地程序不健全，对集体的参与权和决策权都没有保护。白旭川（2013）就完善农村集体征收土地中关于拆迁补偿制度的功能和价值，转变集体征收土地的拆迁立法理念进行具体的研究和探讨。贾甜甜（2016）指出，在征地拆迁工作中，土地补偿标准不合理不能反映土地转为城市建设用地的附加值，忽视不同的经济发展水平也会导致补偿价格的巨大差异。薛冰（2017）则指出目前中国农民对集体土地征收补偿制度面临着公共利益的界限不清、征收土地补偿区域范围狭小、补偿标准不合理、程序不健全、失地农民的安置保障制度不健全以及征收土地补偿机制不健全等弊端。郭磊（2019）表示农村征地拆迁补偿可以利用利益博弈论和公平与效率理论来解释。许晶莹（2019）认为征地拆迁的成功与三个因素有关：一是拆迁户对经济效益的满意度，二是拆迁工作的引导方向，三是基层干部的协同工作。王悦（2020）认为要从制度的层面入手，建立健全征地补偿机制与制度，提高补偿的标准，探索各种补偿方式，努力实现征地民主化。张甜甜（2021）指出新《土地管理法》第47条第二款引入了征地补偿协议制度，要求政府在征地前对土地情况进行调查并公布信息，听取村集体经济组织和农民的意见，确保被征地农民在征地全过程中有更多的参与权、监督权和话语权，切实保护农民权益，然而，还是存在不合适的地方，如尚未明确赔偿前协议的内容、目的和执行情况。

从补偿满意度的研究结果出发，王小映（2013）认为，政府不仅要保障失地村民的当前利益，还要着眼于未来，保障村民的未来和养老问题。邵任薇（2014）选取了多个视角剖析影响征地拆迁满意度的各种因素，在研究中还涉及了安置方式、机制缺漏、赔偿标准问题等，期望能够从中发现一种既能使工程顺利完成，又能保障所涉及地区群众合法权益的合理补偿方法，从而努力提高民众的满意度，同时促进被拆迁地方的农业经济、城镇化和工业化共同发展。刘雅菲（2017）提出拆迁补偿满意度可以看作是一个心理学概念，即被拆迁人对拆迁安置活动的总体看法和认知，可以纳入拆迁安置成功与否的判断标准。乔帅（2017）基于被拆迁人的心理，发现实际的补偿通常与补偿预期相差很大，而且大多数被拆迁人都有很高的期望，因此，拆迁农户一时难以接受拆迁方案，容易造成混乱和损失，所以我们只能把握房屋拆迁利益主体之间的利益关系。姚虎明等（2018）通过实地调查对相关问题进行了深入调查，得出大多数拆迁户希望增加征地拆迁补偿金额，解决自身工作问题和改善居住环境。徐忠等（2018）指出，农民的土地投资程度是农民满意度的重要原因，如果农民在土地上投入了大量资金，他们通常不愿意被征收土地。吴淑君（2022）指出，《中华人民共和国土地管理法实施条例》第30条规定，有批准权的地方人民政府有权审核征收土地的必要性和合理性，并决定是否满足为公共利益而缴纳土地的法律要求；上述规则从根本上划分了公共利益的范畴，并在一定程度上丰富了中国司法系统中的公共利益最大化规则，使公共利益征收土地具有特定的法律依据，有助于缩小土地征收的范围；同时，监督和制约政府滥用土地征收权，减少公共利益纠纷和矛盾，防止公共利益的模糊性和泛化，保护被征地人的合法权益，提高被征地村民的满意度。

1.3.2　国外研究现状

除了5个实行社会主义的国家，其他资本主义国家并没有宅基地的概念，所以国外的相关研究以土地拆迁为主体。

在征地补偿方面，Bettina Reimann（1997）认为赔偿的原则和结果应根据财产的不同属性来确定；Seong‐Kyu Ha（2001）从伦理的角度来看，在征地拆迁过程中，韩国政府没有改善搬迁家庭的生活水平，而是将他们驱逐到低于移民补偿水平的生活水平，这是对人权的侵犯；David（2001）认为相信科学的补偿机制建立将有助于对政府的拆迁行为进行监督；Ed（2001）建立了土地征收的市场价格模型，并利用探寻子博弈纳什均衡方法确定了市场化的土地补偿价格；Zhiyong Wang 等（2004）认为拆迁过程中必须与被拆迁居民进行认真沟通，否则一些强制拆迁实质上是对居民权利的侵犯。

在提升被征地村民满意度方面，Martin（1961）对征地补偿安置情况的分析报告指出，地方政府应当按照征地补偿的政府背景、补偿方法、安置困难程度以及运行模式等对征地农户作出补偿，调查还表明，住宅布局以及去往安置地的道路形式都是影响征地满意度的最主要原因；Joseph（1979）建立统一的拆迁援助法律框架，深入研究拆迁成本、安置成本和财产处置成本对农民征地满意度的影响；Milligan（2006）为保护失地农民的社会保障权益，建议政府建立设施齐全的养老服务中心，整合资源，利用社会力量，选拔志愿者，成立志愿者协会，充分发挥志愿者作用，提供养老服务，减轻公共养老金负担也是为了确保农民的生活水平；Feamside（2010）认为政府在土地征收中起着非常重要的作用，只有保护失地农民的合法权益，促进征地制度的完善和优化，才能逐步建立起系统、科学的征地制度并提升被征地农民的满意度；Herring（2010）认为在征地过程中，政府应考虑政治、经济、社会等多方面因素，提高被征地农民的满意度，而不是着眼于利益的一个方面；Bliss（2012）认为最为重要的是针对失地农户再就业的制约因素进行考察研究。

1.3.3　文献述评

征地拆迁补偿及其补偿满意度一直受到社会各界学者的广泛关注。研究学者们一致认为，征地补偿应反映土地转为城市建设用地的附加值，不同的经济发展水平也会导致补偿价格的巨大差异。补偿标准不应保持不变，而应随着时间的推移逐步调整。在补偿满意度方面，学者们普遍认为，大多数被征地村民希望增加征地拆迁补偿金额，以解决自己的工作问题并改善生活环境，这也是解决目前不合理补偿标准的做法。因此，在增加补偿金额的同时，农民还应获得将土地利用转化为城市建设用地的增值收入，同时增加就业机会和收入来源。

近年来，我国对征地拆迁补偿满意度的研究越来越深入，探讨村民对征地补偿满意度较低的原因，并对影响因素提出了合理、客观的建议，然而，在这些调查中的定量数据很少，而且大部分基于探索性因素分析。在此基础上，本文以东莞西站洪梅单元为研究对象，以满意度为主要内容，从影响征地补偿满意度的因素入手，通过结构方程模型来分析失地村民满意度的影响因素及政策启示，探讨如何提高失地村民满意度，解决征地矛盾。

2 项目简介与问卷设计调查

2.1 东莞西站洪梅单元土地整备项目简介

东莞西站洪梅单元是东莞市水乡功能区核心单元之一，占地约 105.42 公顷，同时是水乡新城片区重要的轨道交通枢纽站，集轨道交通、公交车换乘于一身，莞惠城轨、穗莞深城轨、佛莞城轨（在建）、地铁 1 号线（在建）都将与这里无缝连接。洪梅单元土地整备项目首期拆迁回迁房建设项目设在东莞西站附近，未来对于居住在回迁房的村民来说交通便利是没有问题的。自 2020 年 9 月份起，氹涌村启动东莞西站洪梅单元土地整备项目，经过近一年的努力，东莞西站洪梅单元土地整备事项累计表决率超过八成，已移交空地约 61.09 公顷，房屋权属申报和测绘完成率均接近八成，清点表签署完成率接近七成，补偿核算表签字和协议签订率均接近五成。

在洪梅单元的补偿方案中有各种要求，其中对私宅以四层为限。四层及以下，私宅的补偿又分两种情况：一种是建筑面积未超出宅基地面积的 4 倍，另一种是超出宅基地面积 4 倍。未超出 4 倍的，按已建建筑面积 1∶1 可置换回迁房，且同时可获得现金补偿——具备居住条件为 2 000 元/米^2，不具备居住条件则只有 1 500 元/米^2。若是权益人放弃回迁房，选择现金补偿，那就相对比较亏——最高只有 9 000 元/米^2（指具备居住条件，不具备则每平方米少 500 元）。因此，村民多是选择置换回迁房。若不予置换回迁房，村民只能获得现金补偿，一是四层及以下，且超过宅基地面积 4 倍以上的，只给予现金补偿（具备居住条件按 7 000 元/米^2 计，不具备则按 6 500 元/米^2）。二是四层（不含）以上的建筑面积，只补偿现金——具备居住条件的按 5 000 元/米^2 补偿，不具备则按 4 500 元/米^2 补偿。此外，如村民按期签约奖，每宗宅基地可获得 5 万元，配合注销产权证书奖，每宗奖励 1 万元等。但是有部分村民在前几年得知本村要拆迁后，都在原先无地上附着物或建筑物的宅基地上进行建设，为了在未来的征地拆迁过程中可以补偿多一点费用，但是可能到最后补偿的金额还不够自己建设地上附着物或建筑物的费用多，导致他们的心理落差大，认为没有到达自己的期望，且觉得补偿金额不够高。

因此，东莞市委、市政府，水乡委、镇委政府高度重视本次土地整备项目，投入资金，整合资源，支持学校、医院等公共服务设施建设，全面改善环境质量，支持农村集体经济可持续发展，通过捐赠、回购和产权建设支持农村集体经济可持续发展，从而使被征地的村民不会因失地带来的损失引发大量争议和纠纷，反而幸福感更充实，对土地整备项目征地拆迁补偿满意度会更高，从而维护村民长远利益，实现乡村振兴，辐射带动水乡功能区的快速发展。

2.2 问卷设计

基于国内外相关研究文献和实际调查需求，问卷的设计综合考虑了调查对象的基本特征，共设计了 24 个问题分析东莞西站洪梅单元土地整备项目征地拆迁补偿满意度。包括：①个人基本特征，包含性别、年龄、文化程度、税后月收入、职业类型；②土地整备项目征地拆迁补偿满意度的情况，包括对于此次拆迁赔偿的回迁房地理位置、配套设施、周边交通、治安状况、周边文体娱乐设施和活动状况、就学便利性、小区绿化等满意度，对拆迁补偿价格的满意度，对此次拆迁流程合理程度、透明程度、宣传到位程度、分配公平性的满意度，对此次征地拆迁赔偿的总体满意度；③土地整备项目征地拆迁补偿过程中涉及的相关问题，包含拆迁动员是否合理、拆迁工作是否存在暴力拆迁、拆迁是否符合被拆迁者原有期望、是否已经完成私人房屋签约等。

2.3 调查实施

本文以东莞西站洪梅单元氹涌村的村民有私人房屋可以签约、农村户口或在氹涌村居住的居民为研究对象。鉴于笔者舅舅一家住在东莞西站洪梅单元一带，当地的村民相互认识，所以在询问问题的过程中得到的答案是有可信度。首先于 2022 年寒假期间开展线下调查，基于大多数外出打工的村民回家过年这个契机，笔者在研究满意度的调查中更加具有可信度，并且利用熟人效益，大家的参与度和配合度都非常高，所得的数据也是比较可靠的。初步了解受访者的意愿和基本情况后，考虑到人力成本和时间成本，研究者改用网络调查问卷的形式进行调查。首先利用"问卷星"小程序设计及发布问卷，其次利用东莞西站洪梅单元氹涌村村民们常用的通讯娱乐软件如微信、QQ 等进行分享填写，最后进行回收和分析问卷。问卷调查于 2022 年 2 月 3—10 日进行，共回收有效问卷 215 份。问卷回收后，将数据导入 SPSS 25.0 软件中进行处理并统计分析。

3 基于问卷调查结果的统计性描述分析

本次调研问卷发放时长为 8 日，共回收有效问卷 215 份。本次调查问卷的完成率较高，表明受访者对此次问卷持欢迎、肯定态度。问卷的统计性描述分析基于三个维度，包括个体特征、土地整备项目征地拆迁补偿满意度以及征地拆迁补偿过程中涉及的问题。

3.1 个体特征

个体特征是影响个人选择与决策的基本要素，涉及东莞西站洪梅单元征地拆迁村民的特征多种多样，性别、文化程度等个体特征都存在显著的差异，这些差异在一定程度上影响着村民对东莞西站洪梅单元土地整备项目征地拆迁补偿的满意度。

根据问卷调查的统计结果（表1），从性别上看，本次调查对象中男性居多，占比为51.6%，但是总体上是比较平衡的。从年龄上看，36～50岁年龄段中的人数最多，占比为36.74%，其次是18～35岁年龄段，占比为25.12%，接受访问的18岁以下村民占比最少，占比为2.79%。从被调查对象的受教育程度来看，以大学以及大专为主，占比为31.16%，接下来是高中以及中专，比重为29.77%，小学及小学以下学历占总调查人数的23.25%，初中学历比重最少，为15.81%。

表1　被调查对象个体特征情况一览表

类别	选项	人数	占比
性别	男	116	51.6%
	女	109	48.4%
年龄	18岁以下	6	2.79%
	18～35岁	54	25.12%
	36～50岁	79	36.74%
	51～60岁	41	19.07%
	60岁以上	35	16.28%
受教育程度	小学及小学以下	50	23.25%
	初中	34	15.81%
	高中（含中专）	64	29.77%
	大学（含大专）	67	31.16%
税后月收入	3 000元以下	55	25.58%
	3 000～5 000元	51	23.72%
	5 001～8 000元	66	30.70%
	8 001～12 000元	26	12.09%
	12 000元以上	17	7.91%

在税后月收入方面，东莞西站洪梅单元所位于的氹涌村村民们的收入主要为5 001～8 000元和3 000元以下，各自所占比例为30.70%和25.58%，而月

收入在 3 000～5 000 元的村民占比为 23.72%，月收入在 8 001～12 000 元和 12 000 元以上的村民占比相对较少，分别为 12.09% 和 7.91%。从数据来看可能会觉得氹涌村村民们的平均工资还是比较可观的，但是他们工资差距较大，从 3 000 元到 12 000 元都有，3 000 元及以下的村民多数为在读大学生或者是一些种地农民，以及靠领取养老金过日子的年迈老人，月收入为 12 000 元及以上的村民多数是外出打工的年轻人，而且工作地点主要是在一线城市或者某省份的省会城市，这些城市的开销较大，其可自由支配的收入也不多。

从职业类型来看，图 1 中可以看出被调查对象主要为就近打工人员、种地农民、个体户、就读大学生等，分别占比为 40.47%、11.63%、11.16%、9.30%，其次是外出打工人员、事业单位人员、村干部等，占比为 7.44%、6.51%、6.05%，最后是无职业和社区、街道、乡镇公务员占比较少，仅为 4.65%、2.79%。从职业类型来看，氹涌村的村民们多数在所居住的地方附近上班，交通便利、出行方便。家里有 20 世纪分配田地的老人或者是退休的人士，会在田里种一些蔬果，给自己家里人食用，或通过在农贸市场进行买卖贴补家用。由于东莞西站洪梅单元附近交通发达，有不少的工厂分布在周围，氹涌村的村民和新莞人会在附近的工厂上班，新莞人会在氹涌村租房子生活，也会产生一些日常的消费。因此，一些本地无职业的村民会在自己家一楼开小卖部、早餐店、快餐店等，做小本生意，为居住在附近的居民提供服务，同时获取一些利益。家里有多套私人房屋的村民也会将自己的房子改造为出租房，以此为自己带来收入。

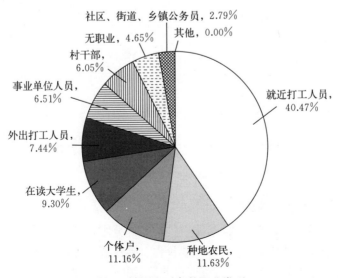

图 1 被调查对象的职业类型

3.2 征地拆迁的回迁房满意度特征

关于回迁房满意度问卷调查的核心部分主要针对以下七个可能对回迁房满意度产生影响的因素进行，即回迁房地理位置、配套设施、周边交通状况、治安状况、文体娱乐设施和活动状况、就学便利性以及小区绿化。对于村民对回迁房满意度的感受进行了调查分析，调查选项分为五个等级，分别为非常不满意、不满意、一般、满意、非常满意，并分别依照等级赋值 1、2、3、4、5。调查结果如表 2 所示，各不同变量的平均均值分别为 4.167 8、3.726 0、4.092 8、3.809 6、3.460 4、4.027 7、3.776 8。

从调查结果可以看出，回迁房地理位置、周边交通状况和就学便利性满意度较高，原因是回迁房附近建设了东莞西站和在水乡大道旁边，而且离高速路口不远，回迁房附近均设有幼儿园、小学和初中，所以交通便利、上学方便。而对于配套设施和文体娱乐设施活动状况满意度偏低，因为从目前现状来看，由于洪梅镇成立的时间比较短，在经济发展方面相对于东莞其他镇偏低，所以一些娱乐性设施和文体活动方面做得不是很好，致使这方面的满意度偏低一点。对于回迁房内部硬件设施满意度的评价，因为目前回迁房工程项目正在建设，村民们看不见实体房子，他们接触的是沙盘和一些数据性指标的规划，所以在问卷调查中，没有调查关于回迁房的工程质量等问题。

表 2　被调查对象对回迁房满意度情况一览表

观测变量	非常满意	满意	一般	不满意	非常不满意	均值
地理位置	41.4%	42.79%	9.77%	3.26%	2.79%	4.167 8
配套设施	20.47%	42.33%	29.30%	5.12%	2.79%	3.726 0
周边交通状况	35.81%	46.51%	11.16%	4.19%	2.33%	4.092 8
治安状况	20.00%	49.77%	24.19%	3.26%	2.79%	3.809 6
文体娱乐设施和活动状况	16.28%	33.95%	31.63%	15.81%	2.33%	3.460 4
就学便利性	27.44%	57.67%	8.37%	3.26%	3.26%	4.027 7
小区绿化	19.07%	48.84%	25.58%	3.72%	2.79%	3.776 8

3.3 征地拆迁补偿满意度研究

3.3.1 征地拆迁工作满意度

关于征地拆迁工作满意度问卷调查的核心部分主要针对以下五个可能对回迁房满意度产生影响的因素进行，即赔偿价格、拆迁流程合理程度、拆迁过程透明度、拆迁宣传到位程度以及拆迁分配公平性。调查选项分为五个等级，分别为非常满意、满意、一般、不满意以及非常不满意，分别将答案设定分数为 5~1 分。调查结果如表 3 所示，各不同变量的平均均值分别为 3.218 3、3.432 6、3.409 1、3.478 6、3.311 4，五个观测变量之间的均值波动不大，均在 3.4 左右，可以看出，在征地拆迁工作方面可以进一步地改进其工作流程和方式，以提高满意度。

表 3   被调查对象对征地拆迁工作满意度情况

观测变量	非常满意	满意	一般	不满意	非常不满意	均值
赔偿价格	17.67%	37.21%	12.09%	15.35%	17.67%	3.218 3
拆迁流程合理程度	14.88%	40.47%	22.33%	17.67%	4.65%	3.432 6
拆迁过程透明度	15.81%	36.74%	26.05%	15.35%	6.05%	3.409 1
拆迁宣传到位程度	15.81%	39.53%	27.44%	11.16%	6.05%	3.478 6
拆迁分配公平性	16.28%	37.67%	19.07%	14.88%	12.09%	3.311 4

3.3.2   拆迁动员合理度

根据统计结果（图 2）调查发现，有 69.77% 的村民表示此次拆迁动员合理，30.23% 的村民表示不合理。认为合理的村民提出在拆迁工作进行的过程中，负责土地整备项目的相关部门会现场举行凼涌村榕树头宣讲活动，该活动提供土地整备项目的最新情况，重点是土地整备项目中私人住宅物业的补偿，通过宣传平台活动，村民可以正确认识和理解土地整备工作，共同参与和推动土地整备工作，建设更好的土地。认为不合理的村民提出很多条约没有明确提前说明，比如同批次签约因没有全部移交私人房屋不仅扣除分数，还不能享受同批次的选房权益。

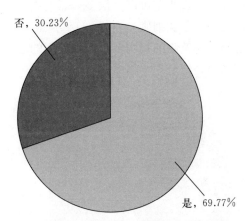

图 2   被调查对象认为此次拆迁动员是否合理

3.3.3   拆迁工作的处理方式

根据统计结果（图 3）调查发现，有 22.33% 的村民表示此次拆迁工作存在暴力拆迁，77.67% 的村民表示不存在暴力拆迁。认为存在暴力拆迁的村民告知笔者，大部分村民仍居住在氹涌村，而施工队对已交房的房屋进行拆迁时采用大型机器拆房，产生巨大震动和噪音，使其他村民不能拥有一个正常的生活环境，无法继续居住，不能保障其他村民人身和财产安全。

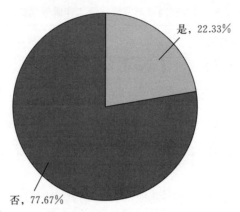

图 3　被调查对象认为此次拆迁工作是否存在暴力拆迁

3.3.4　拆迁补偿的期望度研究

根据统计结果（图 4）调查发现，有 53.02% 的村民表示此次拆迁符合被拆迁者原有期望，46.98% 的村民表示不符合，有接近一半的村民没有达到原有预期。在笔者调查过程中发现存在这么一个原因，部分村民在前几年得知本村要拆迁后，都马不停蹄地在原先无地上附着物或建筑物的宅基地上进行建设，为了在未来的征地拆迁过程中可以补偿多一点费用，但是根据东莞市政府出台的最新《征地拆迁补偿条例细则》，村民们拿到最后补偿的金额可能还不够自己建设地上附着物或建筑物的费用多，导致他们的心理落差大，认为没有到达自己的期望，且觉得补偿金额不够高。

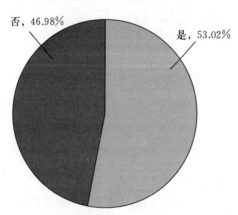

图 4　被调查对象认为此次拆迁是否符合被拆迁者原有期望

3.3.5　私人房屋签约情况

　　根据统计结果（图5）调查发现，有65.58%的村民表示完成私人房屋签约，34.42%的村民表示未完成。根据最新的消息，目前东莞西站洪梅单元氹涌村村民的私人房屋签约率已超2/3，这意味着该项目签约工作进入了冲刺阶段。

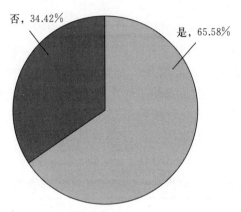

图5　被调查对象是否完成私人房屋签约

3.3.6　拆迁补偿总体满意度

　　根据统计结果（图6）调查发现，38.60%的村民表示对此次拆迁补偿总体满意，17.67%的村民表示自己非常满意，13.49%的村民觉得一般，12.09%的村民认为自己不满意，仍有18.14%的村民表示自己非常不满意。总体来看，约一半以上的村民对此次的土地整备项目征地拆迁补偿较为满意，约30%的村民认为并不尽如人意，说明征地拆迁补偿工作有待进一步提高以提升村民们的满意度，通过听取村民们的意见做出合理化修改，使土地整备项目的进度条向前推进。

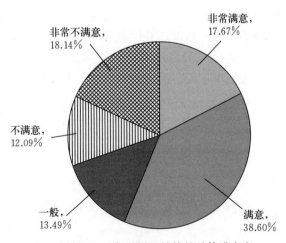

图6　被调查对象对拆迁补偿的总体满意度

4 征地拆迁补偿满意度影响因素分析

4.1 变量选取和研究假设

4.1.1 变量选取

将土地整备项目征地拆迁补偿满意度影响因素划分成个体特征、经济收入特征、回迁房满意度、拆迁工作满意度、征地拆迁补偿整体满意度等潜变量。本文结合问卷调查的实际情况，为更好地解释征地拆迁补偿满意度，最终设计22个观测变量，由此构建了一个相对完整的土地整备项目征地拆迁补偿满意度指标体系（表4），接着依据李克特五级量表，对测量指标进行量化，并分别用1～5来依次表示非常不满意、不满意、一般、满意、非常满意。

表4　征地拆迁补偿满意度的评价指标体系

潜变量	观测变量
个体特征	性别；文化程度；年龄（A1－A3）
经济收入特征	月收入；职业类型；赔偿价格（H1－H3）
回迁房满意度	地理位置；配套设施；周边交通状况；治安状况；周边文体娱乐；就学便利性；小区绿化（D1－D7）
拆迁工作满意度	流程合理程度；过程透明度；宣传到位程度；分配公平性；动员合理程度；暴力拆迁（B1－B6）
征地拆迁补偿整体满意度	整体感受；原有期望；私人房屋拆迁（C1－C3）

4.1.2 研究假设

基于上述土地整备项目征地拆迁补偿满意度评价指标体系可知，笔者将以东莞西站洪梅单元为实例研究的征地拆迁补偿满意度划分成了4个维度，因此，根据结构方程模型提出了以下变量基本假定（表5）。

表5　结构方程模型变量基本假定

假设名称	假设关系
H1	经济收入特征与征地拆迁补偿整体满意度之间具有正相关关系
H2	回迁房满意度与拆迁工作满意度之间具有正相关关系
H3	回迁房满意度与征地拆迁补偿整体满意度之间具有正相关关系
H4	拆迁工作满意度与征地拆迁补偿整体满意度之间具有正相关关系

4.2 调查数据分析

4.2.1 信度检验

信度分析又称为可靠性检验，它是用来检验调查问卷所收集到的数据结果是否一致，当今，统计学界主要采用克朗巴哈系数法（Cranbach'a）来检验信度，Cranbach'a 信度系数越高表示问卷的内部一致性越好，采用 α 模型，得到总问卷 Cranbach'a 系数为 0.806，5 个潜变量的 Cranbach'a 系数分别为 0.833、0.851、0.716、0.798、0.842，大致在 0.8 左右，一般来说需要在 0.8 以上，此次土地整备项目征地拆迁补偿满意度问卷数据具有较理想的效果，内部一致性较好（表 6）。

表 6　Cranbach'a 系数信度检验

潜变量	克隆巴赫 Alpha 值	项数
总问卷变量	0.806	22
个体特征	0.833	3
经济收入特征	0.851	3
回迁房满意度	0.716	7
拆迁程序满意度	0.798	6
征地拆迁补偿整体满意度	0.842	3

4.2.2 效度检验

（1）KMO 和巴特利特球形检验。效度指的是测量指标的有效性，通常可以理解为你的想法与实际测量数据之间的一致程度。在统计学中，结构效度是检验数据是否适合进行因子分析的最常用方法。首先，本文对各种指标采用 KMO 和巴特利特球形检验，用最大方差法提取特征值大于 1 的主成分。最后，观察旋转后的成分矩阵是否与本研究中划分的尺寸大致相同（表 7）。

表 7　KMO 和巴特利特球形检验

KMO 取样适切性量数		0.845
巴特利特球形度检验	近似卡方	3 039.277
	自由度	231
	显著性	0.000

（2）主成分提取。由表 8 可知，土地整备项目征地拆迁补偿满意度量表 22 个可测量指标在主成分提取中，初始特征值大于 1 的因子有 5 个，累计方差解释达到了 70.387%，说明 22 个题目提取 5 个主成分对原始数据的解释度

较好，其中主成分1的解释方差百分比最大，达到26.823%，主成分5的解释方差百分比最小，为5.578%。基于此，本文将被调查对象满意度指标体系划分为5个维度比较合理，且依据旋转后的成分矩阵可知，各个题目的因子归属与本文划分大体相同。因此，认为此次问卷收集的数据效度达标，符合要求。

表8　总方差解释

成分	初始特征值			提取载荷平方和			旋转载荷平方和		
	总计	方差百分比（%）	累计（%）	总计	方差百分比（%）	累计（%）	总计	方差百分比（%）	累计（%）
1	5.901	26.823	26.823	5.901	26.823	26.823	4.951	22.506	22.506
2	4.703	21.378	48.201	4.703	21.378	48.201	3.904	17.743	40.250
3	1.978	8.990	57.191	1.978	8.990	57.191	3.417	15.530	55.779
4	1.683	7.648	64.839	1.683	7.648	64.839	1.904	8.656	64.435
5	1.221	5.578	70.387	1.221	5.578	70.387	1.309	5.952	70.387

4.2.3　假设验证

在数据信度、效度检验通过的基础之上，使用AMOS 24.0作为分析软件对模型假设条件进行验证，假设验证结果如表9所示。由表9可知，H2和H4的CR值均大于2，且与之对应的P值均小于0.05，表明存在显著差异，而H1和H3不存在显著差异。因此，认为H2和H4假设成立，即回迁房满意度对拆迁工作满意度有着显著的正向影响，拆迁工作满意度对征地拆迁补偿整体满意度有着显著的正向影响。

表9　假设验证的结果

研究假设	标准化的路径系数	CR值	P值	是否支持假设
H1：征地拆迁补偿整体满意度←经济收入特征	0.002	0.009	0.993	不支持
H2：拆迁工作满意度←回迁房满意度	0.411	5.897	***	支持
H3：征地拆迁补偿整体满意度←回迁房满意度	−0.002	−0.046	0.963	不支持
H4：征地拆迁补偿整体满意度←拆迁工作满意度	0.903	4.932	***	支持

注：*** 表示$P<0.05$。

4.3　模型评估与解释

4.3.1　模型评估

本文采用最大似然法计算模型与数据的拟合度。一般认为，实际拟合指数越接近参考则拟合指数越好，相反，如果模型拟合中存在问题则需要纠正。在本文的第一次操作中发现一些指标不符合标准，因此，根据模型中的校正指示信息对相应的指标进行校正。修改后的模型拟合指标如表 10 所示。拟合评价指标通过检验，表明模型与样本数据拟合良好，模型拟合程度良好。

表 10　拟合指标

分类	绝对拟合值	简约拟合度		增值拟合度
评估指标	*GFI*	*AGFI*	*PGFI*	*CFI*
一般取值范围	[0, 1]	[0, 1]	[0, 1]	[0, 1]
实际取值	0.493	0.355	0.388	0.552

4.3.2　模型解释

（1）征地拆迁补偿整体满意度与拆迁工作满意度的关系。由图 7 可知，对土地整备项目征地拆迁补偿满意度影响最大的是对拆迁工作的满意度，影响系数高达 0.90，东莞西站洪梅单元土地整备项目征地拆迁作为打造水乡功能区高质量统筹发展示范区，拆迁工作的满意度是征地总过程的核心部分，其所在的重要性不言而喻。在拆迁工作满意度中，"拆迁流程合理程度""拆迁过程透

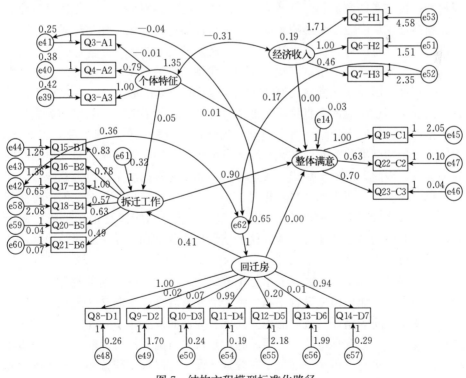

图 7　结构方程模型标准化路径

明度""拆迁宣传到位程度"的载荷系数分别为 0.83、0.78、1.00，说明这三项对拆迁工作的满意度影响较大，应作为提高土地整备项目征地拆迁补偿满意度的重点项目，相比之下，"拆迁分配公平性""拆迁动员是否合理""拆迁工作是否存在暴力现象"的载荷系数较低，分别为 0.57、0.63、0.49，说明土地整备项目征地拆迁补偿工作在这三方面还有很大的进步空间。因为在调查中发现，有部分村民对于拆迁工作还是存在不满的意见。有村民讲到，目前洪梅镇氹涌村急不可耐地开展拆迁工作获取用地指标，但仍有部分村民未签约、未交房，并且大部分村民仍居住在氹涌村，施工队对已交房的房屋拆迁时采用大型机器拆房，会产生巨大震动和噪音，导致没有一个正常的生活环境，并且村民房屋的楼间距不足一米，巨大的震动必然导致邻居房屋的开裂，村民们多次要求村委用杀伤力较小的机器拆房，但都沟通无果，维权无路。拆迁工作满意度与征地拆迁整体满意度有一定的联系，如果政府在完成拆迁工作中让村民满意，不进行暴力拆迁，符合村民们的意愿，则氹涌村村民们完成签约意愿越强烈。

（2）拆迁工作满意度与回迁房满意度的关系。对于回迁房的满意度也会影响到对拆迁工作的满意度，其荷载系数达到 0.41，说明东莞西站洪梅单元氹涌村的村民在考虑政府拆迁工作的满意度时，会把对回迁房的满意度考虑在内，而拆迁工作满意度会影响土地整备项目征地拆迁补偿工作整体满意度，所以拆迁房的满意度对于征地拆迁工作具有潜移默化的影响。

（3）征地拆迁补偿整体满意度与回迁房满意度的关系。在"征地拆迁补偿整体满意度←回迁房满意度"的路径中，载荷系数呈现 0 值，从现实生活考虑，回迁房满意度应该会直接影响征地拆迁补偿整体满意度，这里的数据分析却不是如此。一般来说结构方程模型中的路径系数是一种回归系数，和 SPSS 中回归分析的标准化、非标准化系数的解释是一样的，它反映的是变量之间的相关关系，因此，出现负数或者接近零值是非常正常的结果。负数意味着负相关、负向预测、负向影响，与正相关、正向影响、正向预测相对。但值得注意的是，在有些情况下根据理论和实践经验，变量之间应该是正相关或正向影响，但模型的路径系数却为负数，这种结果是违背常理、无法解释。通常，这种结果主要出在数据的反向性上，例如有些心理健康量表得分越高表示越健康，但有些量表则是得分越高表示越不健康。另外，有些数据可能有反向计分题或逆向指标，如果模型设置不当，整个潜变量就会以反向含义出现，当然也有时候变量之间的路径系数可能因为高度共线性而发生正负号改变的情况。而这里出现负值，笔者觉得还有一层原因，是村民目前并没有接触到真正的实体回迁房，回迁房的工程建设项目正在规划建设，村民根据积分和样本房进行挑选，所以对于回迁房的质量、配套设施等问题并没有很好的感受，所以使得数据分析时会出现以上问题。但是与此同时我们也能得知，良好的回迁房居住环境不仅能提升拆迁工作满意度，还能大大提高土地整备项目征地拆迁补偿满意度。

在"回迁房满意度"中"回迁房地理位置""回迁房治安状况""回迁房小区绿化"等对土地整备项目征地拆迁补偿整体满意度的影响均较大，荷载系数都在 0.90 以上，说明村民们还是很注重拆迁之后的居住环境，担心自己不习惯日后的生活，对于居住小区感觉安全系数不高，因为邻与邻之间就在对门，安全感系数降低。因此，洪梅镇政府将坚定信心和决心，共同推进回迁房建设和单元土地整备工作，推动回迁房早日建成落地，让被征地村民早日安心过上幸福的生活。在 2021 年 9 月 8 日，东莞市公共资源交易网发布《东莞西站洪梅单元土地整备项目首期拆迁安置房建设项目造价咨询》，该项目位于洪梅镇氹涌村，具体为洪梅大道以东，梅沙大道以南，占地 44 142 米²，建筑面积为 224 270 米²，计容建筑面积为 160 170 米²，不计容建筑面积为 64 100 米²，拟建 9 栋 32 层住宅楼，1 栋 4 层幼儿园，2 层地下室以及其他配套设施等，预计可容纳住户 1 216 户，项目容积率 3.6，建筑限高 120 米。其中住宅楼 7 栋为两梯四户户型，2 栋为两梯五户户型，以住宅及商业功能为主，全部为高层住宅。对外开放的样板房户型包括 70 米²、100 米²、120 米²、150 米² 和 180 米² 五个户型，为氹涌村村民提供多样化选择。同时，回迁房的建造也要注意公共服务配套设施和周边文体娱乐活动，为居民的生活创造更多的乐趣，也能促使洪梅单元早日建成水乡新城极具竞争力的商贸区，共同见证水乡功能区的华丽蜕变。

（4）征地拆迁补偿整体满意度与经济收入特征的关系。 在"征地拆迁补偿整体满意度←经济收入特征"这条路径上，问卷调查发现并没有显示出明显的正向相关关系。笔者初始认为，该单元征地拆迁的满意度可能会与经济收入特征相关，因为文化程度、薪资在现实生活中会部分影响拆迁补偿的满意度，个体特征和经济收入特征对于征地拆迁补偿满意度有少部分的影响，比如有一些薪资不高，平时就靠种地或者到附近的工厂做零工的村民，完成私人房屋签约就可以拿到一定的征收补偿款，可以适度缓解目前拮据的生活。并且首批补偿款发放对洪梅单元土地整备工作发挥了重要作用，村民们看到了实实在在的好处后热情高涨，村民们热情表示将积极配合政府进行土地整备工作。

但在这次研究中反映出来的却不是如此，通过线下的咨询和网上资料的查询，认为是以下几个原因导致：①有部分居民虽然工资、文化程度较高，但是仍然难以接受再无属于自己的祖屋和宅基地的现实，一些传统农村的思想致使其满意度偏低；②东莞西站洪梅单元土地整备指挥部为全力做好回迁房选房等相关工作，同步加快推进回迁房建设，分 4 个阶段向享受整体搬迁奖励的氹涌村户籍村民及非户籍股东支付（不重复支付、补偿）奖励金，其中，签约率达到 10% 支付 5 万元/人；签约率达到 2/3 支付 3 万元/人。所以虽然村民们对于补偿价格不是很符合预期的结果，但是在现实情景下，这个补偿的条件也是可以接受，所以到目前为止有超出 75% 的私人房屋签约率，这些已签约的村民其实与自己的经济收入特征并没有很强的相关关系；③已经签约的村民不仅可以早早拿到补偿款和奖励金，还具有对回迁房选择的优先权，从而能够及时锁定自己最"心水"的楼王。于是，很多村民们都会主动地投入到私人房屋签约工作，期待能够早日签约自己心意的回迁房。为推动选房工作的顺利进行，东莞西站洪梅单元指挥部、氹涌村委会、洪梅村各有关部门在充分征询了村民代表等意见建议的基础上，通过多次召开选房工作研讨会，以推进选房工作的顺利开展。在会议上还通过从优中选优，制定选房工作实施方案，严格遵守有关选房政策和规章制度，保证选房工作"依法、公开、公平"地进行。在这一点上村民代表们也予以了充分肯定，并期望可以维护选房的公平正义。

(5) 其他次之路径关系分析。在"赔偿价格"方面，路径系数仅为 0.46，虽然签约率已经超过三分之二，但是仍有不少村民认为赔偿的价格偏低，担心今后的生活，特别是上年纪的老人，他们一般都是退休人士，平时靠种植一些果蔬供自己食用和拿到市场上卖，为自己挣点生活费。但是征地之后，这些老人再也没有自己的田地可耕，比较担忧征地后的生活，怕自己一时不能适应。征地拆迁关系到广大被拆迁村民的基本生活需要，这无疑是一件大事。未来生活水平取决于拆迁补偿水平是否合理，大多数被征地者在生活中可能也就面临一次拆迁，所以面对拆迁感到非常困惑。在"整体满意度"方面，"是否完成私人房屋签约"的路径系数达到 0.70，比较符合现实的签约率，证明这份调查数据具有一定的可靠性和可分析性。在"是否符合原有期望"上，路径系数为 0.63，说明虽然部分村民没有达到原有的期望，但是还是会完成签约，不管是因自己当前的生活所迫，还是尽自己所能让洪梅单元早日建成水乡新城极具竞争力的片区付出一份力量。

5 研究结论与政策启示

5.1 研究结论

本文对征地拆迁补偿满意度进行问卷调查，主要研究分析该单元村民的个体特征、经济收入特征、对回迁房满意度和对拆迁工作满意度这些因素对整体满意度的影响。运用结构方程模型对其进行验证分析，并依据各维度路径系数，以找到影响征地拆迁补偿满意度的因素，确定村民们的征地拆迁补偿满意度，以提升被征地村民的满意度为目的。主要结论如下所示。

（1）**补偿程序不透明与村民信任感低。**通过分析影响征地拆迁补偿满意度最显著的因素可以知道，关于征地拆迁前各种工作的满意度是被征地村民满意度的最大影响因素。征地拆迁政策的实施和各政府部门对拆迁工作的态度与表现对征地拆迁补偿满意度有一定影响。许多居民对拆迁政策知之甚少，在认识不清的前提下，政策的实际执行存在一定阻力，影响拆迁的最终效果。因此，应建立科学合理的拆迁补偿机制和透明的征地拆迁补偿体系。征地拆迁补偿政策和标准坚决不能暗箱操作，拆迁补偿政策应根据不同的拆迁状况做出正式的官方解释，被征地村民对征地拆迁补偿政策或拆迁工作有异议的，应接受群众的合理建议。对于被征地村民最关心、最符合被征地村民利益的补偿标准，必须科学合理地制定与当地居民收入水平相适应的补偿标准，确保征地拆迁后村民的生活需求得到满足，并保证生活质量不减退。

（2）**补偿的回迁房未落实到位。**虽然在分析中回迁房地理位置、回迁房周边交通状况、回迁房治安状况、回迁房小区绿化与拆迁满意度的相关关系较高，但目前回迁房正在建设，并未完工，所以村民比较担心回迁房的质量问题，所以这种暂时不可知性会影响满意度的提高。因此村民对征地拆迁的满意度普遍不是很高，临时安置与回迁房质量的暂时不可知性和拆迁补偿金额也会影响到征地拆迁补偿的整体满意度。当然也有不少居民表示，由于无法在短时间内获得回迁房，他们会将闲置的补偿款拿去购房、购车，或是进行理财，这些都可以使村民们收益颇丰，所以尽管补偿金额没有达到预期的高度，但是按现状来看，村民们认为在某些方面还是可以接受，因此在签约率方面达到超过三分之二的完成率。

在目前的数据分析中发现回迁房满意度对征地拆迁补偿整体满意度影响不大，是因为村民们对于未建成的回迁房没有一个具体的真实感受。在 2022 年2 月 15 日，东莞西站洪梅单元土地整备项目首期回迁房建设项目工程进入新年施工新阶段，为高质量完成全年各项建设目标任务开好局、起好步。然而，东莞市洪梅镇镇政府安置方案的合理性有待提高，部分回迁房配套设施有待完善，例如对工程质量的严格审查以确保附近交通、医疗、教育和就业的便利性，以及整个环境的舒适性，这些问题需要解决和改进。

（3）**农村传统思想影响征地签约率。**在经济收入方面，由于洪梅镇整体的发展水平对于东莞市来说相对落后，所以村民们的人均收入水平不高，除了一些外出打工的村民，其余的村民收入工资大概是四五千元，所以村民的宅基地和房子被征收对他们来说既是好事又是坏事。数据表明，村民的收入对村民的土地征收满意度有正向影响，即农民的年收入越高，土地征收意愿越强，土地征收满意度越高。但也不排除部分特殊的情况，例如一些思想比较传统的村民，即使平时的收入较高，目前也不缺钱花，但还是不太愿意完成征地拆迁的签约。对于那部分平时收入不高的村民，虽然在签约后可以拿到不少的搬迁奖励，但是完成签约意味着不仅自己平时耕作的田地没了，而且自己的老宅也同时消失，这些原因也会影响征地签约率。

(4) 补偿标准相对低与区域间差异大。 在赔偿价格方面，由于村民们都反映补偿的数额较少，所以需要再考虑一下征地片综合地价和基础地价之间的关联度。城市二元制的土地市场弊病也越来越明显，农村土地的征购制度导致农村农民共有权益长期丧失的土地价值小于国家有限期出让土地的价值，城市土地长期同地不同价，从而导致了农村权益损失严重。在调整农村土地征收价格时，应当充分考虑城市征地制度对农村农民的保护功能，在不降低农村农民现有生存水准前提下，保障农村农民的基本生存要求，保证农村的农民可继续生计、就学、生产与生活。

(5) 补偿方式单一与社保安置困难。 如果政府征收土地时，补偿的置换回迁房数量和金额可以满足村民们的期望，被征收土地的补偿方式越多样化，村民接受征收的可能性就越大，农民对征收的满意度也就越高。征地后，农民希望解决户籍、住房、医疗和就业问题。因此，政府必须充分考虑农民在征地过程中所面临的这些问题。

5.2　政策启示

5.2.1　加强征地拆迁工作程序的高效性

政府应拓宽沟通渠道，提高村民征地参与度，增强村民的征地意识和加强对土地整备项目的理解，使拆迁不再是一种单方面的秩序，而是一种共同的、互动的利益活动。对于有群众反映已签约的房屋在拆除时出现巨大震动和噪音，作业时间过早，邻居房屋存在开裂、倒塌的安全隐患，施工单位是否有施工资质等问题，有关部门要及时解决，避免问题由小化大，造成不必要的纠纷，使拆迁完成进度再一步拖延。同时还有村民反映，很多拆迁条约没有提前明确说明，比如同批次签约因没有全部移交不仅扣除分数，不能享受同批次的选房权益，而且不能选房，但是在签约时并没明确表明。种种问题都说明了相关政府与村民没有达成充分的沟通模式，致使漏洞百出。

当然在了解情况后，政府对洪梅镇建设高度重视，根据政府有关部署，由该镇的领导部门班子成员各自带队，并将其分成十六个入户协商的工作组，以土地整备指挥部为大本营，精细分工，共同推进建设项目，并成立了土地整备指挥部临时党委，以发挥政府党的建设的主导功能，坚持公平正义、阳光透明，保障人民群众利益，推动政府各项工作高效有序进行。笔者期待洪梅镇政府将不断推动回迁房建设和单位用地整备等工作，并认真处理好农民们所提出的问题，促进回迁房尽早建设落地，使洪梅单元尽早成为水上区新城最具有实力的商贸社区，并使农民们尽早实现花园小区居住，切实增进村民的归属感、认同感、幸福感、获得感。

5.2.2 加强土地整备项目首期回迁房建设项目

东莞西站洪梅单元土地整备项目首期回迁房建设项目是土地整备项目的核心工程，是关乎民生的头等大事，是被征地村民十分关注的一件事，因为目前他们并没有真正接触真实样子的回迁房，一切看到眼里的都是规划图和楼盘沙盘，村民们不能真实地感受自己未来的生活是否是真正的幸福和美好，所以有关部门要重点做好回迁房建设项目，这是影响整体满意度的关键因素。目前，施工队已在新年过后恢复工作，施工团队将不遗余力地推进回迁房项目的建设，确保项目可以及时、优质、高效地交付到村民的手上，不辜负氹涌村村民的期望。

5.2.3 加强对被征地村民的就业培训

从本文的调查结果可知，该村中较多村民是农民或者无业村民，又或是依靠在家开早餐店或小卖部挣钱，私人房屋被拆迁后，他们也无力租赁他人的店铺做生意，因此，政府应制定促进被征地村民就业的政策，为被征地村民提供免费的职业培训和就业指导，提高被征地村民就业率。企事业单位吸收被征地的、劳动年龄较低的村民就业的，应当按照有关规定给予社会保险或者就业补贴。鼓励企事业单位吸纳被征地村民就业，依法在工商登记、减税、免税等方面给予被征地适龄村民就业、创业、自谋职业的优惠政策和支持，银行贷款等。被征收土地的村民经就业培训后仍不能就业，生活确有困难的，有关政府应当按照规定给予一定的生活补助。政府可将为促进被征地村民就业所需的职业培训和职业指导资金，以及按照规定安排的社会保险费、劳动补贴和生活补贴列入本级政府年度财政预算。

5.2.4 加强征地补偿费发放和管理

依据我国《土地管理法实施条例》的规定，土地征收补偿款是由征收部门发放给农村经济集体的，再由农村经济集体成员确定如何分配。征收土地的安置补助费必须专款专用，不得挪作他用。相关主管部门和政府应当制定征地补偿金分配、使用和管理的指导方针和政策，加强征地补偿金的分配和管理，建立专项资金账户，加强资金监管，可以要求通过发放记名银行卡或者存折方式直接分发给村民，减少中间环节，防止拦截、雇佣和挪用，有效保护所需农民的利益。

5.2.5 完善被征地拆迁村民的生活保障政策

由前文的分析可知，该单元氹涌村村民的月收入普遍为中下水平，如果征地补偿的政策和补偿价格越好，他们的整体满意度也会随之升高。完善被征地村民基本生活保障政策，按照"即征即保、先保后征、人地对应"的要求，根据征收房屋及其他农用地或是集体土地的数量合理确定参保人数，全面计算社会保障风险准备金，逐步提高政府补助标准和社会保障水平，合理、民主、公开、公平、公正地确定保险对象，完善被征地村民基本生活保障与相关养老保险制度的衔接政策，保障被征地村民的民主知情权和参与权。

5.2.6 提高补偿标准和丰富补偿内容

其实目前还有很多地方都存在过征地农民赔偿标准低的情况，而且很多农户也不愿意被征地，所以政策要依据中国土地市场的供需状况调节好土地补偿标准。同时，在政府提出补贴标准时，政府也应当充分考虑村民的建议，以符合村民的期待。毕竟，失去土地的村民属于社会弱势群体，需要时间来适应新的生活环境与工作。

有关政府部门为减少征地补偿的工作量，多数地区政府都选用了最简便的补偿形式：简单支付货币。尽管对政府部门和农户的征地补偿措施能够在短期内迅速解决问题，但简单的支付货币却不利于农户的长远生计。因为一次性发放货币补偿之外，当地政府并未引导农户怎样运用征地补偿资金，也没有举办过就业或创业的训练活动。如果农民不会正确使用补偿资金，很快就会出现补偿不足、生活困难和生活水平下降等问题。所以，当地政府应该鼓励农村征地补贴内容的多元化，如政府给农户购买基本社会保障金，允许农户以土地入股或土地增值的形式实现分红等，不但能够保障农户的可持续发展，而且也能够推动社会主义新农村建设的进程。

6 结束语

目前，国内学者对征地拆迁补偿的理论分析研究主要集中在征地拆迁补偿制度本身，对征地拆迁补偿政策的实施和满意度评价的研究较少，研究对象主要是政府。本文主要从村民的角度探讨征地拆迁问题，目的是分析我国农村土地整备项目征地拆迁补偿中存在的实际问题，评价分析征地拆迁补偿政策的实施情况及农民对征地拆迁补偿和回迁房的满意度，并提出相关针对性建议，以期能够促进土地整备项目征地拆迁补偿的规范化进展。

但是由于笔者的水平有限，本研究也存在不足的问题。在问卷调查过程中，时间和工作能力有限、使用的调查样本数量相对较少、调查对象选择有限、研究方法相对简单、调查深度有待深化，这些都是未来需要努力完善的各个方面。

──────── 参 考 文 献 ────────

白旭川，2013. 我国农村房屋拆迁补偿制度刍议 [J]. 法制与社会（1）：200-201.

郭雷，2019. 城镇化进程中农村征地拆迁补偿问题研究 [D]. 吉林：吉林大学.

贾甜甜, 2016. 征地后失地农民就业问题 [J]. 中国集体经济 (16): 105 - 106.

路晓倩, 2019. 城镇化进程中征地拆迁补偿政策执行研究 [D]. 西安: 西北大学.

刘雅菲, 2017. 旧城改造拆迁安置补偿问题研究 [D]. 北京: 首都经济贸易大学.

乔帅, 2017. 城镇低效住宅用地再开发拆迁补偿标准量化研究 [D]. 南京: 南京师范大学.

邵任薇, 2014. 镶嵌式自主: 城中村改造中的自主与镶嵌 [J]. 暨南学报 (哲学社会科学
　　版), 36 (11): 35 - 45, 160.

王小映, 2003. 全面保护农民的土地财产权益 [J]. 中国农村经济 (10): 9 - 16.

王悦, 2020. 农村征地拆迁冲突的生成与化解研究 [J]. 安徽警官职业学院学报, 19 (3):
　　23 - 26.

吴淑君, 2022. 新土地管理法下农村土地征收研究 [J]. 合作经济与科技 (8): 186 - 187.

薛冰, 2017. 农村集体土地征收补偿的困境反思与制度重构 [J]. 理论月刊 (9): 116 - 121.

许晶莹, 2019. 从"抗拆"到"愿拆"的过程社会学分析 [D]. 南京: 南京师范大学.

徐忠, 许亮, 郑建明, 2018. 征地补偿、征地意愿与农户资本投入——未失地农户的视角
　　[J]. 农村经济 (10): 44 - 50.

姚虎明, 杨文叶, 2018. 对房地产拆迁评估中存在的问题及应对措施研究 [J]. 法制与社会
　　(14): 90 - 91.

张甜甜, 2021. 新《土地管理法》实施背景下的铜山区土地征收问题研究 [D]. 徐州: 中
　　国矿业大学.

郑振源, 2012. 征地补偿中的几个理论问题 [J]. 中国土地科学, 26 (7): 23 - 27, 83.

BLISS, 2012. Gender and Populism in latin Americ: Passionate Politics [J]. The American
　　Historical Revivw (4): 77 - 80.

DAVID ADAMSA, E. M. HASTINGS, 2001. Urban Renewal in Hong Kong transition from
　　Development Corporation to Renewal Authority [J]. Land Use Policy, 3 (5): 245 - 258.

ED NOSAL, 2001. The taking of land: market value compensation should be paid [J]. Jour-
　　nal of Public Economics, 82 (3): 431 - 443.

FEARNSIDE, 2010. The Economic of an India collage [M]. Oxford UK: Clarendon press:
　　121 - 127.

JOSEPH J CORDES, 1979. Compensation through relocation assistance [J]. Land Economics
　　(55): 486 - 498.

MARTIN MILLSPAUGH, 1961. Problems and opportunities of relocation [J]. Law and
　　Contemporary Problems, 26: 6 - 36.

TOWNSEND R M, 1994. Risk and Insurance in Village India [J]. Econometrica, 62 (3):
　　539 - 591.

三峡库区奉节县农村居民点时空演变特征及影响因素研究

邹欣钰　刘轶伦

1　绪论

1.1　研究背景及意义

1.1.1　研究背景

（1）基本国情。农村是一个兼顾多种功能的地域综合体，与城镇一起构成人类生活的主要空间，由于受到自然、社会发展程度等诸多制约，农村处于较为平稳的状况。但是经过四十多年的改革开放，我国的经济不断提高，城市化率不断上升，农村人口逐渐向城镇转移，截至 2021 年，全国农村常住人口 50 979 万人，占比达 36.11%。庞大的人口基数使农村居民点用地呈数量多、规模大、分布散、无序发展的布局特征，不但导致了我国的国土空间开发效率低下、城乡建设结构不合理、基础配套设施落后等问题，而且严重影响城镇化进程。金鑫（2019）指出，虽然国家和地方通过土地整治、村镇规划等方式对村庄进行规划指导，但前期村庄改造、搬迁等与现实的脱节造成生产规模过大，生产设施不完善，不利于传统的乡土文化传承和保护，严重制约着"三生"的协调发展。目前，乡村振兴问题受到了越来越多的社会重视，其中，农村居民点是我国农村发展的一个主要领域。张小林（2017）认为，在此背景下，对我国农村居民点的空间演变特点和布局进行深入探讨，对于加速我国农村居民点的集约利用具有重要意义，为今后乡村振兴规划做好准备。

（2）区域发展的需求。三峡库区地处长江经济带，山区多，农村面积较大，人口与土地的矛盾十分严重，生态条件十分恶劣。随着三峡工程的建设以及三峡移民工程的开展，库区的居住条件已经产生了较大的改变，许多原来的居住地被淘汰，甚至被迁移到新的地方，山区的地理位置也受到了影响。另外，三峡库区属于我国深度贫困地区，近年来，我国在实施"精准扶贫"战略的框架下，通过实施"精准扶贫"和"城乡建设项目"等措施，为乡村振兴提供了有力的支撑。因此，对三峡库区农村居民点分布与规模特点进行分析为合理使用农村居民点用地提供基础，又对乡村振兴具有重要现实意义。

我国近年来出台的有关农村建设的相关政策反映了我国对农村建设的重

视，而农村居民点是农村建设中最为关键的一环，它的发展状况是衡量一个村庄发展成效的一个关键因素，因而，开展农村居民点的研究显得尤为紧迫和必要，通过对农村居民点的空间分布特点和变化规律的研究，深刻揭示驱动机制，对指导农村居民点的优化配置、提高土地资源集约利用水平、推进城乡统筹发展都有十分重大的意义。

1.1.2 研究意义

重庆市奉节县地处三峡库区，地形复杂，江河交错，因地形的原因，农村居民点分布不均衡，缺乏统一规划，造成土地资源的过度利用。从农村居民点的规模与分布特点的角度来看，它受自然环境、区位和社会经济因素的制约，在推进农村居民点科学布局、合理利用资源、统筹城乡一体化发展方面起着十分关键的作用。同时，奉节县于 2019 年正式宣布退出国家贫困县名单，通过开展土地综合整治，合理规划农村居民点的用地布局，提高土地资源利用效率来推进脱贫攻坚与乡村振兴有机衔接，对实现乡村振兴具有重要意义。

1.2 文献综述

1.2.1 农村居民点理论进展研究

1826 年，农业区位理论的提出为农村居民点区位布局提供了科学的理论基础，1906 年，"聚落地理"的概念为农村居民点研究的发展起到了重要作用。1933 年，中心地理论为未来的农村居民点布局奠定了理论依据。虽然我国对农村居民点的研究起步较晚，但发展速度快，可以为问题的提出和解决办法提供有效指导。我国农村地区的发展了经过 20 世纪 30～70 年代的基础阶段、20 世纪 80 年代至 21 世纪的迅猛发展及 21 世纪后的高速发展，对农村居民点的研究也在不断深入。

1.2.2 农村居民点时空演变特征研究

国内外对农村居民点空间分布与演变特征研究最开始多以调查和描述为主的定性方法开展研究，随着 3S 技术的不断发展与完善，逐渐对农村居民点的研究开始由理论研究转向与 3S 技术相结合的定量分析。同时，前期研究主要是根据一期土地利用数据对各区域的农村居民点空间分布模式进行分析，随着研究的不断深入，转向以多期土地利用及遥感数据为基础，探讨农村居民点的空间分布格局及演化规律。

李红波等（2012）认为 A. Meitzen 以德国北部农村居民点为对象，从农村居民点形态、形成因素、发展过程与条件等几个角度出发，对农村聚落地理学理论进行了初步的探讨；Torreggiani 等（2014）运用传统的乡村景观分析理论定量分析农村居民点规模，进而在时空维度上对农村居民点演化进行研究；田光进（2002）以河北省 2 个县、福建省 2 个县为研究区，应用景观生态学方法，对比分析了平原和山地农村居民点的景观特点及其空间分布模式；谭雪兰等（2015）对农村居民点空间布局特征由定性向定量研究发展，并逐渐引入遥感（RS）、地理信息系统（GIS）技术、景观生态学等技术；龙英等（2012）利用 GIS，探讨了在地理环境的作用下，农村居民点空间分布及变化特点；Porta 等（2013）利用 GIS 技术对西班牙乡村聚落的人口发展与居住区的关系进行了研究，并利用形态学方法指导农村居民点的规划调整。徐羽等（2018）采用网格统计、样带分析等研究方法，利用江西省 2005 年、2010 年和 2015 年农村居民点数据，对农村居民点数量及规模的时空变化特征进行了分析，得到数量多、规模小的特征。

1.2.3 农村居民点演变影响因素研究

农村居民点影响因素的研究从定性到定量研究，从最初的自然环境因素到自然、社会经济、政策等方面进行探讨。在此基础上，采用缓冲区分析法，研究高程、坡度、河流等因素对农村居民点分布的影响。之后，讨论了影响因素，引入大量的定量方法，比如地理探测器方法、Voronoi 图 CV 值、空间自回归模型等对影响因素与农村居民点空间分布的关系进行研究。

周海涛等（2019）以包头市达茂旗为研究对象，发现对于少数民族地区，当地特有文化及政府政策影响农村居民点分布格局；郑先迪等（2019）研究发现交通因素对于盱眙县农村居民点分布的影响更为显著；Domon G 认为，农村居民点功能与形态并非由历史、社会、经济、或某一方面的因素所决定，而是由众多的综合力量共同作用；Bański 等（2010）认为农村居民点用地受自然和社会经济两方面的影响，但随着经济的快速发展，自然因素的影响程度逐渐小于社会经济因子；刘洪鹄等（2006）提出，坡向、海拔、风等自然因子是影响聚落分布的主要原因，而李瑛等也提出交通运输、非农业发展对空间结构的演变也有一定的作用。Chibillev 等（2015）基于聚类方法，根据奥伦堡州地区农村居民点用地分布特征，认为其分布与河流、人口密度、交通以及地理位置等相关；朱彬（2014）通过 Voronoi 图 CV 值对苏北农村聚落的空间形态特点及其成因分析；根据 1987 年、2002 年、2013 年三期的遥感图像，师满江等（2016）运用多元线性回归和景观格局指数分析干旱地区农村居民点景观演化特点和驱动力；乔富伟等（2019）基于居民点用地斑块和社会经济数据，借助地理探测器方法，发现在所有影响因子中，人口密度和人口分布对农村居民点用地的布局起关键性作用。

因此，从定量和定性两方面探讨了农村居民点时空演变特征，并将 GIS 技术与景观格局相结合，以提高其可信性，研究内容从基于单期土地利用数据向多期土地利用数据转变。对农村居民点分布的影响因素从考虑单一因素到综合考虑多因素发展，研究方法主要采用缓冲区分析法、地理探测器等。

因此，以奉节县为研究区，运用格网分析、核密度估计、平均最邻近和景观格局指数等方法，对奉节县 2010—2020 年农村居民点进行分析，分析空间演变特征及其影响因素，为指导其合理开发利用、推动乡村振兴具有重要意义，同时为奉节县土地整治提供科学依据。

1.3　研究方案

1.3.1　研究目标

根据奉节县 2010 年、2015 年、2020 年农村居民点土地利用数据，对农村居民点时空格局特征的演变进行了研究；利用 GIS 空间分析和定性定量结合的分析方法，探讨农村居民点格局演化过程中地形、区位、社会等因素的作用，为奉节县农村居民点整理提供依据，对奉节县新农村的发展具有一定的借鉴意义。

1.3.2　研究内容

(1) 奉节县农村居民点时空演变特征。利用奉节县 2010 年、2015 年、2020 年土地利用现状数据，从中提取农村居民点数据，运用格网分析、核密度估算、平均最邻近指数、景观格局指数等方法对 2010—2020 年奉节县农村居民点的空间分布模式、规模特征、集聚特征和形态特征进行分析。

(2) 奉节县农村居民点时空演变驱动因素分析。以 ArcGIS 为技术平台，在农村居民点的时空演变特征的基础上运用欧式距离分析法进行指标分级，通过研究区地形、社会经济、区位等方面，找出影响农村居民点空间演变的因子，进一步借助地理探测器模型分析各因子影响力，识别动态演变的主要动力。

1.3.3　研究方法

(1) 格网分析法。通过微观网格的方法可以更加细致地描绘出农村居民点的空间分布模式，从而反映出时空演化过程。利用 ArcGIS 建立的渔网，对2010 年、2015 年、2020 年各格网中农村居民点数量和用地面积进行分析，揭示奉节县农村居民点空间分布特征和变化规律。

(2) 核密度估计法。黄聪等（2016）提出，利用核密度估算一定半径内居民点的数量可以直接地体现该地区的空间布局，核密度值代表研究目标在空间分布上的集聚程度。计算公式如下：

$$f(x,y) = \frac{1}{nh^2} \sum_{i=1}^{1} (\frac{d_i}{n})$$

式中：$f(x,y)$ 是估计 (x,y) 位置的密度；n 为观测值；h 为带宽或平滑参数，d_i 为 (x,y) 位置距第 i 个观测位置的距离。

(3) 平均最邻近指数法。姜广辉等（2015）认为平均最邻近指数能够反映农村居民点斑块的分布状况，毛政元（2004）认为该方法主要通过比较各点之间的最短距离与理论上的最邻近距离，从而判定点的空间分布特征。平均最邻近比率（R）是指平均观察的距离和期望的平均距离之比，李俊令（2021）认为在 $R>1$ 时，要素的分布趋于均匀；在 $R=1$ 时，要素的分布趋于随机；在 $R<1$ 时，要素呈集聚的趋势。如果 Z 得分高于 1.96 或低于 -1.96，说明最邻近比例 R 值较为显著，若位于 $-1.96\sim1.96$，则没有明显的差别。

（4）景观格局指数法。 王成等（2007）提出一种简明的定量方法，利用景观格局指数，反映农村居民点高密度景观形态与空间尺度特征，以奉节县2010—2020 年农村居民点为研究对象，分别从斑块总面积、斑块数量、斑块平均面积、斑块面积标准差、平均形状指数这 5 个指标角度出发，从县域和乡镇不同尺度对其景观格局演变进行分析。各指标含义和计算公式如表 1 所示。

表 1　景观指数公式及含义

指标	指标缩写	计算公式	指标说明
斑块总面积	CA	$CA=\sum_{i=1}^{n}a_i$	CA 表示农村居民点斑块面积总和，反映农村居民点用地规模
斑块数量	NP	$NP=n$	NP 表示农村居民点斑块的总数量，反映农村居民点斑块破碎程度
斑块平均面积	MPS	$MPS=\dfrac{CA}{NP}$	MPS 表示农村居民点平均用地规模，反映农村居民点的斑块破碎程度
斑块面积标准差	PSSD	$PSSD=\sqrt{\dfrac{\sum\limits_{i=1}^{n}\left(a_i-\dfrac{CA}{NP}\right)}{NP}}$	PSSD 表示农村居民点用地规模和平均斑块规模之间的差异，衡量居民点斑块规模的离散程度
平均形状指数	MSI	$MSI=\dfrac{1}{n}\sum_{i=1}^{n}\dfrac{P_i}{4\sqrt{a_i}}$	MSI 表示农村居民点斑块平均形状指数，衡量斑块形态特征

（5）欧式距离分析法。 在 GIS 中，欧式距离分析法常用来进行空间距离的分析，其意义在于体现两个空间的间距或者向量的自然长度。计算公式如下：

$$\rho=\sqrt{(x_2-x_1)^2+(y_2-y_1)^2}$$
$$|x|=\sqrt{x_2^2+y_2^2}$$

式中，ρ 表示点（x_2，y_2）之间的欧式距离，$|x|$ 表示点（x_2，y_2）到原点的距离。

（6）地理探测器模型。 利用地理探测器模型，对农村居民点分布的空间分异性、因素影响力和多因子间的相互影响进行分析，研究农村居民点空间格局演化的驱动因子，对各影响因素的影响程度进行探讨。

1.3.4　技术路线

通过查阅相关文献，对农村居民点的理论发展及时空演变特征和影响因素进行认识，理解研究思路与研究方法。借助 ArcGIS 进行数据处理，从奉节县 2010 年、2015 年、2020 年土地利用现状二级类数据中分别提取农村居民点等数据。运用格网分析、核密度估计、平均最邻近指数、景观格局指数等方法，分析农村居民点演变的规模、密度和空间特征。

农村居民点时空格局演变的驱动力分析中，利用重分类分别对 2010 年、2015 年、2020 年高程和坡度进行不同级别的分析，利用欧式距离法对道路、河流等图层生成不同等级缓冲区进行分析，进而运用地理探测器模型对各个影响因素的影响程度进行分析，从而确定奉节县农村居民点的演变主要驱动因子。本文技术路线图如图 1 所示。

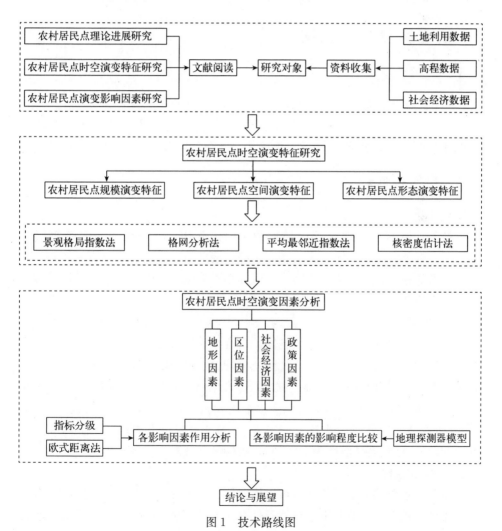

图 1　技术路线图

1.3.5 理论基础

人地关系理论。人地关系是人与土地、自然环境、社会经济三者的联系，是土地与人、土地、自然、社会等多重经济的纽带；在土地的经济层面上，人们在人与人的关系中存在着多种联系，不仅可以从人口变动和土地使用角度来促进社会经济的发展，而且也能反映出人类关系中的环境问题。农村居民点作为农村人口数量庞大的活动区域，占城乡土地面积的一大部分，与此同时，由于农村居民的生存条件日益改善，以及农民人数的持续增加，农村居民点规模不断扩大，居民点集聚程度不断提高。因此，在研究农村居民点的时空格局演变时必须时刻注意构建和谐的人地关系。

2 研究区概况及数据来源

2.1 地理位置

奉节县位于重庆市三峡库区，处于 109°1′17″—109°45′58″E，30°29′19″—31°22′33″N。东邻巫山县，南接湖北恩施市，西连云阳县，北接巫溪县，长江横贯中部，全县乡镇 29 个、街道办事处 4 个，全县面积 4 098 千米²。

2.2 自然条件

2.2.1 地形地貌

奉节县属四川盆地东部山地地貌，山峦起伏，峡谷连绵。山区面积占88.3%。奉节县以北属巴士山南麓，东部和南部是巫山、七曜山的一部分。因此，东南部和东北部总体地势高，中西部相对平缓，呈南北对称，以长江为对称轴，离长江越远海拔越高。

2.2.2 气候条件

奉节县属中亚热带湿润季风气候，具有春季早、夏炎热、秋季凉爽、冬季温暖、全年不结霜、降水充足、光照充足特点。由于山区地势起伏较大，纵向差异较大，呈现出典型的三维气候特征。海拔不到 600 米的地区年平均气温16.4 ℃，海拔 600～1 000 米的地区年平均气温 16.4～13.7 ℃，海拔 1 000～1 400 米的地区年平均气温 13.7～10.8 ℃，1 400 米以上的地区年平均气温不到 10.8 ℃。极端最高温度为 39.8 ℃，极端最低气温为－9.2 ℃。

2.2.3 水文条件

奉节县水资源丰富，长江流域以梅溪河、大溪河、石笋河、草堂河、朱衣河等流域为代表。奉节县由于自然条件存在干旱洪涝共存的特点，低山区地表蒸发较大，属于缺水区；高山山地多雨，易发洪水，对社会和经济发展不利。

2.2.4 自然资源

奉节县的矿产资源非常丰富，分布广，储藏浅，露出好，容易开采，品种多。目前发现的矿产有 30 多种，其中石灰石、煤炭、硫化铁矿、石膏矿储量最大，其中煤炭储量达 3.96 亿吨，涉及煤炭产业从业人员 6 万多人，养活近 30 万人，是全国 100 个重点产煤大县之一，是重庆市第一产煤大县。奉节县的生物资源种类繁多，也有罕见的动植物品种，主要有豹、杉树、银杏、莲香树等。奉节县是全球为数不多的具有独特特征的地区，如具有无台风、无冻害、无检疫性病虫害，冬暖雾少、日照长等优势，培育了"奉节脐橙"。

2.3 社会经济概况

经济正在稳步好转。2021 年地区生产总值增加 8.5%，总量突破 300 亿，完成固定资产投资 212.7 亿元，增长 10%。财政运行稳定，在大规模减税和削减费用的背景下，财政收入 36.58 亿元，公共预算收入 14.76 亿元，税收 9.63 亿元。

经济发展持续优化。三次产业结构比为 15.3∶40.5∶44.2。农业增加值 46.5 亿元、增长 4.6%。有效投资持续增长，重点项目建设投入 137 亿元，其中工业投资 31.5 亿元、增长 13%。固定资产投资与国内生产总值的投入产出比提高到 1∶1.41。民营经济增加值达到 181 亿元，同比增长 10.8%。

发展质量明显改善。税收在一般公共预算收入的比重为 65.22%，社会消费品的总销售额增长了 13%，达到 80.56 亿元，其中，新发展的市场主体 7 035 家、科技企业 288 家，位居渝东北、渝东南地区第二位。脱贫攻坚成效显著，2020 年 4 月，奉节县正式退出国家扶贫开发工作重点县名单，积极与乡村建设相结合，培育"亿元"产值村 22 个、"千万元"产值村 106 个。

2.4 数据来源与处理

2.4.1 数据来源

地图数据包括 2010 年、2015 年和 2020 年 30 米分辨率的土地利用现状二级类数据，来源于地理科学生态网，90 米分辨率数字高程模型（DEM）数据来源于中国科学院资源环境科学与数据中心，路网数据来自美创数据库运行安全管理（OSM）平台。统计数据包括 2010 年、2015 年和 2020 年社会经济数据，来源于相关年份的《奉节县统计年鉴》。文本数据来源于奉节县国民经济和社会发展统计公报。

2.4.2 数据处理

在 GIS 系统上，使用提取工具，提取 2010 年、2015 年和 2020 年农村居民点等数据，并将其转换为点状数据，进行核密度分析；利用奉节县行政边界对 DEM 数据进行掩膜提取，采用表面分析工具提取地形因子，获得奉节县坡度图，再对高程、坡度图进行重分类，得到其分级图。采用建立渔网的方法，建立一个可以对研究区进行有效覆盖的网格，并通过多次实验，考虑研究区面积等因素，最终确定格网大小为 500 米×500 米。

3 农村居民点时空格局演变

3.1 农村居民点规模特征演变

3.1.1 农村居民点规模结构

本文将农村居民点斑块总面积（CA）按照 0≤CA<1 公顷（Ⅰ）、1 公顷≤CA<5 公顷（Ⅱ）、5 公顷≤CA<20 公顷（Ⅲ）和 CA≥20 公顷（Ⅳ）划分为四个等级，分别划定为小型居民点、中型居民点、大型居民点和超大型居民点。县域农村居民点统计结果如表 2 所示。

表 2 奉节县农村居民点规模

农村居民点规模	年份	斑块数量（个）	斑块总面积（公顷）	斑块数量占比（%）	斑块面积占比（%）
小型居民点	2010	1 204	355.14	76.11	9.18
	2015	849	252.72	74.54	8.56
	2020	932	289.80	73.16	8.09
中型居民点	2010	274	900.09	17.32	23.27
	2015	207	690.75	18.17	23.41
	2020	241	814.32	18.92	22.73
大型居民点	2010	89	1 790.19	5.63	46.27
	2015	74	1 585.98	6.50	53.75
	2020	87	1 959.39	6.83	54.70
超大型居民点	2010	15	823.41	0.95	21.28
	2015	9	421.47	0.79	14.28
	2020	14	518.49	1.10	14.47

由表 2 可知，①2010—2020 年，除超大型居民点，奉节县域农村居民点斑块数量规模与斑块面积规模呈负相关关系，数量规模越小的农村居民点面积规模越大，并且不同面积级别的农村居民点数量差距十分明显，可以看出小规模、细碎化是奉节县农村居民点用地的主要特征；②2010—2020 年，斑块数量以小型居民点为主，斑块面积占比最大的是大型居民点，小型居民点斑块数

量多，但占比面积少，大型居民点斑块数量较少，但面积占比多；③四个等级的农村居民点斑块数量与斑块总面积在时间上都呈现先减少后增加的趋势。

3.1.2 农村居民点规模特征景观指数

(1) 县域尺度规模特征景观指数。用 Fragstats 4.2 计算奉节县 2010—2020 年农村居民点景观格局指数（表3）。

表3　奉节县 2010 年、2015 年和 2020 年农村居民点斑块规模景观指数

指标	2010 年	2015 年	2020 年
斑块面积（公顷）	3 868.83	2 950.92	3 582
斑块数量（个）	1 246	844	960
斑块平均面积（公顷）	3.105	3.496 4	3.731 3
斑块面积标准差（公顷）	19.141 2	17.436 4	18.324 6

研究发现：①2010—2020 年奉节县农村居民点面积、数量、斑块面积标准差呈 U 形变化，斑块平均面积逐步增大，表明数量的变化占主导地位；②通过对两个阶段的斑块面积和数量变化率的对比，得出 2010—2015 年数量变化率和 2015—2020 年数量变化率差别很大，但面积变动幅度不大；③总体而言，奉节县 2010—2020 年农村居民点数量和用地规模都有所增加，斑块平均面积增加。

(2) 乡镇尺度规模特征景观指数。为更好地揭示乡镇层面居民点的时空演化特征，运用 Fragstats 4.2 对奉节县各个乡镇进行了景观指数分析（表4）。

表4　奉节县各乡镇农村居民点斑块规模景观指数

景观指数	斑块面积（公顷）			斑块数量（个）			斑块平均面积（公顷）			斑块面积标准差（公顷）		
	2010 年	2015 年	2020 年	2010 年	2015 年	2020 年	2010 年	2015 年	2020 年	2010 年	2015 年	2020 年
安坪镇	48.15	48.06	86.94	77	82	10	0.63	0.59	8.69	1.21	1.16	15.28
吐祥镇	39.87	51.93	52.83	63	41	55	0.63	1.27	0.96	2.51	4.17	3.37
康坪乡	22.68	16.38	21.87	71	54	81	0.32	0.30	0.27	0.71	0.63	0.52
太和土家族乡	2.52	6.57	8.37	3	6	10	0.84	1.10	0.84	0.81	1.19	1.17
兴隆镇	114.90	79.56	87.93	9	4	9	12.77	19.89	9.77	31.94	34.03	24.38
夔门街道	292.60	230.67	230.40	26	11	12	11.25	20.97	19.20	31.49	31.21	30.54
草堂镇	277.40	10.98	545.85	59	38	45	4.70	0.29	12.13	14.19	0.33	42.15
公平镇	46.80	262.80	46.44	35	30	51	1.34	8.76	0.91	3.42	25.39	2.61
汾河镇	190.53	163.53	152.10	39	41	26	4.89	3.99	5.85	7.82	6.78	7.09

（续）

景观指数	斑块面积（公顷）			斑块数量（个）			斑块平均面积（公顷）			斑块面积标准差（公顷）		
	2010年	2015年	2020年	2010年	2015年	2020年	2010年	2015年	2020年	2010年	2015年	2020年
鹤峰乡	82.80	58.32	59.04	53	60	57	1.56	0.97	1.04	2.80	2.33	2.43
鱼复街道	367.10	107.91	121.05	3	3	6	97.02	27.91	60.53	9.51	23.6	45.05
羊市镇	84.78	19.44	18.63	53	18	3	1.60	1.08	6.21	3.13	2.41	3.02
岩湾乡	7.38	6.75	6.66	6	2	2	1.23	3.38	3.33	1.75	1.31	1.08
青莲镇	51.84	14.13	76.41	51	28	45	1.02	0.50	1.70	3.59	0.77	5.00
朱衣镇	102.70	76.95	92.25	67	48	56	1.53	1.60	1.65	4.41	4.55	4.36
竹园镇	41.67	26.73	77.22	15	14	10	2.78	1.91	7.72	6.53	3.42	14.75
新民镇	85.41	105.48	78.66	41	12	81	2.08	8.79	0.97	6.47	15.53	3.35
大树镇	45.36	59.49	30.51	46	32	54	0.99	1.86	0.57	2.56	5.56	1.04
平安乡	0.90	2.88	35.73	5	6	8	0.18	0.48	4.47	0.14	0.31	7.08
长安土家族乡	11.07	38.16	47.52	19	7	55	0.58	5.45	0.86	1.58	8.92	4.39
白帝镇	387.50	327.69	351.99	57	17	42	6.80	19.28	8.38	26.34	43.14	28.80
冯坪乡	3.87	6.66	9.18	16	5	7	0.24	1.33	1.31	0.23	1.05	1.32
青龙镇	416.50	418.14	420.03	46	31	40	9.05	13.49	10.50	42.18	50.91	45.25
甲高镇	38.61	51.48	4.05	68	56	10	0.57	0.92	0.41	2.22	4.76	0.50
石岗乡	12.15	31.14	16.11	28	21	25	0.43	1.48	0.64	0.70	3.75	0.82
永乐镇	107.60	62.55	136.98	66	15	48	1.63	4.17	2.85	3.75	6.74	5.61
云雾土家族乡	0.72	1.08	1.35	1	3	3	0.72	0.36	0.45	0.12	0.32	0.38
红土乡	13.32	11.34	43.92	49	22	45	0.27	0.52	0.98	0.64	0.80	5.16
康乐镇	278.80	250.38	275.85	113	125	35	2.47	2.00	7.88	8.23	6.48	26.14
五马镇	69.21	2.79	105.12	44	7	22	1.57	0.40	4.78	2.99	0.44	7.03
龙桥土家族乡	2.43	2.70	3.15	1	1	3	2.43	2.70	1.05	0.21	0.43	1.23
永安街道	335.30	156.87	182.88	2	8	7	67.63	39.22	45.72	94.86	58.91	71.61
夔州街道	286.40	241.38	154.98	16	5	7	15.90	30.69	38.75	42.32	98.19	44.75

在各乡镇的横向层面上，各乡镇居民点的数量和面积存在显著差异。从面积来看，白帝镇、青龙镇、康乐镇、草堂镇、夔门街道居民点总面积超过250

公顷，占40％以上；数量上，安坪镇、康坪乡、朱衣镇、康乐镇等乡镇居民点数量较多，而太和土家族乡、岩湾乡、云雾土家族乡、龙桥土家族乡等乡镇居民点数量稀少；在三个不同时期，农村居民点斑块面积存在差异，2010年面积最大的是青龙镇，云雾土家族乡最小，2015年最大的是青龙镇，最小的是云雾土家族乡，2020最大的是青龙镇，最小的是云雾土家族乡；云雾土家族乡斑块平均面积最小，甚至还远远低于其他乡镇。

纵向来看，在面积上，2010—2015年以减少为主，2015—2020年以增长为主，但也有例外的情况，例如，汾河镇、羊市镇、岩湾乡两个时间段都在减少，2010—2020年大部分乡镇农村居民点呈现上升的态势；从数量上看，2010—2020年，多数乡镇的居民点有一定的下降趋势，但康坪乡、公平镇的增长速度明显；斑块面积标准差总体上有明显的增大，变化最大的是安坪镇，从1.12增长至15.28；就斑块平均面积而言，各乡镇变化不大，而安坪镇、鱼复街道、永安街道、夔州街道变化较大。

3.2 农村居民点集聚特征演变

3.2.1 农村居民点格网分析

利用GIS的格网分析工具，依照奉节县的行政范围，确定格网大小为500米×500米。将格网按照其包含的居民点数量按1～2个（Ⅰ）、3～4个（Ⅱ）、5～6个（Ⅲ）和＞7个（Ⅳ）分为四级，居民点用地面积按0～1公顷（Ⅰ）、1～3公顷（Ⅱ）、3～5公顷（Ⅲ）和＞5公顷（Ⅳ）分为四级，统计结果如表5所示。以此揭示奉节县农村居民点空间集聚特征及其动态演变过程。

表5 农村居民点格网统计

居民点数量（个）	格网数（个）			居民点用地面积（公顷）	格网数（个）		
	2010年	2015年	2020年		2010年	2015年	2020年
1～2	1 192	839	997	0～1	944	629	688
3～4	219	160	150	1～3	219	150	194
5～6	74	51	53	3～5	115	95	111
＞7	40	25	25	＞5	247	201	232
总计	1 525	1 075	1 225	总计	1 525	1 075	1 225

格网数量方面，2010—2020年，包含农村居民点的格网数量先减少后增加，总体上呈减少趋势，从2010年的1 525个减少到2020年的1 225个，共减少300个。Ⅰ级格网的数量最多，三个年份数量占比都在78％以上，占比持续增加。随着格网级别的提高，格网的数量越少，Ⅰ级格网增加了195个，Ⅱ级格网增加了69个，Ⅲ级格网增加了21个，Ⅳ级格网增加了15个，Ⅰ级

格网变化量最大。Ⅰ级格网内的居民点数量最多，居民点面积最大，三个年份面积占比仍在 64％以上，随着格网级别的提高，居民点面积先大幅度减少，再极小幅度增加。由此可知，奉节县农村居民点用地集聚性在逐渐增强。

3.2.2 农村居民点平均最邻近指数分析

本节通过计算平均最邻近指数，对奉节县域农村居民点的集聚特征进行分析，计算结果见表 6。乡镇尺度上，2010 年、2015 年和 2020 年奉节县各乡镇农村居民点斑块最邻近指数统计见表 7。

表 6　县域平均最邻近指数表

年份	平均观测距离（米）	预期平均距离（米）	最邻近比例（R）	Z得分	分布模式
2010	147.696 3	670.253 0	0.220 4	−81.324 8	集聚分布
2015	149.042 4	780.366 7	0.191 0	−70.941 1	集聚分布
2020	168.303 7	782.471 6	0.215 1	−70.477 2	集聚分布

由表 6 可知，2010 年、2015 年、2020 年最邻近比例分别是 0.220 4、0.191 0 和 0.215 1，总体上呈减少趋势，并且均小于 1，表明居民点斑块分布呈集聚分布，集聚程度增强；Z 得分分别是 −81.324 8、−70.941 1、−70.477 2，均远小于 −1.96，杨慧敏等（2017）发现 $P < 0.05$ 的集聚模式并非随机的过程引起的。由表 6、表 7 可以发现，2010—2020 年，奉节县域农村居民点均属于集聚分布模式，且集聚程度在增强。

表 7　各乡镇斑块平均最邻近指数

乡镇（街道）	最邻近比例		
	2010 年	2015 年	2020 年
安坪镇	0.288 4	0.249 2	0.284 4
吐祥镇	0.173 4	0.131 6	0.191 9
康坪乡	0.491 1	0.484 2	0.526 8
太和土家族乡	0.697 2	0.381 7	0.672 7
兴隆镇	0.167 1	0.917 9	0.309 0
夔门街道	0.578 3	0.672 6	0.648 2
草堂镇	0.258 7	0.211 5	0.435 5
公平镇	0.345 5	0.431 6	0.318 6
汾河镇	0.272 6	0.322 2	0.268 9
鹤峰乡	0.319 3	0.343 7	0.344 7
鱼复街道	1.109 3	1.400 6	1.289 6
羊市镇	0.285 8	0.501 9	3.074 4

（续）

乡镇（街道）	最邻近比例		
	2010 年	2015 年	2020 年
岩湾乡	0.649 8	1.269 8	1.193 8
青莲镇	0.246 0	0.364 3	0.336 9
朱衣镇	0.365 0	0.324 1	0.290 7
竹园镇	0.562 9	0.327 2	0.283 2
新民镇	0.270 6	0.548 2	0.457 1
大树镇	0.401 8	0.550 0	0.645 8
平安乡	1.474 4	2.981 7	0.452 8
长安土家族乡	0.460 4	0.492 8	0.227 4
白帝镇	0.462 0	0.385 6	0.423 0
冯坪乡	0.401 7	0.636 5	0.644 5
青龙镇	0.490 9	0.535 4	0.542 5
甲高镇	0.238 0	0.288 1	0.328 4
石岗乡	0.388 7	0.424 1	0.570 2
永乐镇	0.269 0	0.180 4	0.373 1
云雾土家族乡	2.360 5	3.267 8	2.465 8
红土乡	0.371 1	0.310 5	0.306 7
康乐镇	0.437 9	0.367 0	0.526 1
五马镇	0.386 5	0.287 5	0.339 2
龙桥土家族乡	3.384 8	3.256 0	2.666 7
永安街道	1.244 2	1.137 8	0.981 8
夔州街道	0.850 6	0.917 8	0.991 0

2010 年奉节县各乡镇除鱼复街道、平安乡、云雾土家族乡、龙桥土家族乡、永安街道外，农村居民点斑块平均最邻近比例都小于 1，农村居民点呈集聚分布，最邻近比例＜1 乡镇中最邻近比例最大的是夔州街道，集聚程度最弱，最邻近比例最小的是兴隆镇，集聚程度最强。鱼复街道、平安乡、云雾土家族乡、龙桥土家族乡、永安街道最邻近比例大于 1，农村居民点呈均匀分布。

2015 年奉节县各乡镇除鱼复街道、岩湾乡、平安乡、云雾土家族乡、龙桥土家族乡、永安街道外，农村居民点斑块平均最邻近比例都小于 1，农村居民点呈集聚分布，最邻近比例＜1 乡镇中最邻近比例最大的是兴隆镇，集聚程度最弱，最邻近比例最小的是吐祥镇，集聚程度最强，鱼复街道、岩湾乡、平安乡、云雾土家族乡、龙桥土家族乡、永安街道最邻近比例大于 1，农村居民点呈均匀分布。

2020 年奉节县各乡镇除鱼复街道、羊市镇、岩湾乡、龙桥土家族乡、云雾土家族乡外，农村居民点斑块平均最邻近比例都小于 1，农村居民点呈集聚分布，其中最邻近比例最大的是夔州街道，集聚程度最弱，最邻近比例最小的是吐祥镇，集聚程度最强。鱼复街道、羊市镇、岩湾乡、龙桥土家族乡、云雾土家族乡最邻近比例大于 1，农村居民点呈均匀分布。

2010—2020 年，鱼复街道、龙桥土家族乡、云雾土家族乡农村居民点最邻近比例都大于 1，呈均匀分布，其他各乡镇居民点的集聚增强程度不同，最邻近比例减少最大的是龙桥土家族乡，说明集聚增强程度最大，最邻近比例增加最大的是甲高镇，说明集聚减弱程度最大。

3.2.3 农村居民点核密度分析

在 GIS 中，利用 Kernel Density 方法对研究区的农村居民点的空间分布密度进行了计算，选取的搜索半径（h）会对最终的结果有较大的影响。蔡雪娇等（2012）发现 h 值偏小，农村居民点密度变化存在着不均匀性，且结果不佳；当 h 值过大时，虽平滑效果好，但会对居民点的真实感造成一定影响。经过多次试验，以 2 千米的半径进行农村居民点空间分布的核密度估计。

(1) 2005—2015 年，核密度估计阶段性变化具有显著的特点，呈现出由高到低的发展趋势，其中 2020 年核密度值最大，2010 年和 2020 年核密度值没有显著差异。

(2) 奉节县农村居民点在空间分布上具有高度集中的特点，呈现出明显的北高南低的趋势。高值区为长江以北的康坪乡、白帝镇、康乐镇、红土乡、汾河镇、青莲镇、草堂镇，最高的密度为 15.43 个/千米^2，这些地区耕地资源丰富，有较好的土地承载力；而低值区以长江南部的乡镇为主，农村居民点密度为 3 个/千米^2，与南部的江河资源少、耕地较少、土地承载量低等因素有关；但是，长江以南也有一定的次高值区，包括安坪镇、甲高镇、鹤峰乡、青龙镇、五马镇、羊市镇等乡镇，这是因为这些地区多为峰丛低洼地带，地面起伏大，居民点斑块多为单家型或小型群落，并有大量的河流流过，因此人口密集。

总之，研究区的农村居民点分布与自然地理环境密切相关，地势平坦、河网密布，耕地承载量高，农村居民点密度大；而地势陡峭，河流稀少，土壤贫瘠，农村居民点密度较小。

3.3 农村居民点形态特征演变

农村居民点的空间形态受农村生产生活活动的长期综合作用，农村居民点形态因其自然、社会、经济发展程度而异。地势平坦的区域多分布有农田，但受耕地保护政策的制约，农村居民点的布局可选择区域较小，农村居民点的分布相对而言就会难以集中。探讨农村居民点的空间布局形态有助于进一步探讨农村居民点布局优化。本节以平均景观形状指数对奉节县乡镇尺度上居民点的形态及空间布局进行了分析。各乡镇指数统计如表 8 所示。

表 8　各乡镇农村居民点景观形状指数

乡镇	平均形状指数		
	2010 年	2015 年	2020 年
安坪镇	1.000 0	1.134 8	1.670 4
吐祥镇	1.169 6	1.197 0	1.176 5
康坪乡	1.074 6	1.056 3	1.064 9
太和土家族乡	1.316 7	1.266 7	1.164 7
兴隆镇	1.178 0	1.420 8	1.302 8
夔门街道	1.291 7	1.510 2	1.498 3
草堂镇	1.275 4	1.147 2	1.362 8
公平镇	1.245 1	1.332 2	1.213 4
汾河镇	1.389 3	1.275 6	1.332 8
鹤峰乡	1.301 2	1.175 1	1.179 2
鱼复街道	3.281 3	2.514 3	2.206 9
羊市镇	1.263 5	1.165 7	1.420 0
岩湾乡	1.150 0	1.266 7	1.414 3
青莲镇	1.194 8	1.116 7	1.254 0
朱衣镇	1.200 2	1.149 1	1.179 0
竹园镇	1.213 6	1.190 2	1.408 4
新民镇	1.223 4	1.594 0	1.163 1
大树镇	1.241 1	1.322 7	1.176 6
平安乡	1.000 0	1.131 0	1.185 9
长安土家族乡	1.130 8	0.386 8	1.138 4
白帝镇	1.272 4	1.432 2	1.329 2
冯坪乡	1.061 5	1.393 3	1.335 8
青龙镇	1.170 0	1.265 6	1.196 5
甲高镇	1.088 0	1.146 5	1.168 3
石岗乡	1.198 3	1.235 4	1.268 2
永乐镇	1.266 3	1.132 8	1.206 7
云雾土家族乡	1.500 0	1.055 6	1.190 5
红土乡	1.096 3	1.165 9	1.108 7

（续）

乡镇	平均形状指数		
	2010 年	2015 年	2020 年
康乐镇	1.213 2	1.220 1	1.346 2
五马镇	1.390 6	1.618 7	1.681 3
龙桥土家族乡	1.181 8	1.454 5	1.083 3
永安街道	1.883 5	1.934 2	2.149 6
夔州街道	1.364 9	1.818 0	1.412 2

除鱼复街道、永安街道、长安土家族乡外，不同乡镇农村居民点平均形状指数空间差别很小，大部分乡镇平均形状指数在1～2浮动，最大值为2015年永安街道（1.934 2），最小值为2010年安坪镇（1）；其他各乡镇平均形状指数差异不大。从时间上来看，大多数乡镇的平均形状指数在2010—2015年都有明显的增长，说明该阶段多数区域的农村居民点形态具有不规则性；与前一阶段比较，多数乡镇平均形状指数在2015—2020年呈下降趋势，说明这一时段大多数区域的农村居民点形态呈现出规律性的趋势。从整体上看，各乡镇平均形状指数在2010—2020年保持不变，多数乡镇平均形状指数呈明显的降低趋势，表明农村居民点形状向规则稳定的方向发展。

4　农村居民点时空演变影响因素分析

4.1　地形因素

4.1.1　高程因素

奉节县地形地貌类型复杂，境内高程差异明显，由中间向南北方向递减。参考彭月（2010）对奉节县山地类型划分的研究，本文将高程按照数学高程模型（DEM）≤300 米（Ⅰ）、300 米＜（DEM）≤500 米（Ⅱ）、500 米＜（DEM）≤800 米（Ⅲ）、800 米＜（DEM）≤1 200 米（Ⅳ）、1 200 米＜（DEM）≤1 500 米（Ⅴ）、1 500 米＜（DEM）≤2 000 米（Ⅵ）、＞2 000 米（Ⅶ）划分为七个等级，而＞2 000 米的地区不存在居民点，因此图中未体现第Ⅶ等级。通过对奉节县2010年、2015年、2020年重分类的海拔高度与农村居民点叠加分析，得出2010～2020年各高程范围内农村居民点空间分布演变特征（图2～图4）。

可以看出，①2010—2020年，奉节县农村居民点斑块面积随地势的增高而减少，斑块数量呈减少的趋势，斑块平均面积在前3级出现减少的趋势，后3级出现先上升后下降的趋势。②从六个不同的高程等级中，我们可以发现在2010—2020年，2010—2015的变化与2015—2020年的变化比较平均，并且

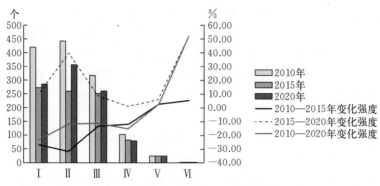

图 2　各海拔级别农村居民点斑块数量

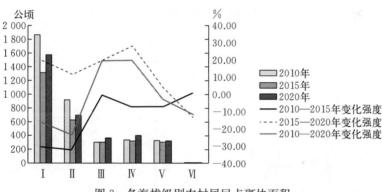

图 3　各海拔级别农村居民点斑块面积

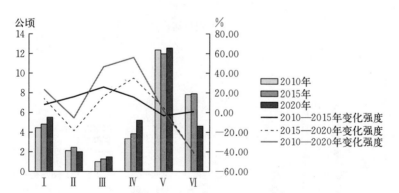

图 4　各海拔级别农村居民点斑块平均面积

斑块数量和斑块面积呈现相同的变化趋势。③奉节县农村居民点斑块主要分布在高程 800 米以下的区域，在这一高程范围内，农村居民点斑块数量占斑块总数量的比例从 2010 年的 89.75％增长到 2020 年的 89.10％，斑块面积占斑块总面积的比例从 2010 年的 81.5％减少到 2020 年的 75.11％。地形高程在 800 米以上的区域，农村居民点分布较少，在这一高程范围内，农村居民点斑块数量占斑块总数量的比例从 2010 年的 10.24% 增加到 2020 年的 10.90%，斑块面积占斑块总面积的比例从 2010 年的 18.50% 增长到 2020 年的 24.89%。高程 2 000 米以上的地区不存在农村居民点。整体来看，奉节县的农村居民点呈现出向低海拔地区发展的倾向，而居民点平均斑块面积呈减少态势，说明集约利用的水平较低。

4.1.2 坡度因素

基于 GIS 软件，本文将坡度数据按照 0°≤坡度<5°（Ⅰ）、5°≤坡度<15°（Ⅱ）、15°≤坡度<25°（Ⅲ）、25°≤坡度<35°（Ⅳ）、35°≤坡度<45°（Ⅴ）、45°≤坡度<55°（Ⅵ）、坡度≥55°（Ⅶ）划分为七级，并与奉节县 2010 年、2015 年和 2020 年农村居民点进行叠加分析，揭示奉节县 2010—2020 年农村居民点在各坡度范围内的空间分布演变（图5～图7）。

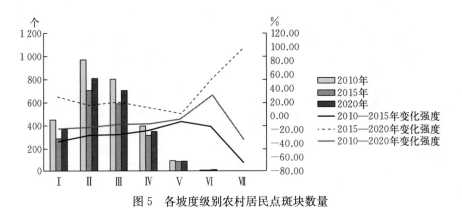

图 5　各坡度级别农村居民点斑块数量

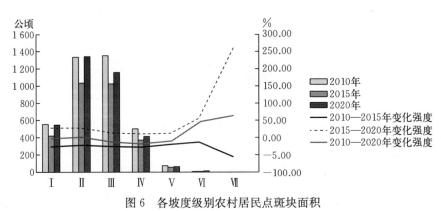

图 6　各坡度级别农村居民点斑块面积

① 奉节县农村居民点多分布在 5°～25° 的坡度，占 60% 以上；这些区域农村居民点斑块平均面积最大，具有很好的集约利用率。在坡度 45° 以上的地区，其分布比例最小，数量比重达不到 4.3%，面积比重达不到 2.3%。②不

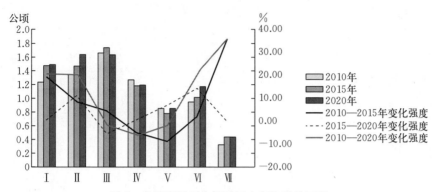

图 7　各坡度级别农村居民点斑块平均面积

同的坡度等级中，2010—2015 年奉节县农村居民点的变化与 2015—2020 年的
变化比较，斑块数量和面积变化不完全相同。当坡度为 ≤5° 或 ≥55° 时，农村
居民点数量和面积变化规律基本一致；在 45°～55° 的坡度下，其数量和面积变
化呈先减少后增加的趋势；在坡度为 35°～45° 时，农村居民点的数量和面积变
化呈先减少后增加的趋势；在坡度为 25°～35° 时，农村居民点面积先减少后增
加，数量先减少后增加。在坡度为 15°～25° 时，农村居民点面积先减少后增
加，数量先减少后增加；在 5°～15° 的坡度下，农村居民点数量和面积呈先减
少后增加的趋势。③斑块平均面积在坡度为 15°～25° 时，三个阶段的斑块平均
面积都出现最大值，说明集约利用水平最高。

4.2　区位因素

4.2.1　河流因素

鉴于研究区水系较为发达，将缓冲半径设置为 500 米，以 500 米为范围进
行缓冲区分析，分级为 0～500 米（Ⅰ）、500～1 000 米（Ⅱ）、1 000～1 500
米（Ⅲ）、1 500～2 000 米（Ⅳ）、2 000～2 500 米（Ⅴ）、2 500～3 000 米
（Ⅵ）、大于 3 000 米（Ⅶ）7 个级别。将缓冲区与农村居民点图层叠加，对
2010—2020 年不同河流距离范围内农村居民点空间分布演变特征进行分析，
结果如表 9 所示。

表 9　基于河流距离的居民点景观格局指数

距离分级	年份	斑块数量（个）	斑块数量占比（%）	斑块总面积（公顷）	斑块面积占比（%）	斑块平均面积（公顷）	斑块面积标准差
	2010	476	36.23	1 428.39	36.92	3.000 8	11.313 9
Ⅰ	2015	290	31.62	1 142.55	38.72	3.939 8	13.890 6
	2020	397	37.95	1 439.37	40.15	3.625 6	17.236 9

（续）

距离分级	年份	斑块数量（个）	斑块数量占比（%）	斑块总面积（公顷）	斑块面积占比（%）	斑块平均面积（公顷）	斑块面积标准差
	2010	160	12.18	758.07	19.59	4.737 9	20.765 9
II	2015	125	13.63	486.90	16.50	3.895 2	11.713 7
	2020	124	11.85	507.06	14.14	4.089 2	11.014 0
	2010	124	9.44	537.57	13.89	4.335 2	25.647 4
III	2015	94	10.25	307.17	10.41	3.267 8	12.064 1
	2020	87	8.32	310.14	8.65	3.564 8	10.102 1
	2010	120	9.13	262.98	6.80	2.191 5	7.246 1
IV	2015	83	9.05	175.32	5.94	2.112 3	5.090 6
	2020	79	7.55	187.02	5.22	2.367 3	5.696 9
	2010	78	5.94	128.97	3.33	1.653 5	5.414 7
V	2015	60	6.54	114.30	3.87	1.905 0	5.949 6
	2020	63	6.02	136.89	3.82	2.172 9	5.769 2
	2010	85	6.47	68.13	1.76	0.801 5	1.886 8
VI	2015	53	5.78	52.74	1.79	0.995 1	1.968 4
	2020	63	6.02	72.36	2.02	1.148 6	2.145 1
	2010	271	20.62	684.90	17.70	2.527 3	17.892 5
VII	2015	212	23.12	671.76	22.77	3.168 7	20.216 6
	2020	233	22.28	932.40	26.01	4.001 7	21.031 6

从表9中可以看出，除大于3 000米范围外，农村居民点数量和面积随离河流距离的增加而减小。在1 000米范围内大约有50%的农村居民点，这主要是由于奉节县的农业生产大多集中在地势较为平坦的河谷地带，土壤肥沃，灌溉方便。3 000米以外的区域是长江北部山区的山谷和东南部的喀斯特山脉低洼地带，陈萌萌等（2017）认为这些区域的耕地承载能力强，农业生产条件好，所以农村居民点的数量和面积能达到20%以上。

4.2.2 道路因素

在 ArcGIS 10.2 中，利用领域分析工具以500米为间隔建立0～500米（I）、500～1 000米（II）、1 000～1 500米（III）、1 500～2 000米（IV）和2 000～2 500米（V）、2 500～3 000米（VI）、大于3 000米（VII）七个级别缓冲区。结合农村居民点数据，对2010—2020年不同道路距离范围内农村居民点空间分布变化特征进行分析，结果如表10所示。

表10 基于道路距离的农村居民点景观格局指数

距离分级	年份	斑块数量（个）	斑块数量占比（%）	斑块总面积（公顷）	斑块面积占比（%）	斑块平均面积（公顷）	斑块面积标准差
Ⅰ	2010	496	37.98	1 590.84	41.11	3.207 3	18.708 7
	2015	333	36.71	1 498.95	50.80	4.501 4	17.552 6
	2020	463	44.65	1 959.21	54.70	4.231 6	18.611 7
Ⅱ	2010	184	14.09	690.21	17.84	3.751 1	17.813 3
	2015	131	14.44	421.83	14.30	3.220 1	7.269 2
	2020	129	12.44	442.89	12.37	3.433 3	7.901 3
Ⅲ	2010	137	10.49	429.03	11.09	3.131 6	11.318 1
	2015	108	11.91	243.90	8.27	2.258 3	5.638 3
	2020	82	7.91	168.84	4.71	2.059 0	6.079 4
Ⅳ	2010	110	12.13	205.74	5.32	1.870 4	4.794 3
	2015	90	9.92	183.60	6.22	2.040 0	5.091 7
	2020	59	5.69	153.63	4.29	2.603 9	4.910 3
Ⅴ	2010	91	6.97	106.65	2.76	1.172 0	3.505 1
	2015	67	7.39	78.66	2.67	1.174 0	3.732 8
	2020	68	6.56	112.68	3.15	1.657 1	4.724 7
Ⅵ	2010	65	4.98	72.00	1.86	1.107 7	3.579 7
	2015	40	4.41	23.58	0.80	0.589 5	1.806 5
	2020	57	5.50	75.69	2.11	1.327 9	2.844 2
Ⅶ	2010	223	17.08	774.99	20.03	3.475 3	20.699 2
	2015	138	15.21	500.13	16.95	3.624 1	24.783 6
	2020	179	17.26	668.70	18.67	3.735 8	23.408 4

从表10中可以看出，①在3 000米以内的地区，农村居民点数量和面积随着道路距离的增加而减少，说明道路对农村居民点具有较强的吸引力。在距离道路1 000米范围内，其分布最多，面积最大，数量和面积占比均超过50%。②在距离道路2 000～3 000米，道路通达性非常低，但仍存在少量农村居民点，数量和面积占比随时间的推移有轻微的增长，3 000米外居民点面积与数量占比约为15%，但道路通达性差，将成为今后农村居民点的规划和改善的重要地区。

4.3 社会经济因素

在农村居民点发展过程中，社会经济的影响是一个复杂的过程，农村居民点的发展与农户的生活方式密切相关，其产生的外在因素包括居民收入、经济发展水平等。农村发展的最大推动力是人口，农村居民点建设应以满足农民生活需要为前提。因而，乡村居民的增加与农村居民点用地增长之间存在着显著的相关性。陈清平等（2013）认为，三峡库区实行整体近迁移、分散近迁移、整体远迁移和分散远迁移。三峡库区以近距离移民为主，远距离移民为辅。三峡移民期间，奉节县搬迁人口约12万人，旧县4.25千米^{2}被水淹，奉节县村庄的结构发生变化。

农村的经济发展程度是间接驱动因素。奉节县的乡镇企业发展状况良好，在很大程度上推动了乡村聚落的发展。随着经济发展程度的提高，农村居民点用地规模增大。同时，在城乡融合进程中，由于工业园的存在，对农村居民点的整合和规划产生了一定的冲击，进而使农村居民点的布局模式发生变化。

农村居民点演变的外在推动力是政策体系。海贝贝等（2013）指出，农户的主观能动性受到政策、制度等方面的制约。近年来奉节县政府采取迁村并镇、土地整理、异地搬迁等措施，在一定程度上促进了农村聚落的科学布局，促进了农村居民点规模和形式的变化。

4.4 基于地理探测器的农村居民点时空演变影响因素分析

地理检测器是一种利用空间分散度来发现其背后驱动因素的统计分析方法（王劲峰等，2017）。地理探测器中的因子探测可以探测 Y 的空间分异性，用 q 值度量，表达式为 $q = 1 - \dfrac{\sum\limits_{h=1}^{L} N_h \sigma_h^2}{N\sigma^2}$，式中：$h=1$，$L$ 为变量 Y 或因子 X 的分层（Strata），即分类或分区；N_h 和 N 分别为层 h 和全区的单元数；σ_h^2 和 σ^2 分别是层 h 和全区的 Y 值的方差。q 的值域为 $[0, 1]$，q 值越大说明 Y 的空间分异性越明显。

运用地理探测器的因子探测器来分析自然环境、区位环境和社会经济环境对农村居民点时空演变特征的影响力。选取斑块面积和核密度为因变量（Y），选取海拔高度（F_1）、地形坡度（F_2）、河流距离（F_3）、道路距离（F_4）和奉节县 GDP（F_5）为自变量，即驱动因素。依据地理探测器原理，利用自然断点法将指标因素划分为 7 类，因子探测结果如表 11 所示。

表 11 奉节县农村居民点时空演变特征驱动因素探测结果

探测指标	年份	q 值				
		F_1	F_2	F_3	F_4	F_5
面积	2010	0.087 5	0.004 6	0.022 4	0.010 0	0.035 6
	2015	0.042 3	0.002 0	0.009 0	0.013 7	0.041 5
	2020	0.060 6	0.001 2	0.010 0	0.006 5	0.043 0

(续)

探测指标	年份	q 值				
		F_1	F_2	F_3	F_4	F_5
核密度	2010	0.100 9	0.000 9	0.061 7	0.002 1	0.002 4
	2015	0.162 6	0.029 5	0.060 7	0.059 5	0.038 0
	2020	0.197 4	0.028 3	0.135 5	0.061 7	0.126 0

由表 11 因子探测结果可知,①奉节县农村居民点驱动因素 q 值均处于显著状态,但各个影响因素的解释力 q 值具有明显差异。②三个阶段对农村居民点用地面积变化影响最大的是海拔高度,它的影响力比其他因素的 q 值大,由于地势是农民建屋的依据,并且影响农民房的位置,因此地势较高会提高建房费用;同时奉节县地形复杂,有滑坡、泥石流等自然灾害,因此会选择在地势较为平坦的地带建房。③三个时期对于农村居民点集聚特征影响较大的因素是海拔高度和河流距离,为了生产和生活的方便,农户居住选址会表现出"亲水性",同时奉节县中部被长江横贯,农户会选择沿长江修建住宅。

5 结论与展望

5.1 结论

本文以奉节县为研究区,从县域到乡镇,分时间段深入探讨了农村居民点布局演变的规模、集聚和形态特征,并分析居民点演变的驱动因素,得出结论如下。

(1)奉节县区的县域农村居民点规模演变明显。2010—2020 年奉节县农村居民点面积、数量和面积标准差呈 U 形变化,农村居民点数量在不同面积等级之间存在显著差别,且斑块平均面积呈逐渐增大的趋势;各乡镇居民点数量和面积有显著差别。从面积上看,白帝镇、青龙镇、康乐镇、草堂镇、夔门街道居民点总面积较大,均超过 250 公顷,占居民点总面积 40% 以上;数量上,安坪镇、康坪乡、朱衣镇、康乐镇等乡镇居民点数量较多,而太和土家族乡、岩湾乡、云雾土家族乡、龙桥土家族乡等乡镇居民点数量较少。

(2)奉节县农村居民点空间分布不均衡,2010—2020 年,奉节县农村居民点分布呈集聚型,且集聚的程度增大,农村居民点斑块数量和密度的空间分布特征十分显著,呈现出长江流域周围密集、南北两边稀疏的分布特点,并且空间分布以城镇所在地为中心;2010—2020 年,奉节县农村居民点核密度呈北高南低,这与其自然地理条件有很大关系,地形平坦、河网密布的地区具有较高的土地承载量,交通便利的地方,农村居民点密度大;而地势陡峭,河流稀少的地方，土壤肥力低，农村居民点密度较小。

（3）奉节县居民点斑块整体形态演变呈现复杂化趋势。 2010—2015 年，大部分乡镇的平均形状指数呈上升趋势，表明在此期间大部分地区农村居民点的斑块形状向不规则方向发展；与前一时期相比，大部分乡镇平均形状指数在 2015—2020 年呈下降趋势，表明该阶段多数地区农村居民点的斑块形状呈现出规则化的趋势。从整体上看，2010—2020 年，各乡镇平均形状指数基本保持不变，多数乡镇的平均形状指数呈现出明显的降低，表明农村居民点形态向规则化发展。

（4）奉节县农村居民点空间分布具有向低海拔、低坡度、近水源、近道路发展的倾向。 2010—2020 年，奉节县农村居民点斑块主要分布在海拔 800 米以下的区域，随着地形高度的增加，奉节县农村居民点斑块面积呈递减的变化趋势，农村居民点斑块数量呈逐渐下降的趋势；2010—2020 年，奉节县农村居民点的坡度以 5°～25°为主，超过 60% 的农村居民点分布在此，且随坡度增大，斑块面积总体呈下降态势；2010—2020 年，除了大于 3 000 米以外，随道路距离的增加，农村居民点的数量和面积逐渐减少，2010—2020 年，除 3 000米以上范围外，农村居民点数量和面积与离河流的距离呈负相关性。

（5） 三个时期对农村居民点用地面积变化影响最大的是海拔高度；三个时期对于农村居民点集聚特征的影响较大的因素是海拔高度和距河流的距离。

5.2 不足与展望

通过对农村居民点空间布局的分析总结出几个主要的结论，但还存在很多问题有待进一步的研究和改进。三峡地区的人口与土地矛盾严重，生态环境脆弱，但由于人力、时间等因素的限制，仅以奉节县为核心，缺乏对比。本文在分析奉节县居民点时空演变的影响因素时，仅对各个因素进行了个别的分析，并未对所选择的因素进行全面的比较和分析。在以后的工作中，需要对这些问题进行进一步完善和深化，以达到更加准确的结果。

农村居民点空间形态的演化是人与地长期相互作用的结果，是一个具有历史意义的过程，但是，本文只对十年间的农村居民点时空演变和影响因素等进行分析。在未来的发展过程中，我们必须在一个长期的居住区中探索居民点动态变化与驱动机制，以便为乡村居住用地的规划优化和重构提供坚实的科学依据。

────────────── **参 考 文 献** ──────────────

安敏，李文佳，吴海林，等，2022. 三峡库区生态环境质量的时空格局演变及影响因素［J］. 长江流域资源与环境，31（12）：13.

蔡雪娇，吴志峰，程炯，2012. 基于核密度估算的路网格局与景观破碎化分析 [J]. 生态学杂志，31（1）：158-164.

陈萌萌，李阳兵，周亚琳，2017. 三峡库区腹地农村居民点空间分布特征及其自然背景影响——以奉节县为例 [J]. 热带农业科学，37（5）：125-133.

陈庆平，沈栋葎，雷晓亮，2013. 三峡工程后的移民分析 [J]. 中国市场（24）：34-35.

陈振杰，李满春，刘永学，2008. 基于 GIS 的桐庐县农村居民点空间格局研究 [J]. 长江流域资源与环境，17（2）：180-184.

范建红，张弢，雷汝林，2007. 国外景观地理学发展的回顾与展望 [J]. 世界地理研究，16（1）：83-89.

国家统计局，2022. 中华人民共和国 2021 年国民经济和社会发展统计公报 [J]. 中国统计（3）：9-26.

海贝贝，李小建，许家伟，2013. 巩义市农村居民点空间格局演变及其影响因素 [J]. 地理研究，32（12）：2257-2269.

黄聪，赵小敏，郭熙，等，2016. 基于核密度的余江县农村居民点布局优化研究 [J]. 中国农业大学学报，21（11）：165-174.

姜广辉，何新，马雯秋，等，2015. 基于空间自相关的农村居民点空间格局演变及其分区 [J]. 农业工程学报，31（13）：265-273.

金鑫，2019. 成都市农村居民点演变特征及其影响因素研究 [D]. 雅安：四川农业大学.

李红波，张小林，2012. 国外乡村聚落地理研究进展及近今趋势 [J]. 人文地理，27（4）：103-108.

李俊令，2021. 东乡区农村居民点时空格局演变及驱动因素研究 [D]. 南昌：东华理工大学.

李卫民，李同昇，武鹏，2018. 基于引力模型与加权 Voronoi 图的农村居民点布局优化——以西安市相桥街道为例 [J]. 中国农业资源与区划，39（1）：77-82.

梁会民，赵军，2001. 地理信息系统在居民点空间分布研究中的应用 [J]. 西北师范大学学报（自然科学版），37（2）：76-80.

刘洪鹄，刘宪春，赵晓辉，2006. 东北漫岗区村落的分布特征分析 [J]. 生态与农村环境学报，22（1）：15-19.

龙英，舒晓波，李秀娟，等，2012. 江西省安福县农村居民点空间分布变化及其环境因素分析 [J]. 水土保持研究，19（5）：171-175，180.

闵婕，2015. 三峡库区典型区域农村聚落空间演化研究 [D]. 重庆：西南大学.

彭月，2010. 三峡库区（重庆）典型区县土地利用/覆被变化及其生态环境效应分析 [D]. 重庆：西南大学.

钱伟，2006. 区位理论三大学派的分析与评价 [J]. 科技创业月刊，19（2）：179-180.

乔富伟，白永平，周亮，等，2019. 西藏城乡居民点空间分异特征与影响因素 [J]. 应用生态学报，30（10）：3544-3552.

师满江，颉耀文，曹琦，2016. 干旱区绿洲农村居民点景观格局演变及机制分析 [J]. 地理研究，35（4）：692-702.

谭雪兰，周国华，朱苏晖，等，2015. 长沙市农村居民点景观格局变化及地域分异特征研

究 [J]. 地理科学，35 (2)：204 - 210.

田光进，2002. 基于遥感与 GIS 的农村居民点景观特征比较 [J]. 遥感信息 (4)：31 - 34.

王成，魏朝富，袁敏，等，2007. 不同地貌类型下景观格局对土地利用方式的响应 [J]. 农业工程学报，23 (9)：64 - 71，293.

王文琴，贾丽，王巍，2020. 合肥市房地产泡沫测度分析 [J]. 上海房地 (9)：41 - 45.

徐羽，钟业喜，徐丽婷，等，2018. 乡村振兴战略下农村居民点时空特征及其影响因素研究——以江西省为例 [J]. 农林经济管理学报，17 (1)：100 - 108.

杨慧敏，娄帆，李小建，等，2017. 豫东平原聚落景观格局变化 [J]. 生态学报，37 (16)：5313 - 5323.

张小林，1991—2017. 乡村空间系统及其演变研究——以苏南为例 [M]. 南京：南京师范大学出版社.

郑文升，姜玉培，李孝环，等，2015. 公安县农村居民点用地分布影响因子评价——基于 GWR 的空间异质性分析 [J]. 人文地理，30 (5)：71 - 76.

郑先迪，郑华伟，刘友兆，2019. 基于 GIS 的农村居民点空间分布及影响因素分析——以盱眙县为例 [J]. 土壤通报，50 (3)：550 - 554.

周海涛，宁小莉，那晓东，等，2019. 包头市达茂旗居民点空间分布变化及其影响因素分析 [J]. 农业工程学报，35 (11)：276 - 286.

周燕妮，2020. 乡村振兴背景下都市近郊区全域土地综合整治模式初探 [J]. 小城镇建设，38 (11)：28 - 33.

BAŃSKI J，WESOLOWSKA M，2010. Transformations in housing construction in rural areas of Poland's Lublin region—Influence on the spatial settlement structureand landscape aesthetics [J]. Landscape and urban planning，94 (2)：116 - 126.

BERTOLINI L，CLERCQ F LE，KAPOEN L，2005. Sustainable accessibility：a conceptual framework tointegrate transport and land use plan - making. Two test - applications in the Netherlands and a reflection on the way forward [J]. Transport Policy，12 (3)：207 - 220.

CHIBILEV A A，AKHMETOV R S，PETRISHCHEV V P，et al. ，2015. Cluster differentiation of municipal districts of Orenburg oblast by features of rural settlement pattern [J]. Regional Research of Russia，5 (3)：263 - 269.

DOMON G，2011. Landscape as resource：Consequences，challenges and opportunities for rural development [J]. Landscape & Urban Planning，100 (4)：1 - 340.

EVA KISS，2000. Rural restructuring in Hungary in the period of social - economic transition [J]. Geo Journal，51 (3)：221 - 233.

JILL K. CLARK，RONALD MCCHESFTEY，DARLA K. MUNROE，et al. ，2009. Spatial characteristics of exurban settlement patten in the United States [J]. Landscape and Urban Plaruning，90 (3 - 4)：178 - 188.

JUAN PORTA，JORGE PARAPAR，RAMON DOALLO，et al. ，2013. A PoPulation - based iterated greedy algorithm for thedelimit - ati on and zoning of rural settlements [J]. Computers，Environment and Urban Systems (39)：12 - 26.

KATHRYN WILLIAMS, 2011. Relative acceptance of traditional and non - traditional rural land uses: Views of residents regions, southern - Australia [J]. Landscape and Urban Planning (103): 55 - 63.

SYLVAIN PAQUETTE, GERALD DOMON, 2001. Trends in rural landscape development and socio - demographic position in southern Quebec (Canada) [J]. Landscape and Urban Planning, 55 (4): 215 - 238.

TORREGGIANI D, LUDWICZAK Z, DALLARA E, et al., 2014. TRuL An: A high - resolution methodfor multi - time analysis of traditional rural landscapes and its application in Emilia - Romagna, Italy [J]. Landscape and Urban Planning, 124 (4): 93 - 103.

VESTERBY, MARLOW, 2002. Rural residential land use: Tracking its grows [J]. Agricultural Outlook (8): 14 - 17.

粤港澳大湾区土地利用冲突识别

周俏薇　孙传谆

1　前言

1.1　研究背景和问题提出

　　土地资源是人类赖以生存和发展的物质基础，是保障社会经济发展、社会稳定的重要因素。当前我国的工业化、城镇化发展进入快速发展新阶段，乡村空间也正快速转型，但生态环境不断恶化，土地资源利用面临的压力巨大。当前我国面临的土地利用问题一是土地资源数量的稀缺，土地资源空间分布不均以及人口规模的快速增长使得用地需求迅速增长，土地资源超强度开发；二是土地资源质量的下降，由于土地利用方式不合理等问题导致土壤退化、生物多样性降低等问题；三是土地资源空间分配不均，由于地理环境的差异，不同地区拥有的土地数量与质量存在较大差异，从而引起地区间土地资源分配的不平衡，加剧土地的高强度开发及不合理利用。

　　当前，我国城镇化进入新的转变阶段，人口跨省流动减少，县级单元内流动增多，这意味着县域城镇化将不断发展。大量人口向城镇的集中会带来公共服务的提升以及产业的快速发展，用地需求也在持续增长，城镇区域土地利用冲突增加，生态环境恶化。城镇化加快发展一定程度上带动乡村的发展，加上乡村振兴战略的大力推进，乡村的用地布局也在发生改变，土地利用冲突也会增加。因此，我国土地利用冲突矛盾从以大中城市为主开始转向以小城镇为主的发展趋势，大中城市土地利用冲突在持续，小城镇乃至乡村地区土地利用冲突逐渐增加。

　　党的十八大将生态文明建设纳入五位一体总体布局之后，党的十九大再次强调围绕建设美丽中国深化生态文明体制改革，强调要完善国土空间资源开发利用和生态环境保护的体制机制。随着我国城镇化进程加快和城市群发展壮大，城市国土空间开发表现出了领域和边缘区扩张的趋势，农业生产空间被占用、生态空间被侵蚀。在我国新发展格局和"美丽中国"建设的背景下，如何稳定土地利用结构，缓解土地利用冲突，优化空间资源配置成为当前学者们的研究重点（邱国强等，2021）。

　　粤港澳大湾区包括了广东珠三角地区、香港特别行政区以及澳门特别行政区，改革开放以来，该地区经济发展迅速，人口大量聚集，产业方兴未艾。30年以来，粤港澳大湾区内已经形成众多的大中小城市及城镇，城镇化水平较高，今后人口向二、三线城市及城镇地区集聚趋势明显。与此同时，粤港澳大湾区已成为高度聚集的综合性城镇化地区，人口高度集聚，经济实力具有高能级性，导致区域资源利用压力加大、生态环境恶化，土地利用冲突现象显著。随着粤港澳大湾区区域一体化发展规划成为我国重大的国家发展战略，大湾区的发展优势逐渐显现，更加合理的城市群结构将带来具有活力的社会结构，区域经济实力和创新能力不断增强。因此，粤港澳大湾区作为国家重要发展战略地区，土地资源的合理科学统筹布局对激发其发展潜力具有根本意义。因此，粤港澳大湾区可作为典型的快速城镇化区域代表进行土地利用冲突识别分析，以针对性地提出缓解土地利用冲突、促进城市群可持续发展的有效建议。

1.2 选题意义

1.2.1 理论意义

基于土地利用多宜性、土地资源稀缺性以及人类需求多样性的新框架（Dong Guanglong et al.，2021）开展区域土地利用冲突识别研究。一方面以人地关系研究作为切入点，为丰富新框架和完善土地利用冲突研究案例分析、土地利用冲突识别提供新思路。另一方面在土地利用冲突识别分析的基础上，有效为粤港澳大湾区缓解土地利用冲突与分区管理研究提供理论参考。

1.2.2 现实意义

当前国土空间规划编制对协调配置国土资源提出了新的要求：在区域资源承载范围内要处理好城市、城镇、乡村等空间的布局统筹优化。本文的实践意义在于构建粤港澳大湾区土地利用冲突识别评价体系，识别出城市、城镇以及乡村的土地利用冲突区域，通过对不同土地利用冲突强度分级分析，为粤港澳大湾区城市群缓解与优化土地利用空间冲突提供技术支撑和典型案例分析。

1.3 研究动态述评

1.3.1 国外研究进展

土地利用冲突的相关概念最早出现于 20 世纪 80 年代的英国乡村协会上，该协会将土地利用关系与冲突、土地管理作为学术讨论会的主题之一（邹利林等，2020）。国外学者对土地利用冲突概念的界定没有一致的结论，Bishnur认为土地利用冲突是农民因为土地社会关系中自身不公平地位而展开的对抗，是土地的不同利益主体之间的冲突（Bishnur，2004）。而 Duke 则认为土地利用冲突是个体由于土地利用方式与结果不一致而引发的抗争（Duke，2004）。对于冲突类型研究，学者们按照研究尺度、土地利用方式进行分类。也有学者采用合成聚类法和案例研究等分析方法对土地利用冲突进行分类（Warner，2000；Dunk et al.，2011；Cadiz et al.，2010）。对于土地利用冲突产生的机制，国外学者更多关注于人本身，Benjaminsen 通过数据比较与定性分析确定土地利用冲突的根本因素是政策失效与政府腐败，而 Obala 认为是种族间矛盾导致土地利用冲突加剧，甚至会演化为暴力恐怖事件（Benjaminsen et al.，2012；Obala et al.，2014）。

1.3.2　国内研究进展

国内学者对土地利用冲突研究始于 2001 年"自然资源和利用冲突管理方法"的专题研讨会上，之后围绕土地利用冲突的研究越来越广泛。研究的空间尺度包括有不同等级的行政区划、不同地貌类型、不同用地空间等。如邱国强等对苏锡常城市群的土地利用冲突测度分析（邱国强等，2022）；史宇微等以重庆市江津区为研究对象，对山地丘陵区进行了潜在的土地利用冲突识别研究（史宇微等，2021）。

从土地利用冲突的表现形式上来看，部分学者根据土地利用冲突的强度进行分类，如刘巧芹等以北京大兴区为例，构建用地竞争力评价体系，将土地利用冲突分为强、中、弱三个等级（刘巧芹等，2014）。杨远琴等对三峡库区重庆段土地利用冲突研究则分为了极严重冲突、严重冲突、较严重冲突、一般冲突以及不冲突 5 个等级（杨远琴等，2019）。根据不同的研究视角可以将土地利用冲突划分为资源环境冲突、针对同一地块不同用地方式的竞争、生态风险冲突等（邱国强等，2022）。

从土地利用冲突识别方法上来看，分为定性和定量的分析方法。定性分析方法多用于识别土地利用冲突的形式，例如参与式方法、逻辑框架法等（叶丽芳，2010）；定量分析方法主要包括多目标评价法、土地利用冲突综合指数法、地图因子叠加法、景观格局分析等。闵婕等采用多目标适宜性评价方法对重庆市綦江区山地城市进行土地利用冲突识别（闵婕等，2018），而周德等基于土地利用系统复杂性-脆弱性-动态性的冲突综合指数进行土地利用冲突的识别（周德等，2015）。Dong Guanglong 等基于土地利用多宜性、土地资源稀缺性、人类需求多样性的新框架对山东省济南市选取因子进行叠加计算分析土地利用冲突识别（Dong et al.，2021）。

从土地利用冲突演变及驱动机制上看，土地利用冲突在纵向上呈现出一条不断上升与下降的抛物线（周国华等，2012），横向上表现出"城区-城郊-乡村"的梯度分布规律（胡雁娟，2013；徐宗明，2011）。许多学术观点认为导致土地利用冲突的根本原因是不断增长的多样化外部需求与有限土地资源供给之间的矛盾，是不同主体共同作用的产物。从土地利用冲突的和解上看，多目标规划法与博弈论被认为是冲突和解的主要方法，各类空间规划成为引导与弱化冲突的政策工具（邹利林等，2020）。

1.3.3 研究评述

从以上土地利用冲突的研究成果来看，国内外的相关研究都较为丰富和全面，在研究尺度上，对于城乡交错地带以及生态敏感地带的研究较多，但是对国家与全球尺度下土地利用冲突关注较少，尤其是当前具有重要战略地位的城市群发展下的土地利用冲突关注较少。许多学者对土地利用冲突的识别都关注到了土地的多宜性，但是对土地的稀缺性和人类需求多样性鲜有关注。因此，本文将基于地理信息系统（GIS）空间分析手段，采用多因素叠加法对具有典型性的粤港澳大湾区城市群的土地利用冲突进行识别，根据土地利用冲突指数对不同地区的土地利用冲突强度进行梳理统计分析，根据土地利用冲突的影响因素提出具有针对性的缓解策略。

1.4 相关概念及理论基础

1.4.1 相关概念

1.4.1.1 土地利用冲突

周德等在综述了前人研究成果后指出，土地利用冲突是由于土地具有自然（资源）与社会（资产）二重属性，导致不同土地利用主体在利用土地资源、土地资产与土地空间时产生的矛盾与对立，并对社会、经济和生态环境造成了一定的危害（周德等，2015）。从国内外众多学者研究来看，土地利用冲突包括两个内涵，一是从社会学的角度突出土地利用过程中人与人之间产生的权益冲突，二是从地理学的角度强调土地利用中地与地之间的空间关系（邹利林等，2020）。

1.4.1.2 城镇化

城镇是人类社会生产生活的重要空间载体，而城镇化也是农业社会向现代社会变迁的重要驱动力。城镇化是一个综合性的概念，通俗意义上指人口的城镇化，除此之外还包括土地、景观等方面的城镇化。中国的"城市化"早于"城镇化"出现，既有学者认为两者内涵一致，也有学者认为两者相互区别。汪乐勤认为城市化与城镇化内涵本质一致，指农村人口向城镇、城市的转移；第一产业向第二产业、第三产业的转化；农民生活习惯、价值观念向市民生活、市民观念转变的过程（汪乐勤，2015）。

1.4.2 基础理论

1.4.2.1 人地关系理论

人地关系理论是指于人与土地之间关系的认识论。一方面土地为人类的生产活动提供物质基础，人类活动受到土地的制约；另一方面人类的活动会对土地造成消极或积极的影响。在土地利用规划中，利用人地关系理论可以科学配置土地资源，较好地处理人与土地之间的关系，实现经济水平提升和满足人口增长对土地利用的需求。通过人地关系理论开展土地利用冲突识别与诊断，能够缓解快速城镇化对土地的压力，以达到协调布局用地的目的。探究人地关系就是了解区域土地利用健康状况，而土地利用冲突分析本质上就是对人地关系的和谐水平展开合理的评估（白永杰，2017）。

1.4.2.2　现代系统理论

系统是一个有机的整体，它由彼此关联与影响的各个子系统、各要素组成。现代系统论的理念表示个体并非组成系统的层次，层次是通过诸多个体构成的，而且会受到群体的限制与约束（牛星，2008）。由此，土地利用实质上是人地关系地域系统中生产、生活与生态等要素之间的相互影响，任一要素改变都会对土地系统的整体演变造成影响，反之该要素也会受到系统的制约（许子艺，2020）。土地利用冲突是土地利用系统中子系统内部以及子系统与系统之间关系的失衡，如何识别出这种失衡的状态是让这种状态转变的关键，对保持土地系统的稳定与持续运行具有重要意义。

1.5　研究内容与方法

1.5.1　研究内容

1.5.1.1　土地利用多宜性评价

土地利用多宜性是指土地资源具有多种用途，能够发挥不同功能的适宜性。例如，建设用地是人类重要的活动空间，人类居住、工作、公共服务等方面的需求都在建设用地上发生。耕地通过种植为人类提供粮食及生产原料，人类活动也不断地影响和改造着耕地。生态用地主要为人类生活提供生态屏障，保证自然条件的稳定状态，最明显的作用就是减少自然灾害的发生。在土地资源供给有限的情况下，土地利用冲突产生取决于土地的适宜性。如果土地只适宜某种特定的用途，那么只能选择一种利用方式，也就不存在用途上的冲突。当一块土地适宜多种利用方式时，外部需求的增长会导致不同利用方式对该地块的争夺，从而产生土地利用冲突。由此，本文将对粤港澳大湾区的建设用地、耕地、生态用地这三类重要用地方式进行土地多重适宜性评价。

1.5.1.2　土地资源稀缺性评价

人类对土地需求的增长主要表现在建设用地和耕地上。城镇地区人口集聚、产业发展，对居住用地、工业用地、交通运输用地等建设用地需求大，因此城镇地区的土地稀缺性特征明显。粤港澳大湾区聚集了大量的人口，受地形地貌条件限制，耕地资源稀少，因此耕地稀缺性特征更加明显。本研究将评估建设用地和耕地的土地稀缺性来表现粤港澳大湾区的土地资源稀缺性。

1.5.1.3　人类需求多样性评价

如果没有人类需求就没有土地资源的稀缺，人类需求多样性是土地利用冲突产生的关键。人口规模和经济发展水平是影响人类需求多样性的两个关键因素。人口规模越大，经济发展水平越高，人类需求多样性就越丰富。因此，本文通过人口规模和经济发展水平来评估粤港澳大湾区的人类需求多样性。

1.5.1.4　土地利用冲突强度分析

土地利用冲突强度由土地利用多宜性、土地资源稀缺性、人类需求多样性确定，通过计算土地利用冲突指数计算各个地块的土地利用冲突强度。通过自然断点法将冲突强度分为高强度、中强度以及低强度，然后对不同层次的强度进行特征分析和因素分析。

1.5.2　技术路线

本研究思路如下，通过收集因子层相关的地理空间数据以及社会经济数据，基于土地多宜性、土地资源稀缺性以及人类需求多样性的新框架选取因子评价粤港澳大湾区的土地利用冲突强度。土地多重适宜性将对建设用地、耕地以及生态用地从两个方面进行评价，一方面考虑自然条件，另一方面建设用地考虑位置条件、耕地考虑耕作的便利性以及生态用地考虑人为的干扰程度。土地资源稀缺性评价主要涉及人均建设用地以及人均耕地两个指标，以此反映土地资源与人类需求之间的关系。而人类需求多样性则用人口规模和经济发展水平来表示。研究过程如图 1 所示，首先因子层分级赋值，加权求和后得到因素层的分值，再次加权求和获得土地利用多宜性、土地资源稀缺性以及人类需求多样性三大指标的作用分值，最后一次加权求和得到土地利用冲突强度的分值分布。对土地利用冲突强度进行分级分析，一方面论证研究框架的科学性，另一方面对粤港澳大湾区的土地利用冲突格局作大致分析，为粤港澳大湾区缓解土地利用冲突提供决策参考。本研究技术路线如图 1 所示。

1.5.3　研究方法

1.5.3.1　文献研究法

通过华南农业大学图书馆官网平台，运用中国知网在线数据库查阅文献，利用百度、谷歌等网络平台进行资料的查找。首先收集土地利用冲突相关研究资料文献，了解土地利用冲突领域的研究进展。然后对土地利用冲突识别的相关文献进行重点收集整理，对已有的研究成果归纳总结。最后，通过参考相关文献构建本文的土地利用冲突识别研究框架和思路。

1.5.3.2　多因素叠加法

利用 ArcGis 10.0 空间分析工具，选取相关评价因素，采用加权求和的方法获取评价单元土地适宜性、土地稀缺性以及人类需求多样性的综合分值。通过分值来表征评价单元的适宜方向与适宜程度，最后利用自然断点法进行土地利用冲突强度的分级，准确定位土地利用冲突区以及冲突强度。

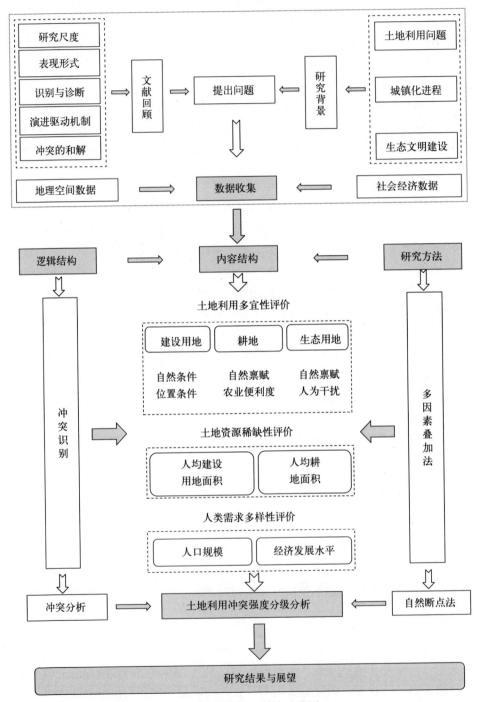

图 1　研究框架与技术路线图

1.5.3.3 层次分析法

层次分析法是根据问题的性质和要达到的总目标，将问题分解为不同的影响因素，并按照因素间的相互关联影响以及隶属关系将因素按不同层次聚集组合，形成一个多层次的分析结构模型，从而最终确定各个影响因素的相对重要权值或相对优劣次序排定。这是一种解决多目标复杂问题的定性与定量相结合的决策分析方法，本文将通过阅读文献资料对选取因子的重要程度作出定性分析，然后构建分析结构模型以确定具体权重值。

1.6 研究特色和创新

基于土地利用多宜性、土地资源稀缺性以及人类需求多样性的新框架进行土地利用冲突识别，通过三个方面表征土地利用冲突强度，维度更加丰富；城镇化快速发展的背景下，要素和资源跨区域流动的趋势更加明显，土地利用冲突研究应当在更大的地域范围内进行。本文对粤港澳大湾区城市群土地利用冲突的识别是基于城市群范围研究，更好地获取研究城市与城市之间、城镇与乡村之间土地利用冲突的新思路，而目前相关研究较少。

2 研究区概况与数据来源

2.1 研究区概况

粤港澳大湾区（21°25～24°30′N，111°12～115°35′E）位于我国华南地区的珠江三角洲，由广州、深圳、佛山、东莞、惠州、中山、珠海、江门、肇庆9市和香港、澳门两个特别行政区构成，共有49个县级市，总面积为5.6万千米²。粤港澳大湾区与纽约湾区、旧金山湾区、东京湾区并称世界四大湾区，是具有国家战略性地位的城市群。根据2019年中共中央、国务院印发《粤港澳大湾区发展规划纲要》，粤港澳大湾区要建成充满活力的世界级城市群、国际科技创新中心、"一带一路"建设的重要支撑、内地与港澳深度合作示范区，还要打造成宜居宜业宜游的优质生活圈，成为高质量发展的典范。

在自然环境方面，粤港澳大湾区内河网密布，水量充沛，属于亚热带和热带季风气候，植被覆盖与动植物多样性较高。地势总体北部高、南部低，西北部、东部以丘陵山地为主，中部及南部是冲积平原，整体地势较为平坦，坡度低于2°的土地占56%以上，坡度大于15°的土地占比仅0.45%。在经济发展上，截至2020年，粤港澳大湾区人口达到7 800万，区域城镇化率高达85%，GDP总量达到11.52万亿元，人均GDP达到133 503元。粤港澳大湾区以6%的全国常住人口和1%的国土面积创造11%的全国GDP，单位面积上创造的GDP远高于长江三角洲和京津冀地区。因此，粤港澳大湾区是中国开放程度最高、经济实力最强以及人口高度密集的区域之一（赵晓斌等，2018），相比于长江三角洲以及京津冀地区更具发展潜力。在土地利用方面，粤港澳大湾区建设用地面积约为 8 131 千米^2，耕地约 12 278 千米^2，林地约 29 562 千米^2，占比分别为 14.82%、22.38%、53.89%。由此可知，粤港澳大湾区林地占比较高，生态条件良好，但是建设用地占比较大，内部存在严重的土地资源错配，快速的城镇化和经济发展给粤港澳大湾区的土地利用带来了压力，土地利用冲突问题凸显，引发了生态环境恶化、城市快速扩张等问题，也对合理有效利用土地资源提出了更高的要求。

2.2　数据来源

2.2.1　数据来源

本次土地利用冲突评价所需数据包括粤港澳大湾区行政界线、高程数据（DEM）、土地利用覆被、农田生产潜力、归一化植被指数、人口分布及 GDP。数据主要来源于中国科学院资源与环境科学与数据中心、国家基础地理信息中心、WorldPop 以及 OpenStreetMap 网站。数据来源详情如表 1 所示。

表 1　数据来源详情

数据名称	数据类型	年份	精度（米）	来源
行政界线	矢量	2015	—	
土地利用遥感监测数据	栅格	2020	1 000	中国科学院资源与环境科学与数据中心（https://www.resdc.cn/x）
归一化植被指数	栅格	2019	1 000	
GDP	栅格	2015	1 000	
农田生产潜力	栅格	2010	1 000	
人口规模	栅格	2020	1 000	WorldPop（https://www.worldpop.org/）
道路系统	矢量	2015	—	国家基础地理信息中心（http://www.ngcc.cn/ngcc/）OpenStreetMap（https://www.openstreetmap.org/#map=9/28.2513/120.8778）

2.2.2　数据处理

通过利用 ArcGIS 软件工具箱内的裁剪或按掩膜提取工具将粤港澳大湾区范围内的相关数据进行处理。对于行政区域数据，将零碎的图斑（面积＜1 千米^2）进行消除融合，提取所需要的道路数据。由于数据获取渠道有限以及地区间道路分类方式的不同，对于广州、佛山、中山、江门、珠海、深圳、东莞、惠州以及肇庆 9 个市主要提取国道、省道、县道以及高速公路作为主要的道路，对于香港和澳门特别行政区则选取城市一级道路、二级道路、三级道路以及高速公路作为主要道路。

3 土地利用冲突识别评价体系

3.1 冲突定义与评价因子选取

本文基于土地利用多宜性、土地资源稀缺性、人类需求多样性的新框架选取评价因子（Dong Guanglong et al.，2021）。土地利用多宜性是土地资源固有的属性，土地越适宜于多种土地利用方式，则越容易产生土地利用冲突。土地资源因为面积有限、位置固定而本身具有稀缺性，土地资源稀缺性是相对于人类需求而言产生的稀缺性，如果没有人类需求也不会产生土地利用冲突。因此，土地利用冲突产生的根本原因是由土地利用多宜性、土地资源稀缺性以及人类需求多样性三者共同导致的。本文基于该框架进行粤港澳大湾区土地利用冲突识别，评价体系由因素层、因子层两个层次构成，因子一共分为 5 个等级，作用分值为 100 分、80 分、60 分、40 分以及 20 分。

3.1.1 土地利用多宜性评价指标体系构建

一块土地能够适宜多种利用方式，不同的利用方式需要具备一定的条件，恰恰是这些条件影响了该地块的最终用途。例如，一块肥沃平坦的土地既适合用作建设用地，也适合用于农业生产活动，两者都要受到自然条件即高程、坡度的影响。建设用地更多还要考虑区位条件的影响，耕地则是考虑农业生产的便利性。因此，土地利用多宜性评价指标体系需要分为建设用地、耕地、生态用地三种地类分别进行评价，以此来判断地块更适宜哪一种土地利用方式。

3.1.1.1 建设用地适宜性评价指标体系

建设用地的适宜性是指土地适合用于建设的程度，重点反映土地转用为建设用地的技术和经济的可行性程度。技术可行性在于考虑土地转用为建设用地的基本条件，例如稳定的地质条件、平坦的地势条件等。经济可行性反映的是建设用地对社会经济发展的驱动作用，它的驱动能力会受到所在位置的人口情况、经济发达程度、空间规划等的影响，所在区位条件越优则驱动力越强，就是适宜性程度越高（史宇微等，2021）。建设用地适宜性评价指标体系见表 2。

（1）自然条件。建设用地的技术可行性主要考虑的是建设的难度和成本，主要涉及影响建设过程的自然条件，例如坡度、地势起伏度、坡向、矿产资源分布等。本文选取海拔和坡度两个评价因子来表征粤港澳大湾区建设用地自然条件适宜性程度。粤港澳大湾区位于中国岭南地区，地形地貌以山地丘陵为主，北部、东部分布有大量的山地丘陵。同时，粤港澳大湾区也位于珠江三角洲地区，中南部是地势较为平坦的三角洲平原。因此，影响粤港澳大湾区建设的主要因素是海拔和坡度，海拔越高、坡度越大，建设的成本和难度就会越大，建设用地适宜性也就越低。

（2）位置条件。 本文选取距离城镇中心、距离主要道路远近两个因子来表征建设用地位置条件的适宜性。城镇是一个经济综合体，拥有完善的公共服务设施，而且人口高度聚集、产业发达，对建设用地的区位价值提升具有决定性作用。距离城镇中心越近则建设用地的发展潜力越大，但是距离城镇中心的直线距离不等于到达城镇中心的距离，因此还需要考虑建设用地到城镇中心的便利程度。一方面，距离主要道路越近，越容易到达城镇中心，另一方面，交通条件发达的地区会吸引更多的人口，带动产业的聚集。因此，城镇中心与交通方便两者是相辅相成的关系，建设用地的位置条件要同时考虑这两个因子。距离城镇中心及距主要道路的距离越近，作用分值越高，建设用地的适宜性程度也越高。

表 2　建设用地适宜性评价指标体系

因素层	因子层	因子分级				
		100 分	80 分	60 分	40 分	20 分
自然条件	海拔（米）	<83	83～220	221～400	401～666	>666
	坡度（°）	<2	2～5	6～10	11～15	>15
位置条件	距城镇中心距离（米）	<1 500	1 500～3 000	3 001～4 500	4 501～6 000	>6 000
	距主要道路距离（米）	<1 500	1 500～3 000	3 001～5 000	5 001～8 000	>8 000

3.1.1.2　耕地适宜性评价指标体系

耕地适宜性评价是评定土地用于农作物种植的适宜性程度，重点考察的是土地的自然条件和农业生产的区位条件以及产品的社会经济因素（王秋兵等，2012）。耕地是否能够获得充分利用取决于自然生产条件以及生产资料的投入。自然生产条件主要考虑农田开发利用的难度以及生产过程中所需要的光、温、水、土等资源，而生产资料的投入则是多方面的，例如劳动力、农业基础设施、机械设备以及生产技术条件等。在实际的生产过程中，完善的农业基础设施、先进的机械设备以及生产技术是提高土地产出率、劳动率生产率的关键，但是并不是决定土地开发利用的根本条件。劳动力才是在农业生产过程中的决定性因素，自然禀赋差的土地可以经过改良适宜耕地，但是没有劳动力的投入，土地就只能成为荒地。因此，本文选取影响农业开发生产的自然禀赋以及影响农业劳动力投入的地块区位条件两个评价因素来评价耕地的适宜性程度。耕地适宜性评价指标体系见表 3。

(1) 自然禀赋。本文选取海拔、坡度以及农田生产潜力来表征耕地自然条件的适宜性程度。在山地丘陵地带，海拔、坡度能够反映耕地开发利用的难度以及成本，农田生产潜力则反映农田的生产力程度。农田生产潜力数据采用GAEZ模型，综合考虑了光、温、水、二氧化碳浓度、病虫害、农业气候限制、土壤以及地形等多方面影响因素，并且考虑作物的多熟制来估算耕地生产潜力，能够较为全面反映农业生产所需要的自然禀赋条件。

(2) 区位条件。区位条件实际指的是耕地的耕作便利度，采用距离农村居民点、农村道路的远近这两个因子来表征。粤港澳大湾区是我国城镇化快速发展的地区，且地形地貌以山地丘陵为主，耕地地块受到两者的限制，连片性较差，缺乏耕地的集约化、产业化经营，当前以小农生产为主。耕地需要距离农村居民点较近，且具有便利的乡村道路可以到达，才能够保证农民方便前往耕作以及进行长期性劳动力投入，偏远、交通不便的耕地容易被撂荒，耕地适宜性越低，作用分值也越低。

表 3　耕地适宜性评价指标体系

因素层	因子层	因子分级				
		100 分	80 分	60 分	40 分	20 分
自然禀赋	海拔（米）	<83	83~220	221~400	401~666	>666
	坡度（°）	<2	2~5	6~10	11~15	>15
	农田生产潜力	>4 949	4 949~3 253	3 252~1 833	1 832~595	<595
耕作便利度	距农村居民点距离（米）	<500	500~1 000	1 001~2 000	2 001~3 000	>3 000
	距农村道路距离（米）	<500	500~1 500	1 501~3 000	3 001~5 000	>5 000

3.1.1.3　生态用地适宜性评价

生态用地的适宜性限制因素较少，在没有人类活动干扰的条件下所有土地都能够具有重要的生态功能，我们难以确定哪些土地具有生态用地适宜性，但是我们可以找到影响生态安全的因素以此构建生态安全格局。生态安全格局实际上是对人类而言具有重要生态价值的土地，其更多指的是土地所具有的生物多样性，包括植物、动物以及微生物等。当人类干扰产生时，土地的生态功能被破坏，人类活动干扰越严重，土地生态自我修复所需的周期就越长，短期来看，人类活动的干扰程度能够表明土地当前的生态用地适宜性。史宇微等从适宜性和驱动力两个方面构建生态用地倾向评价指标体系，一方面选取坡度、高程、土壤厚度有机质、植被指数等因子表明其生态适宜性，另一方面考虑人口、政策对生态用地的影响（史宇微等，2021）。因此，本文通过研究土地自身的自然禀赋来确定生态重要性区域，通过人类干扰程度来确定生态安全稳定性区域，以此来确定生态用地的适宜性。

结合粤港澳大湾区动植物丰富、城镇化快速发展的特点，本文选取归一化植被指数来表征生态重要性区域、通过土地利用类型表明人类活动的干扰程度，以此表征生态安全稳定性程度。归一化植被指数指示着地区的气候和水文，反映植被群落生长态势，是描述生态系统的重要基础数据，指数越高，表明评价区域生态系统恢复能力越强（张珊珊，2019）；开发利用程度越低的土地受人类干扰程度越小，生态安全稳定程度越高，则其生态用地适宜性程度越高。其中，土地分类采用包括耕地、林地、草地、水域、居民地和未利用地6个一级类以及25个二级类的分类方法。按照土地开发利用强度，林地的生态用地适宜性最高，草地次之，以此类推，经过人类开发建设改变了土地表层结构的建设用地生态适宜性最低。生态用地适宜性评价指标体系见表4。

表4 生态用地适宜性评价指标体系

因素层	因子层	因子分级				
		100分	80分	60分	40分	20分
自然禀赋	归一化植被指数	>0.824	0.824~0.688	0.687~0.52	0.51~0.356	<0.356
人类干扰	土地利用类型	林地、疏林地、灌木林、其他林地	高度覆盖草地、中度覆盖草地、低度覆盖草地	水库坑塘、河渠、海洋、沼泽地、湖泊、滩涂、滩地、其他	水田、旱地	沙地、裸土地、城镇用地、农村居民点、其他建设用地

3.1.2　土地资源稀缺性评价指标体系构建

土地资源稀缺性是土地多适宜性与人类需求多样性之间矛盾的结果，当外部需求不断增加而土地适宜多种利用方式时，土地资源在争夺当中变得稀缺。土地资源越是稀缺说明土地利用冲突越是强烈。实际上，土地资源具有不平衡性的特点，土地资源的空间分布是不均的，能够被有效开发利用的土地资源成为一种稀缺资源，尤其是在粤港澳大湾区城市群这种城镇化快速发展的地区。从这一方面理解，土地资源空间分布的不均使得地区用于满足人类生产生活需求的土地资源变得稀缺，进一步导致土地利用冲突的发生，它也是土地利用冲突产生的重要原因。

本文以影响人类活动的两种主要用地为评价对象，一是粤港澳大湾区城镇快速扩张需要大量建设用地空间，以维持区域人口与经济发展水平，二是需要有满足快速增长人口的粮食安全需求的农业用地。因此，本文选用人均建设用地面积和人均耕地面积两个评价因子在空间上反映土地稀缺性程度，作用分值越高则人均面积越小，稀缺性程度越高。土地资源稀缺性评价指标体系见表5。

表5 土地资源稀缺性评价指标体系

因素层	因子层	因子分级				
		100分	80分	60分	40分	20分
建设用地稀缺性	人均建设用地	<160	160~210	211~260	261~310	>310
耕地稀缺性	人均耕地（米²）	<180	180~450	451~600	601~850	>850

3.1.3 人类需求多样性评价指标体系构建

土地利用冲突的本质可以定义为矛盾对立的土地价值在社会选择上的博弈，是不同主体对土地有限资源不同价值或相同价值的竞合（阮松涛等，2013）。不同的主体对土地价值有其自身的判定，不同人类主体以及同一主体的不同需求作用于多种适宜性的土地，使得土地资源变得稀缺，人类需求多样性加剧土地利用冲突。

人类需求的多样性不仅表现为量的大小，还表现为质的高低，本文用人口规模和经济发展水平来反映人类的需求程度。地区GDP值越高，人们的生活水平越高，则需求越多样，包括需求量的增加和质的提高；除此之外，人口规模越大，人类的需求总量越大，人类需求多样性也越高。人类需求多样性评价指标体系见表6。

表6 人类需求多样性评价指标体系

因素层	因子层	因子分级				
		100分	80分	60分	40分	20分
人口规模	总人口（人）	>50 842.8	50 842.8~24 335.1	24 335.0~9 560.2	9 560.1~2 172.8	<2 172.8
经济发展水平	GDP（万元）	<11 135	11 135~38 827	38 828~143 290	143 291~520 340	>520 340

3.2 分级赋值及权重确定

3.2.1 分级赋值

针对不同属性的评价因子采用不同的作用分值赋值方法，全部因子作用分赋值一共分为5级，分别是100分、80分、60分、40分以及20分。对于定性描述因子，比如土地利用类型，根据指标的不同性质划分级别；对于定量描述因子，比如高程、坡度、GDP、人口等，根据数据分布情况采用自然断点法进行划分；对于距离城市、道路、农村居民点这类扩散性因子，则对扩散源作欧氏距离，并逐级赋分。对评价因子作用分进行赋值之后，运用加权指数和法计算因素总分值，计算公式如下：

$$F = \sum_{i=1}^{n} (f_i w_i)$$

式中，f_i 为因子 i 的作用分值；w_i 为因子 i 的权重；n 为评价因子的个数；F 为评价单元的总分值，该值越大说明土地利用冲突越强。

3.2.2　权重确定

本文采用层次分析法确定各个评价因子、因素的权重，对所选的因子、因素组织成层次模型结构，构建判断矩阵。本研究首先通过查阅相关文献确定指标之间的相对重要性，最后运用 Export Choice 2000 层次分析法软件计算、检验最终确定各评价因子的权重。土地利用冲突评价指标权重如表 7 所示。

表 7　土地利用冲突评价指标权重

目标层	权重	因子层		权重	因素层	权重
土地利用多适宜性评价	0.69	建设用地	自然禀赋	0.67	海拔	0.36
					坡度	0.64
			区位条件	0.33	距城镇中心距离	0.75
					距主要道路距离	0.25
		耕地	自然条件	0.60	海拔	0.13
					坡度	0.21
					农田生产潜力	0.66
			耕作便利度	0.40	距农村居民点距离	0.75
					距农村道路距离	0.25
		生态用地	自然禀赋	0.55	归一化植被指数	0.55
			人类干扰度	0.45	土地利用类型	0.45
土地资源稀缺性评价	0.15	建设用地		—	人均建设用地	—
		耕地		—	人均耕地	—
人类需求多样性评价	0.16	人口规模		—	总人口	—
		经济发展水平		—	GDP	—

3.3　土地利用冲突指数计算

土地利用冲突指数可采用以下公式进行计算。

$$LUC = 0.690\,8 \times MS + 0.148\,8 \times Sa + 0.160\,3 \times MD$$

$$MS = \sqrt[3]{ConLSu \times CulLSu \times EcoLSu}$$

$$Sa = \sqrt{ConLSa \times CulLSa}$$

$$MD = \sqrt{Pop \times GDP}$$

式中，LUC 为土地利用冲突指数，MS 表示土地利用多宜性，Sa 表示土地资源稀缺性，MD 代表需求多样性；$ConLSu$ 代表建设用地适宜性，$CulLSu$ 代表耕地适宜性，*EcoLSu* 代表生态用地适宜性；*ConLSa* 代表建设用地稀缺性，*CulLSa* 代表耕地稀缺性；*Pop* 代表总人口，*GDP* 为国内生产总值。

在此基础上，在 ArcGIS 中采用自然断点法将建设用地适宜性、耕地适宜性、生态用地适宜性、土地利用多宜性、土地资源稀缺性、需求多样性和土地利用冲突等的评价结果划分为高、中、低 3 个级别。

4　土地利用冲突强度结果与分析

4.1　土地利用多宜性

4.1.1　建设用地适宜性

4.1.1.1　特征分析

从数量上看，粤港澳大湾区建设用地适宜性以中适宜性为主，占比为 47.01%；适宜性低和适宜性高的地区占比相当，分别为 24.72% 和 28.27%。从横向上比较，整个粤港澳大湾区建设用地高适宜性占比较大的是佛山市、广州市以及东莞市，分别为 15.42%、19.55% 以及 14.08%；中低适宜性占比高的地级市有惠州市、江门市以及肇庆市，中等适宜性共占比 76.24%；低等适宜性共占比 87.16%。从纵向上比较，地级市内高适宜性程度占比达到 50% 以上的有东莞市、佛山市、深圳市、中山市、珠海市以及澳门特别行政区；地级市内中适宜性程度比达到 50% 以上的有惠州市、肇庆市、江门市以及香港特别行政区；其中，广州市建设用地适宜性中、高适宜性占比相当，分别为 39.05% 和 42.69%（图 2）。

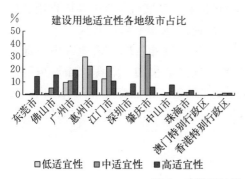
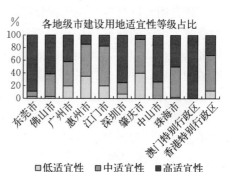

图 2　建设用地适宜性地级市统计

从空间分布上看，建设用地适宜性三个等级都呈现团块状分布，连续性强。高适宜性主要分布在中南部地区；低适宜性主要分布在北部、东部以及西部的边缘地区；中适宜性则分布在高低适宜性之间，总体呈现递进式分布特征。从各个地级市行政区域上看，高适宜性集中在广州市南部、佛山市、东莞市、中山市、珠海市、深圳市以及其他地级市的城市经济发展中心；低适宜性则主要分布在肇庆市、惠州市、江门市边缘地区以及广州市东北部。

4.1.1.2 影响因素分析

从数量和空间分布特征中可以看出，粤港澳大湾区的建设用地适宜性的数量特征和空间分布特征具有一致性。建设用地适宜性受到自然条件和区位条件影响，一是地形地貌以山地丘陵为主，自然条件差；二是这部分地区交通基础设施落后，距离城镇中心大于6 000米的地区占64.01%，距离主要道路大于5 001米的地区占19.06%。因此，建设适宜性以中等适宜为主，且这些地区主要分布在惠州市、肇庆市以及江门市。建设用地适宜性评价体系因子分级占比如表8所示。

表8　建设用地适宜性评价体系因子分级占比

因素层	因子层	因子分级				
		100分	80分	60分	40分	20分
自然条件	海拔（米）	<83	83～220	221～400	401～666	>666
	占比（%）	60.68	20.71	7.53	6.23	4.85
	坡度（°）	<2	2～5	6～10	11～15	>15
	占比（%）	56.72	25.31	14.84	2.67	0.45
区位条件	距城镇中心距离（米）	<1 500	1 500～3 000	3 001～4 500	4 501～6 000	>6 000
	占比（%）	16.87	6.93	6.82	5.36	64.01
	距主要道路距离（米）	<1 500	1 500～3 000	3 001～5 000	5 001～8 000	>8 000
	占比（%）	44.78	20.42	15.73	10.10	8.96

建设用地适宜性呈团块状分布，受到自然禀赋和区位条件的共同作用。从粤港澳大湾区的地形图中可以看出，珠三角地区地形平坦，海拔低于83米、坡度基本在2°以下，具有良好的自然条件。除此以外，珠三角地区中南部是城镇中心区，一线、二线城市聚集，包括广州市、佛山市、深圳市、东莞市等。这部分地区交通发达，44.78%的区域都距离主干道在1 500米以内。无论是自然禀赋还是城镇分布在空间上都呈现连续性，因此，粤洪澳大湾区建设用地适宜性呈现团块状分布。

4.1.2 耕地适宜性

4.1.2.1 特征分析

从数量上看，粤港澳大湾区耕地适宜性以低适宜性为主，占50.56%；适宜性为中等的地区占31.61%；适宜性高的地区仅占17.83%。从横向上比较，整个粤港澳大湾区耕地适宜性各个等级占比都较大的是肇庆市、惠州市、江门市以及广州市，共占比高达60%。肇庆市中、低适宜性耕地占比最高，分别为25.77%和32.79%；惠州市高适宜性耕地占比最高，达到25.59%。从纵

向上比较，除佛山市、中山市以外，其他地级市低适宜性耕地占比都在 50%
以上；佛山市以中适宜性耕地为主，占 49.79%；中山市中、高适宜性耕地占
比相当，分别为 37.55% 和 40.86%（图 3）。

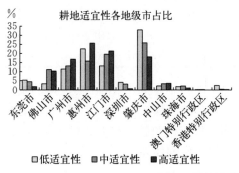
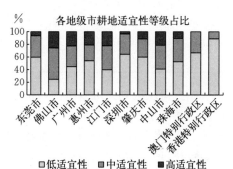

图 3　耕地适宜性地级市统计

　　从空间分布上看，耕地适宜性等级呈现团块状分布，主要分布在中部地
区。高适宜性等级除了澳门特别行政区、香港特别行政区、珠海市、深圳市以
及东莞市分布稀少外，其他地级市均有团块式分布。其中，惠州市、江门市、
佛山市、中山市以及广州市内大面积连续性分布；肇庆市内北部、南部连续性
分布，其他地区零星式分布。

4.1.2.2　影响因素分析

　　粤港澳大湾区耕地适宜性以低适宜性为主，主要受到农田生产潜力差和耕作
便利度低的影响。农田生产潜力分值在 20 分以下的土地占比达到 62.55%，粤港澳
大湾区虽然水热条件良好，但土壤呈酸性，山地丘陵地形导致耕地连片性较差。农
田距离农村居民点距离大于 3 000 米的土地占比高达 63.78%，耕作便利度低主要
是由于粤港澳大湾区城镇化率高，农村居民点较少且零星分布，这对于小农生产方
式来说是重要的限制性因素。耕地适宜性评价体系因子分级占比如表 9 所示。

表 9　耕地适宜性评价体系因子分级占比

因素层	因子层	因子分级				
		100 分	80 分	60 分	40 分	20 分
自然禀赋	海拔（米）	<83	83~220	221~400	401~666	>666
	占比（%）	60.68	20.71	7.53	6.23	4.85
	坡度（°）	<2	2~5	6~10	11~15	>15
	占比（%）	56.72	25.31	14.84	2.67	0.45
	农田生产潜力	>4 949	3 253~4 949	1 833~3 252	595~1 832	<595
	占比（%）	2.58	7.68	11.60	15.59	62.55

（续）

因素层	因子层	因子分级				
		100 分	80 分	60 分	40 分	20 分
耕作便利度	距农村居民点距离（米）	<500	500～1 000	1 001～2 000	2 001～3 000	>3 000
	占比（%）	2.72	7.85	11.00	14.65	63.78
	距农村道路距离（米）	<500	500～1 500	1 501～3 000	3 001～5 000	>5 000
	占比（%）	16.12	26.55	19.70	14.48	23.15

结合行政区划图可以看出，耕地高适宜性明显分布在城市中心周边的城郊地区，例如佛山市的三水区、高明区，广州市的花都区、增城区，肇庆市的四会区、高要区等，这些地区坡度在 2°以下，农田生产潜力在 1 833～4 949，自然禀赋优越；有较多的农村居民点分布，耕作便利性高。

4.1.3 生态用地适宜性

4.1.3.1 特征分析

粤港澳大湾区生态用地适宜性以高适宜性为主，占比达到 52%；中适宜性占比 28.40%，低适宜性占比 19.06%。从横向上比较，生态用地低适宜性各个地级市占比相当，在 10%左右；中、高适宜性占比较高的是惠州市、江门市以及肇庆市，共占比高达 60%。从纵向上看，以高适宜性为主的地级市是惠州市、江门市、肇庆市以及香港特别行政区，占比均在 50%以上；以低适宜性为主的地级市有东莞市、佛山市、深圳市、中山市、珠海市以及澳门特别行政区；广州市生态用地适宜性各个等级占比相当，都在 30%左右。从空间分布上看，生态用地适宜性分布呈现两极分化状态，中南部主要为低适宜性地区，北部、东部以及西部则是高适宜性地区。高、低适宜性区域大面积连片分布，而中适宜性地区零星分布。生态用地适宜性地级市统计如图 4 所示。

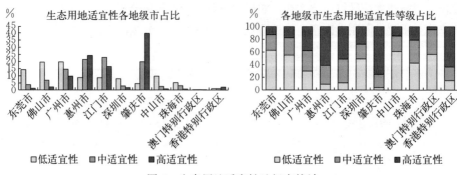

图 4　生态用地适宜性地级市统计

4.1.3.2 影响因素分析

粤港澳大湾区生态用地适宜性以高适宜性为主是因为植被覆盖指数高、总体人类干扰程度较低。归一化植被指数大于 0.824 的土地占比达到 45.74%，这主要是因为粤港澳大湾区水热条件优越，植被生长茂盛，生态环境良好。同时，粤港澳大湾区用地类型为林地的土地占比也高达 53.89%，这部分地区就是北部、东部以及西部，是山地丘陵分布的主要地带，受地形影响开发利用难度较大，受人类干扰程度较小。

实际上，粤港澳大湾区是城镇化快速发展的地区，中南部是高度发达的城市群地带，生态适宜性与北部东部山地地区差异大，所以在空间分布上呈现两极分化的状态。肇庆市、惠州市以及江门市是生态适宜性高的地区，这部分地区多山地丘陵、林地。一方面归一化植被指数高达 0.82 的地区占整个粤港澳大湾区的 45.74%，另一方面林地用地占比 7.76%。生态用地适宜性评价体系因子分级占比见表 10。

表 10　生态用地适宜性评价体系因子分级占比

因素层	因子层	因子分级				
		100 分	80 分	60 分	40 分	20 分
自然禀赋	归一化植被指数	>0.824	0.824~0.688	0.687~0.52	0.51~0.356	<0.356
	占比（%）	45.74	21.24	12.40	11.48	9.14
人类干扰	土地利用类型	林地、疏林地、灌木林、其他林地	高度覆盖草地、中度覆盖草地、低度覆盖草地	水库坑塘、河渠、海洋、沼泽地、湖泊、滩涂、滩地、其他	水田、旱地	沙地、裸土地、城镇用地、农村居民点、其他建设用地
	占比（%）	53.89	2.22	6.68	22.38	14.83

4.1.4　土地利用多宜性

4.1.4.1　特征分析

粤港澳大湾区的土地利用多宜性以中适宜性为主，占比 43.08%；高适宜性占比 32.03%，低适宜性占比 24.89%。从横向上比较，各个等级占比较高的地级市有广州市、惠州市、江门市以及肇庆市；其中，低、中、高适性宜等级都是肇庆市占比最高，分别为 22.09%、30.30% 以及 29.45%。从纵向上看，东莞市、深圳市以及澳门特别行政区都以低适宜性为主，占比分别为 53.50%、42.54% 以及 40.00%；其他地级市都以中适宜性为主（图 5）。

从空间分布上看，生态用地高适宜性和低适宜性分布特征明显，呈现连片性分布。高适宜性主要分布在江门市、肇庆市、惠州市以及广州市 4 个地级市；低适宜性地区则集中在中南部以及山地丘陵地带；中适宜性地区分布特征不明显，零星分布在各个地级市内部。

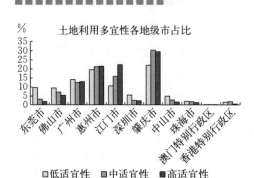 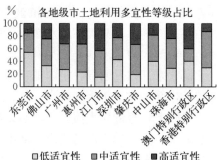

图 5　土地利用多宜性地级市统计

4.1.4.2　影响因素分析

粤港澳大湾区土地多宜性等级分布与耕地、建设用地以及生态用地适宜性分布具有一致性。建设用地适宜性以中适宜性为主，占比 47.01%；耕地适宜性以低适宜性为主，占比 50.56%；生态用地适宜性以高适宜性为主，占比 52.00%。土地利用多宜性各地类适宜性等级占比如表 11 所示。在空间分布上，分布整体格局明显受到生态用地适宜性分布影响，呈现明显两极分化趋势的分布特征，而内部不同适宜性的相对位置分布与建设用地适宜性分布具有相似性。

土地利用多宜性高地区多分布在城镇交错地带，这些地区自然条件、区位条件良好。对于建设用地来说，地形平坦、靠近城镇中心以及主要道路优势；对于耕地而言，农田生产潜力较高且有较多的农村居民点分布。此外，这些地区开发利用程度小于城市中心地带，生态退化程度较低，生态用地适宜性中等。

表 11　土地利用多宜性各地类适宜性等级占比

用地类型	低适宜性占比（%）	中适宜性占比（%）	高适宜性占比（%）
建设用地	24.72	47.01	28.27
耕地	50.56	31.61	17.83
生态用地	19.60	28.40	52.00

4.2　土地资源稀缺性

4.2.1　特征分析

粤港澳大湾区的土地资源稀缺性以高稀缺性为主，占比 68.49%；中稀缺性占比 3.64%，低稀缺性占比 27.88%。从横向上比较，低稀缺性占比较高的有广州市、惠州市、江门市以及肇庆市，分别占比 16.44%、20.20%、21.15%以及 16.69%；中稀缺性占比较高的是佛山市和广州市，占比 17.68%和

20.65％；高稀缺性占比高的地级市是惠州市、江门市以及肇庆市，占比分别为21.19％、15.53％以及32.42％。从纵向上比较，所有的地级市都是以高稀缺性为主，占比均达到50％（图6）。

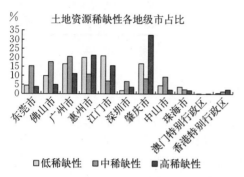
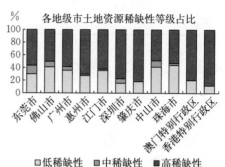

图6　土地资源稀缺性地级市统计

从空间分布上看，粤港澳大湾区土地资源稀缺性呈现两极分化状态，高稀缺性大面积连片性分布，肇庆市、江门市、惠州市、深圳市以及澳门特别行政区土地资源高稀缺性分布广泛；低稀缺性土地连片性较差，主要集中分布在中部地区。

4.2.2　影响因素分析

粤港澳大湾区土地资源的高稀缺性受到人均建设用地面积、人均耕地面积都呈现高稀缺的影响。通过统计分析，粤港澳大湾区人均建设用地面积小于160米^{2}的地区占比达到88.38％，而人均耕地面积小于180米^{2}的地区占比也高达77.85％。这是因为粤港澳大湾区城市群是世界级城市群，城镇化快速发展，改革开放以来大量人口涌入，土地资源呈现稀缺状态。

粤港澳大湾区土地资源高稀缺性连片分布原因，一是受到了自然地理环境的影响。在以山地丘陵地貌为主的肇庆市、惠州市以及江门市，人均耕地面积小于180米^{2}的地区占整个大湾区的65.08％，人均建设用地面积小于160米^{2}的地区占比68.80％，耕地和建设用地资源都很缺乏。二是受到城市中心区耕地不足的影响，广州市中心、东莞市、深圳市以及香港特别行政区都是城市开发建设较完善的地区，这部分地区人均耕地面积基本小于180米^2。土地资源稀缺性评价体系因子分级占比如表12所示。

表12　土地资源稀缺性评价体系因子分级占比

因素层	因子层	因子分级				
		100分	80分	60分	40分	20分
建设用地	人均建设用地（米^2）	<160	160～210	211～260	261～310	>310
稀缺性	占比（％）	88.38	0.99	0.80	0.73	9.09

（续）

因素层	因子层	因子分级				
		100分	80分	60分	40分	20分
耕地	人均耕地（米²）	<180	180～450	451～600	601～850	>850
稀缺性	占比（%）	77.85	1.26	0.88	1.22	18.79

4.3　人类需求多样性

4.3.1　特征分析

粤港澳大湾区人类需求多样性以低需求多样性为主，占比高达76.73%；中需求多样性占15.06%；高需求多样性占8.29%。从横向上看，低需求多样性占比较大的有惠州市、江门市以肇庆市，分别占25.86%、20.24%、35.60%；中需求多样性占比较高的是佛山市和广州市，分别占19.59%和23.44%，中山市和东莞市占比也达到了14%；高需求多样性占比较高的是东莞市、佛山市、广州市，分别为25.15%、20.58%以及23.83%。从纵向比较，只有东莞市、佛山市以及中山市以中需求多样性为主，分别占比50.10%、41.59%以及68.76%；其他的地级市以及特别行政区都是以低需求多样性为主（图7）。

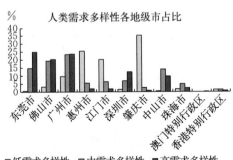
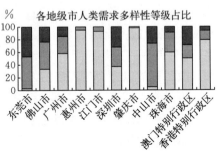

图7　人类需求多样性地级市统计

粤港澳大湾区人类需求多样性空间分布差异显著，人类需求多样性的分布规律与地区经济发达程度具有一致性，高需求多样性地区集中在城市中心，中需求多样性集中城镇交错地带，低需求多样性则分布在广大的乡村地区。

4.3.2　影响因素分析

粤港澳大湾区人类需求多样性以低需求为主，一是因为人口规模小于2 172.8人的地区占比达到79.91%，二是GDP水平在11 135万元以下的地区占比也高达88.99%。这些地区实际上都位于自然地理环境较差的地区，包括

肇庆市、江门市以及惠州市，受山地丘陵地貌限制，地区内人口规模在
2 172.8人以下的占80％，GDP水平在11 135万元以下的占比高达90％。人
类需求多样性评价体系因子分级占比如表13所示。

表13　人类需求多样性评价体系因子分级占比

因素层	因子层	因子分级				
		100分	80分	60分	40分	20分
人口规模	总人口（人）	>50 842.8	50 842.8～24 335.1	24 335.0～9 560.1	9 560.0～2 172.8	<2 172.8
	占比（％）	0.05	0.43	4.45	15.36	79.71
经济发展水平	GDP（万元）	>520 34	52 034～43 290	43 289～38 827	38 826～11 135	<11 135
	占比（％）	0.11	0.43	1.67	8.81	88.99

4.4　土地利用冲突

4.4.1　特征分析

粤港澳大湾区土地利用冲突以中冲突为主，所占比例为45％；高冲突
和低冲突所占比例相当，分别为29％和25％。横向上比较，低冲突地区占
比较高的是惠州市和肇庆市，分别为19.37％和20.71％；中冲突占比较高
依旧是惠州市和肇庆市，分别为23.35％和28.80％；高冲突占比最高的是
肇庆市，为33.51％，惠州市和江门市占比相当，大约为18％。从纵向上
看，东莞市、中山市、珠海市以低冲突为主，占比分别为47.32％、
40.76％、39.32％；其他地级市以及特别行政区都以中等冲突为主，占比在
40％左右。土地利用冲突地级市统计见图8。

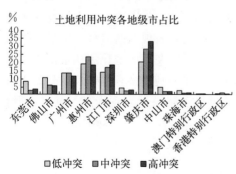
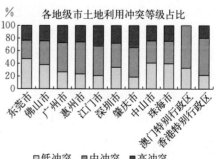

图8　土地利用冲突地级市统计

从空间上看，粤港澳大湾区土地利用冲突总体分布特征不明显，总体呈现
出"中南低四周高"的布局。土地利用冲突中、高地区集中在惠州市、肇庆

市、江门市以及广州市东北部地区，低冲突程度则分布在中南部的发达地区。

4.4.2 影响因素分析

土地利用冲突表现为中冲突为主，受到土地多适宜性、土地资源稀缺性以及人类需求多样性的影响。从土地利用冲突各评价指标等级占比表（表14）可以看出，粤港澳大湾区土地利用多宜性以中适宜性为主，占比43.08%，权重最高；土地资源稀缺性呈现高稀缺性，占比68.49%；人类需求多样性表现为低稀缺性，占比76.73%。因此，土地利用冲突以中冲突为主。

表14　土地利用冲突各评价指标等级占比表

评价指标	权重	低程度占比（%）	中程度占比（%）	高程度占比（%）
土地利用多宜性	0.69	24.89	43.08	32.03
土地资源稀缺性	0.15	27.88	3.64	68.49
人类需求多样性	0.16	76.73	15.06	8.29

从行政区域上看，高冲突地区集中在三线城市地区，比如惠州市、肇庆市、江门市，部分城郊地区也表现明显，比如佛山市的高明区，广州市的花都区、从化区以及增城区。这些地区正处于城镇化快速发展时期，首先，内部有大量城镇分布，同时农村居民点广布，土地利用多宜性较高；其次，这些地区属于城乡交错地带，也是外来人口涌入的重要地区，人口数量快速上升，用地需求增加，土地资源稀缺；最后，人口规模增长带来的人类需求多样性增长，使得这部分地区土地利用冲突不断加剧。从土地利用冲突空间分布图可以看出，高冲突地区在县、区政府中心周边分布更为广泛。

土地利用冲突中低冲突地区分布有两个特征，一是明显集中在一、二线城市以及区政府中心周边地区，二是分布在山地丘陵地带。一、二线城市及区政府中心周边地区城市开发建设程度高，土地表层结构难以改变，土地利用多适宜性低；虽然土地资源稀缺性、人类需求多样主要表现为高等级，但是受到权重的影响，这部分地区的土地利用冲突表现为低冲突。山地丘陵地带由于自然条件恶劣、海拔高、坡度大，难以开发利用，土地利用多宜性低；同时，人口稀少，耕地和建设用地资源分布稀少，土地资源稀缺性表现为高稀缺。因此，山地丘陵地带土地利用冲突也是比较低的。

4.5　小结

通过以上统计分析发现粤港澳大湾区土地利用冲突存在以下问题。

4.5.1　土地利用冲突受到自然地理环境的制约影响较大

粤港澳大湾区内部山地丘陵地区表现为低冲突，主要是受到自然条件的制约，建设用地和耕地适宜性低。但是这部分地区也是生态用地高适宜地区，具有重要的生态保护作用，在土地利用开发过程中容易被忽视，从而容易造成生态环境破坏的问题，例如水土流失、土层退化等。

4.5.2 土地利用冲突呈现团块式发展状态

低冲突地区除了本身地形地貌呈现团块状的山地丘陵之外，就是大城市中心地区。城市中心是完善的城市建成区，用地基本是建设用地，耕地和生态用地适宜性低，但是这部分地区的人类需求多样性和土地资源稀缺性都比较高。城市中心实际是用地趋于单一化的地区，呈现团块状说明城市土地利用在向单核心发展，土地利用结构失衡。

4.5.3 城乡交错地带的土地利用冲突强度不断加剧

高冲突地区主要是城乡交错地带，耕地和建设用地适宜性高，生态退化相比城市中心较低，因此土地利用多宜性高。与此同时，这部分地区的人口在快速增长，用地需求快速增长，土地利用多宜性会加剧土地资源的争夺，从而引发不合理的土地利用行为，例如大面积占用耕地进行开发建设，破坏生态用地进行开发利用等。这种发展趋势在空间分布上表现为围绕政府中心团块状发展，说明城乡交错地区的城镇化正从城镇中心快速向周边地区扩展。

4.5.4 耕地适宜性受到农村居民点数量和空间分布的制约

粤港澳大湾区耕地适宜性较低，受到距离农村居民点、乡村道路两个因子的制约，主要原因是粤港澳大湾区城镇化快速发展，许多农村地区逐渐发展成为城镇地区，许多农民进城务工不再务农，耕地容易被撂荒。

5 土地利用冲突缓解策略

5.1 高冲突地区缓解策略

城乡交错地带土地利用冲突高，受到人均耕地和人均建设用地不足的限制，要严格保护耕地、盘活存量建设用地，进行土地利用的综合整治，满足快速增长的用地需求。①严格落实"占补平衡"政策，推进城乡增减挂钩，将建设用地指标交由市场来调控，耕地资源的补充要保证耕地数量不减少、质量不降低。②合理开发利用耕地中、高适宜性地区，探索新的农业生产方式逐渐向集约化、产业化发展，提高耕地土地产出率，提高农业经济效益，从而增加耕地面积。③对于建设用地，推进城市更新，盘活存量建设用地；从立法层面进行农村宅基地确权登记，防止农村建设用地的无序扩张。

5.2 中冲突地区缓解策略

该部分地区在土地利用冲突类型中占比最高，分布特征不明显，主要位于各个乡镇生产生活地区，土地利用冲突处于相对可控的状态。人口的快速增长是粤港澳大湾区土地利用冲突加剧的重要原因，这部分地区很快会成为人口规模快速增长的地区，人类需求多样性和土地资源稀缺性会越来越高。对此，中冲突地区应当进行土地的集约化利用，严格落实国土空间规划，合理进行建设用地指标的配置；保护好当前的耕地和生态用地，预防演化为土地利用高冲突地区。

5.3　低冲突地区缓解策略

粤港澳大湾区土地利用低冲突的山地丘陵地区用作建设用地和耕地的适宜性差，在开发利用过程中要坚持以保护为主、开发为辅的理念，中、低冲突山区注意表层土壤的保护和防护林的种植；低山缓坡区要治理水土流失、改善土壤肥力，可作为耕地后备资源开发利用。土地利用冲突低的城市中心地带则要加强生态保护，进行生态用地规划，严格划分禁止开发和限制开发等生态空间，提高生态用地的适宜性。

6　结论与讨论

6.1　结论

本文以粤港澳大湾区为例，基于土地利用多宜性、土地资源稀缺性以及人类需求多样性框架构建评价体系，通过土地利用冲突识别将粤港澳大湾区的土地利用冲突划分为 3 个等级。等级数量上表现为中度冲突＞高度冲突＞低度冲突，其中，中、高冲突占全部冲突等级的 74.70％。空间分布上，土地利用冲突呈现团块状分布，高冲突集中在城乡过渡带地区，中心城市周边的郊区土地利用冲突也达到了中高强度。总体说明粤港澳大湾区的土地利用冲突范围较大，其面临的土地利用冲突形势严峻。

6.2　讨论

6.2.1　与其他研究的异同性

目前国内其他学者对土地利用冲突的研究多采用多因素叠加法，并且对建设用地、耕地以及生态用地做了适宜性评价或倾向性评价，结果表明适宜性高的地区是土地利用冲突风险高的地区，且分布在城镇周边或道路沿线。本研究通过土地利用多宜性评价、土地资源稀缺性评价以及人类需求多样性评价也得出了一致的结论。粤港澳大湾区土地利用多宜性高的地区与土地利用高冲突地区基本重合，城乡过渡地带靠近城镇和农村居民点，拥有平坦的地形和良好的生态环境，土地利用多宜性高，所以土地利用冲突高（王检萍等，2021；王秋兵等，2012；Dong Guanglong et al.，2021）。但在评价体系的构建和评价结果分析上，本文与其他研究具有两个不同点。

本研究综合考虑了人类需求与土地之间的矛盾，除了进行土地利用多宜性评价，还考虑了土地资源稀缺性和人类需求多样性对土地利用冲突的影响。结果表明土地利用多宜性是土地利用冲突产生的前提和基础，但并不是唯一的决定因素，还会受到土地资源稀缺性以及人类需求多样性的影响，以往研究文献鲜有涉及这两个评价指标的影响。

基于 15 个因子进行粤港澳大湾区土地利用冲突识别分析，发现不同土地利用冲突程度都存在部分限制性因子和非限制性因子。本研究根据不同的影响因素分析，对不同冲突类型的用地提出具有针对性的策略。

6.2.2 不足与展望

与此同时，本研究存在以下不足：①欠缺对研究区不同时间尺度以及不同精度下土地利用冲突识别的考虑，导致土地利用冲突结果较为单一。②对于评价因子的选取尚且不够全面，生态用地适宜性的评价因子只能够用于反映现状，不能反映未来生态用地的发展变化。③土地利用冲突结果分析只有数理分析，缺乏深入的相关性等分析。

未来，土地利用冲突识别可以通过多渠道获取更高精度和更全面的基础数据，选择更具有综合表征意义的指标，进一步提高研究结果的精确性、丰富度以及指标体系的完整性和全面性。同时，可以借助 SPSS 等更多的分析工具进行评价结果的相关性分析，以此获得更加深入的分析结果，为缓解土地利用冲突提供更好的借鉴。

─────── **参 考 文 献** ───────

白永杰，2017. 秦州区土地利用空间冲突及优化配置研究 [D]. 兰州：甘肃农业大学.

胡雁娟，2013. 长株潭城市群土地利用冲突时空演变及机理研究 [D]. 长沙：湖南农业大学.

刘巧芹，赵华甫，吴克宁，等，2014. 基于用地竞争力的潜在土地利用冲突识别研究——以北京大兴区为例 [J]. 资源科学，36（8）：1579－1589.

闵婕，汪洋，白茹月，等，2018. 基于多目标适宜性的山地城市土地利用潜在冲突研究——以重庆市綦江区为例 [J]. 重庆师范大学学报（自然科学版），35（3）：82－89，15.

牛星，2008. 区域土地利用系统演化分析与状态评价研究 [D]. 南京：南京农业大学.

邱国强，牛潜，吴振华，等，2022. 苏锡常城市群土地利用冲突空间测度及异质性分析 [J]. 水土保持研究，29（4）：400－406，414.

史宇微，2021. 山地丘陵区土地利用冲突识别与优化协调研究 [D]. 重庆：西南大学.

史宇微，杨朝现，信桂新，等，2021. 山地丘陵区潜在土地利用冲突——以重庆市江津区为例 [J]. 水土保持研究，28（5）：316－324.

王检萍，余敦，卢一乾，等，2021. 基于"三生"适宜性的县域土地利用冲突识别与分析

[J]. 自然资源学报，36（5）：1238-1251.

阮松涛，吴克宁，2013. 城镇化进程中土地利用冲突及其缓解机制研究——基于非合作博弈的视角 [J]. 中国人口·资源与环境，23（S2）：388-392.

汪乐勤，2015. 城镇化进程中土地利用冲突及其治理 [D]. 南京：南京农业大学.

王秋兵，郑刘平，边振兴，等，2012. 沈北新区潜在土地利用冲突识别及其应用 [J]. 农业工程学报，28（15）：185-192.

许子艺，2020. 浙北丘陵山区农业空间和生态空间土地利用冲突识别和权衡研究 [D]. 杭州：浙江大学.

徐宗明，2011. 基于利益相关者理论的土地利用冲突管理研究 [D]. 杭州：浙江大学.

杨远琴，任平，洪步庭，2019. 基于生态安全的三峡库区重庆段土地利用冲突识别 [J]. 长江流域资源与环境，28（2）：322-332.

叶丽芳，2010. 土地利用冲突分析与诊断研究 [D]. 南京：南京农业大学.

邹利林，刘彦随，王永生，2020. 中国土地利用冲突研究进展 [J]. 地理科学进展，39（2）：298-309.

张珊珊，2019. 基于生态安全的龙海市土地利用冲突研究 [D]. 福州：福建农林大学.

赵晓斌，强卫，黄伟豪，等，2018. 粤港澳大湾区发展的理论框架与发展战略探究 [J]. 地理科学进展，37（12）：1597-1608.

周德，徐建春，王莉，2015. 环杭州湾城市群土地利用的空间冲突与复杂性 [J]. 地理研究，34（9）：1630-1642.

周德，徐建春，王莉，2015. 近15年来中国土地利用冲突研究进展与展望 [J]. 中国土地科学，29（2）：21-29.

周国华，彭佳捷，2012. 空间冲突的演变特征及影响效应——以长株潭城市群为例 [J]. 地理科学进展，31（6）：717-723.

BISHNUR R U，2004. Land Conflict in Nepal [J]. Community Work & Family，7（3）：371-393.

BENJAMINSEN T A，ALINON K，BUHAUG H，et al.，2012. Does climate change drive land-use conflicts in the Sahel [J]. Journal of Peace Research，49（1）：97-111.

DONG G L，GE Y B，JIA H W，et al.，2021. Land Use Multi-Suitability，Land Resource Scarcity and Diversity of Human Needs：A NewFramework for Land Use Conflict Identification [J]. Land，10（10）：1003-1017.

DUKE JOSHUA M，2004. Institutions and Land-Use Conflicts：Harm，Dispute Processing，and Transactions [J]. Journal of Economic Issues，38（1）：227-252.

DUNK A V D，ADRIENNE GRÊT-REGAMEY，DALANG T，et al.，2011. Defining a typology of peri-urban land-use conflicts-A case study from Switzerland [J]. Landscape and Urban Planning，101（2）：149-156.

OBALA L M，MATTINGLY M，2014. Ethnicity，corruption and violence in urban land conflict in Kenya [J]. Urban Studies，51（13）：2735-2751.